行走中的回眸

——北京市航天中学教师教育教学成果选集

柳学袖　任亚方　主编

北京科学技术出版社

图书在版编目（CIP）数据

行走中的回眸：北京市航天中学教师教育教学成果选集/柳学袖，任亚方主编. —北京：北京科学技术出版社，2013. 3

ISBN 978 - 7 - 5304 - 6594 - 3

Ⅰ. ①行… Ⅱ. ①柳… ②任… Ⅲ. ①中学教育 - 教学研究 - 文集 Ⅳ. ①G632. 0 - 53

中国版本图书馆 CIP 数据核字（2013）第 052973 号

行走中的回眸：北京市航天中学教师教育教学成果选集

主　　编：柳学袖　任亚方
责任编辑：王云飞
封面设计：樊润琴
出 版 人：张敬德
出版发行：北京科学技术出版社
社　　址：北京西直门南大街 16 号
邮政编码：100035
电话传真：0086 - 10 - 66161951（总编室）
0086 - 10 - 66113227（发行部）
0086 - 10 - 66161952（发行部传真）
电子邮箱：bjkjpress@ 163. com
网　　址：www. bkjpress. com
经　　销：新华书店
印　　刷：三河市国新印装有限公司
开　　本：889mm × 1194mm　1/16
字　　数：450 千
印　　张：22. 25
版　　次：2013 年 3 月第 1 版
印　　次：2013 年 3 月第 1 次印刷
ISBN 978 - 7 - 5304 - 6594 - 3/G · 1854

定　价：45. 00 元

编　委　会

主　编　柳学袖　任亚方
副主编　高洪文　朱利娟　徐　红　翟　宇
编　委　张兆红　夏宇霞　李憬斌　黄华斌
高俊华　钱　爽　王玉泉　赵俊雷
吴昱欧　乔　毅

序

在北京市航天中学喜迎建校10周年之际，《行走中的回眸——北京市航天中学教师教育教学成果选集》的编辑出版，有着重要的意义。2003年，北京市航天中学落成于中国运载火箭研究院所在地——东高地地区，她是在北京市教委为落实北京市优质教育资源区域性均衡发展的总体规划下，由中国运载火箭技术研究院和丰台区政府共同出资兴建，丰台区教委主办的一所公办优质完全中学。建校以来，特别是近三年来，航天中学的领导班子带领全校师生努力拼搏、攻坚克难，秉承“立志、立德、至真、至善”的校训，以“用心承载教育、用爱履行职责”和“尊重与关爱、合作与创新”为办学理念，在德育中贯彻爱的主线，在教学上追求优质高效，在科研上打造科技特色，让学生学有所得，让教师教有所获，让学校和谐发展。学校在行走中不断发展壮大，教育管理水平和教学质量不断提升，赢得了社会的一致好评。

航天中学硬件设施齐全，环境清雅，是一所设施先进、布局合理、管理规范的花园式学校。全国航天科技人才集中的中国运载火箭技术研究院和钱学森青少年航天科学院与学校毗邻，为学校开展校本课程和航天科技特色教育提供了有力的支持。更为突出的是，学校拥有一支热爱教育事业、师德高尚、业务精湛、富有创新精神和实践能力的教职工队伍，这是航天中学快速发展的强有力保障。

孔子曰：学然后知不足，教然后知困；知不足，然后能自反也；知困，然后能自强也。教、学、研相长，是航天中学干部教师行走的一种姿态。时光荏苒，但他们的脚步却扎实平稳，为了未来的行程更加顺畅，他们不时在行走中回眸，审视那些习以为常的做法，琢磨那些熟视无睹的现象，改变那些早已司空见惯的事情。这种回眸或许会使今后的行走更有意义，这种回眸一定会使学校今后的发展更加精彩。

此次，北京科学技术出版社把航天中学近几年来干部教师在市级以上科研单位征文中获奖的部分论文结集出版，这是学校干部教师在行走中的回眸，更是丰厚教科研成果的缩影。选集中的论文和教学设计以比较广泛的题材全景式地反映了学校干部教师教育教学管理的探索与追求，展示了航天中学教育科研的学术水平。

我衷心希望，这部《行走中的回眸——北京市航天中学教师教育教学成果选集》承前启后，为学校迎来教学和科研绚丽多彩的春天，期待着航天中学在教育的行走中创造并收获更多更好的研究成果。

倪传荣

2013 年 3 月

目 录

德育篇

课题项目篇

校本课程篇

教学篇

德　育　篇

做一个充满爱心与智慧的领航人。

开展学校特色教育　促进学校未来发展①

北京市航天中学　柳学袖

一、开展特色教育建设的背景

国家“十二五”教育发展纲要中明确提出大力发展文化事业，强调在保证学校教育公平发展的基础上，积极推动学校教育多样化发展。在这一背景下提出开展学校特色教育建议，目的是要构建一个多样、开放、灵活的学校教育体系，在保证学校教育教学高品质发展的基础上，寻求学校未来发展或理想教育发展的方向，以满足学生个性化发展和学校未来发展的需要，适应社会对学校教育的多样化需求。

二、对学校特色教育建设的理解与定位

（一）学校特色教育建设的理解

“特色”是一个包容性极强的概念，学校特色涵盖面广，可以体现在多个方面：既包括学校内部的德育特色、课程特色、教学特色、管理特色等，也包括学校之间不同的特色，如美术特色、体育特色、人文特色、科技特色等；既可指学校某一局部的特色活动，也泛指学校整体的文化特色。因此，如何正确理解学校特色，明确学校特色定位，将直接影响着学校特色的发展方向。

学校特色建设就是要立足本学校的实际，充分结合全面规范的教育教学工作，合理定位，大力挖掘学校内部的潜力，找到学校发展的突破口，

① 本文获北京市第三届“智慧教师”教育教学研究成果征文一等奖。

逐渐将潜在优势转变为显性优势。从学校特色选择的基本依据看，大体可分为三种类型：一是源自学校的文化积淀，二是源自学校优势项目，三是源自学校发展中面临的新问题、新情况。从“多样化”的视角出发，学校特色发展与建设中应把握住四个维度：一是类型，解决“多样”的问题；二是范围，是否惠及大多数学生；三是层次，应是在规范办学基础上的发展；四是发展观，要实现学校未来发展的方向。

（二）北京市航天中学开展航天科技特色教育建设定位的基本依据

北京市航天中学建于2003年，是一所为落实区域优质教育而新建的学校。她是在改革中起步，发展中创新，通过近几年的努力，学校教育教学各方面取得了可喜的成绩。学校在保证全面规范的教育教学优质发展的基础上，正在寻求和谋划学校未来的发展，以适应学生、社会发展对学校教育的需求。

1. 北京市航天中学开展航天科技特色教育建设的优势

（1）地理优势：北京市航天中学坐落在中国运载火箭研究院所在地——东高地地区，是在北京市教育委员会（以下简称“北京市教委”）落实北京市优质教育资源区域性均衡发展的总体规划下，由北京市教委批准，由中国运载火箭技术研究院和丰台区政府共同出资兴建，丰台区教委主办的一所公办优质完全中学。

（2）硬件优势：学校拥有充足的硬件设施，是一所设施先进、布局合理、管理规范的花园式学校。一流的硬件设施创设出了北京航天中学优质的教育教学环境，为学校在多样化发展下寻求航天科技特色教育建设提供了坚实的硬件基础。

（3）师资优势：我校拥有专任教师204人，其中高级教师71人，一级教师80人，现有市、区级骨干教师12人，是一支学识渊博、治学严谨、敢干敢拼、锐意进取的优秀教师队伍，他们是我校优质教育和开展航天科技教育建设的保障。

（4）基础优势：北京市航天中学航天科技教育特色鲜明，成果丰富。数年来，我校教师与高中课改相结合、与学科知识相结合、与校本课程相结合，开设具有“航天科技”含量的校本课程，渗透航天科技知识和航天精神的教育。在研究性学习、综合实践教育活动中，注重从学生的认知出发，注重培养学生对科学探究的兴趣，学生们还通过与航天科技专家面对面交流学习，感受到科技的力量与无穷的魅力，在航天专家高尚人格和航天精神的引领下，学生的学习态度、学习方法和学习能力有了很大的提高，在促进学校规范的教育教学基础上，学生逐步具有了创新意识和研究能力。同时建构了航天中学航天科技特色教育的文化。

（5）校外资源优势：学校毗邻全国航天科技人才最为集中的中国运载火箭技术研究院，这里是高科技人员聚集地，为我校建设航天科技特色教育提供了人才资源的保障。我校与东高地科技馆“钱学森青少年航天科学院”建立了紧密的合作关系，将为我校建设航天科技特色教育提供实践的平台。学校是东高地地区教育共同体成员校之一，将对我校建设航天科技特色教育起到推动作用。

2. 北京市航天中学发展中面临的新问题

事物的发展总是与问题的解决相伴而行的，特色建设是一个基于问题解决的实践创新、经验积累、制度完善和能力建设的过程，特色也是伴随特定问题的解决而逐步形成的。

北京市航天中学在教育改革中诞生、在教育创新中寻求发展，通过近几年的发展壮大，聚焦学校发展中学生面临的学习动机、学习态度、学习能力急需提升的现实问题，总结学校优势，确立了以“航天科技教育建设”为突破口的特色发展方向。这是在全面提升学校办学水平的基础上，以“航天科技特色教育”为切入点和教育平台，通过整体设计，挖掘和利用校内外资源，科学系统地开发与实施航天科技课程，建设国家课程航天科技校本化、学科教育渗透航天科技知识、航天精神落实和大力开展航天科技特色教育实践活动来解决学校和学生发展中的问题，逐步形成航天中学航天科技特色教育文化。在特色实施过程中，在课程文化、组织文化建设中，解决学校发展和学生发展中的学习动机、学习态度、学习能力提升的瓶颈问题，推动学校全面规范教育教学中重大问题的解决，实现学校未来的发展。

三、航天科技特色教育建设与学校常规教育教学的关系

（一）特色教育建设与常规教育教学是互相统一的

航天科技特色教育建设与学校常规教育是互相统一、互相促进的，目标一致。特色教育建设是在全面规范的教育教学基础上来规划学校发展，解决目前学校和学生发展中的问题。因此，学校特色教育的建设更好地助力于学校发展，航天中学开展“航天科技特色教育”建设与学校追求“全面规范提升教育教学质量”并不相悖。航天科技特色教育建设是从学校的实际生存和未来发展需要出发，从学生发展需要出发，以解决学校和学生当前发展过程中的实际问题和培养教育学生需要为目标，以航天科技教育特色建设为突破口和切入点，在课程教学、教育活动、实践活动过程中，

以点带面，以核心带全局，以局部带整体，力争全面推进学校各项工作的规范化发展，落实学生的全面和个性发展，实现学校、学生未来发展。所以它们是相互统一、相互促进的。

（二）特色教育建设是常规教育教学的改革、发展与创新

特色教育建设是在学校常规办学的基础上继承、改革、发展、创新而形成的，是常规管理工作的个性化体现，以此推动学校整体办学水平的提高。学校构建的特色并不是游离于学校的常规工作之外，特色正是孕育于学校的各项常规工作之中，从常规工作中凝聚出来，是扎实的学校常规发展的高级产物。创建特色教育学校是一个持久追求办学独特性和优质性的过程，特色教育建设需要历时、需要固化，需要稳定的、规范的优质常规教育教学环境。因此，特色教育建设是常规教育教学的继承与创新。

四、航天中学开展航天科技特色教育建设目前的重要任务

（一）特色教育建设的共识

航天科技特色教育不是建设与否的问题，是如何建设的问题。必须要聚集全体教师的智慧和努力把学校的航天科技特色教育建设从口号、标志、思想上转变为全体教职工自觉自愿的、实际可操作的行为，努力把航天科技特色教育从理想变成行为、变成实体，变为可着陆的特色教育。从目前学校教育发展的趋势来看，学校常规教育教学只是解决学校当前生存的问题；学校特色教育建设是用来解决学校未来发展的问题。所以我们的思想既要重视学校目前高质量生存，同时也要重视规划学校未来品牌发展，把重点工作放在统一思想、有效实施上，聚集智慧利用有限资源、借助优势资源着力开展好、有效实施好全面规范的教育教学，借助建设好航天科技特色教育来进一步解决学校未来生存与发展的问题、学生目前发展和未来发展的问题。

（二）将学校办学理念在特色教育建设中有效实施

目前学校正在积极实施学校教育教学由优质加特长发展向优质加特色发展转变，积极推动学校由高品质发展向名品牌发展战略。在开展航天科技教育建设过程中，应将学校“立志、立德、至真、至善”的校训、“用心承载教育、用爱履行职责”的职业道德规范、“尊重与关爱、合作与创新”的办学理念进行有机结合，助推特色建设与常规教育相长；将“用赏识展示人文关爱、让关爱伴随学生健康成长”的育人策略渗透到航天精神特色教育实践活动中；将“精读、精选、精练、精评”四精教学法（精读：梳理全套教材知识体系、熟悉知识点；精选：精心选择教学内容、知

识点、教案与学案、教学方法与策略；精练：精心设计练习题、学生有效练习；精评：精心批阅、精心评价）有效实施到特色课程教学实践中，真正实现常规教育与特色教育在办学理念、育人目标、能力提升上得到统一，继承与改革、创新与发展。

（三）目前的重要工作

目前学校的主要工作是要统一全体教职员工的思想和认识，积极利用现有特色课程深挖德育教育内容，在培养学生能力的同时着力实施学生生活习惯与道德的教育，以解决学生当前发展中的重要问题。加快学生的生活习惯、学习态度、生活道德教育规范层面的实质性课程的开发、实施，解决我校目前学生能力发展提升的瓶颈，实现特色教育建设与高品质常规教育教学的共同发展，最终实现学校的可持续发展。

教育是探索学生心灵的事业，需要理解和关爱，也需要严格的要求。

让潜能在信任中爆发　让班会在引领中成功①

——主题班会教育功能的初步探索和实践

北京市航天中学　车永慧

苏联教育家苏霍姆林斯基说过：“你面对的是孩子极易受到伤害、极其脆弱的心灵，学校里的学习不是毫无热情地把知识从一个头脑装进另一个头脑，而是师生之间每时每刻都在进行的心灵的接触。”我对这句话有很深的感触。我从事班主任工作五年，先后带了两届高中生，有些学生学习基础比较薄弱，学习意志不是很坚定，行为习惯有些懒散，想要成功却不愿付出努力，想自己太多而想别人过少，而更多的学生对未来丧失信心，有些破罐儿破摔，个人价值体系有些混乱，不能明辨是非，学习有可能不是他们最重要的事情。所以在平时的工作中，走进学生心灵远远比传授知识更重要，作为他们的班主任，让我的学生在学习生活中体会学习的意义，在集体生活中感受个人的价值，培养他们健康的心态、塑造他们健全的人格是我最重要的事情。

一、信任学生，实现主题班会教育功能

班级管理细节多，班主任工作不简单，持之以恒规范学生的行为习惯、绞尽脑汁改变学生的不良个性、不遗余力培养学生的美好情感，是班主任始终必须坚持的。几年的班主任工作干下来，我总感觉不良行为的矫正、健康价值体系的建立、老师喋喋不休的提醒和家长没有方寸的施压总

① 本文获北京市教育学会中学德育研究会征文二等奖。

是不能从根本上解决问题，反而有的时候把学生推得更远，一方面感叹学生不知好歹，另一方面却也是束手无策，也许只有让学生的内心受到强烈的情感震撼才能起到“标本兼治”的效果。所以，我一直在努力探索一条能够让教育的形式不那么单调、让说教的语言不那么乏味、让教育的效果不那么无力的途径。看着《班主任》杂志和德育论文上的案例，感叹别的老师怎么那么厉害，一个故事、几句话，学生就转变了。可是故事我也说了，道理我也讲了，声情并茂，发自肺腑，感觉学生也目光真诚、感同身受，为什么日后的行为不见什么起色呢？

于是安慰自己，“冰冻三尺非一日之寒”，对待学生的成长，我们的教育不是灵丹妙药，尤其是我们现在所面对的学生，更不能急于求成，也许付出不会有收获，但我们要始终抱着付出就有收获的希望，打耐心战、打持久战。

2008 年 9 月《班主任》杂志上的一句话“主题班会是教育学生和学生自我教育的重要形式，是增强班级凝聚力的有效手段，是构建和谐师生关系的桥梁”，引起了我对主题班会的再思考，我的学生能不能自己组织主题班会？我能不能通过主题班会教育我的学生？

其实我对学生有些缺乏信心，对他们的能力有些怀疑，总觉得运动会、艺术节等活动容易开展，学生愿意参加，只要班级有效组织，取得好成绩、增强凝聚力还是很容易的。但是主题班会需要学生很强的组织协调能力、语言表达能力、创新能力、执行能力，他们能行吗？老师想通过主题班会教育学生的愿望能实现吗？想想以前学校组织的主题班会，我没有特别重视，完全抛给班委，让他们带领学生自己开展，因为缺乏引领，学生也是无头苍蝇，他们按自己的理解挖掘了主题，但毕竟能力有限，主题不是很鲜明，形式大于内容，东拼西凑，有疲于应付的可能性。

我开始反思，将主题班会完全抛给学生置之不顾，让他们随意发挥，就是信任吗？不是，应该在主题的挖掘上加以指导，在形式的编排上加以拓展，让潜能在信任中爆发，让班会在引领中成功，让班级在活动中凝聚，实现主题班会的教育功能，那才是绝对的信任。

二、挖掘潜能，引领主题班会走向成功

我对主题班会的态度开始由漠视向重视转变，也有了自己对主题班会的教育功能的实践和探索。高二第一学期“奉献每个人的力量，打造品牌高二（2）班”主题班会和第二学期“和谐师生、和谐校园”主题班会，都很好地实现了教育功能，团结了集体，凝聚了师生，学生积极进取，班

级和谐向上。下面把第一个主题班会的设计、实施过程以及这个过程中老师和同学们的感悟作简要论述。

首先是主题的选取。我班是文理分班后整合的班级，同学们缺乏相互了解，集体缺乏凝聚力，所以我希望搭建一个平台让同学们增进了解、促进合作，希望他们认识到个人和集体的关系，认识到每个人对于集体的重要性。那时恰逢北京奥运会闭幕不久，虽然奥运会已经结束，但中国的后奥运时代刚刚开启。于是我们从在班集体建设中如何发扬"后奥运精神"入手，以"个人与团队的关系"为切入点，确定了以"奉献每个人的力量，打造品牌高二（2）班"为主题的班会。

我和班委利用班主任时间用 PPT 进行了班会主题的正式宣讲和布置。我们将主题分为"个人拼搏努力与团队的关系""个人的不良行为对团队的影响""我们身边的优秀班集体事例""团队合作对团队取得成功的作用"四个分主题。将全班同学分为 9 个小团队，每两个小团队负责一个分主题，查找典型事例，用明确的观点和确凿的论据来演说主题，要求每组制作 PPT，并写出演说稿；班委和第九个小团队围绕主题设计节目，写出班会流程，并且广泛听取老师和同学们的意见，打造更多更好的创意。

前期的制作和编排，还是遇到很多困难。有些同学不重视，还没有着手准备；还有一些同学为了完成任务，把网上的资料胡乱拼凑；另外一些同学还是认真对待了，但查找资料庞杂，没有明确主题。我根据各组情况，对表现良好的团队大张旗鼓地进行了表扬，表扬他们的创意和素材，共同研究了改进的方案。其他团队看到我们热火朝天的样子，也有些心动，我适时地提出了希望，进一步指明方向，他们似乎也看到了希望。

同学们再次呈现的作品进步很大，我都有些诧异，他们选取的西游记团队、蜜蜂团队、蚂蚁团队，他们找到的名人名言，他们选择的节目，让老师由衷赞赏。同学们一扫上周的迷茫，看到了班会的雏形，他们心里有了底，原来努力就有希望。我们再次确定负责演说的团队，确定主持人和班会流程，很多同学开始期待班会的召开，各个团队认真排练自己的作品，原来不熟悉的同学们变得亲近，为了自己的团队更出色开始出谋划策。

主题班会呈现在我面前，制作精美的 PPT，主题鲜明的演说稿，幽默风趣的三句半，张扬时尚的歌曲，寓意深刻的儿歌，看着学生们的成长和进步，看着他们的团结与协作，作为班主任的我由衷地感到欣喜。下面是班会流程。

开场：我们伴着 MV《就在这一刻》播放了 2008 奥运会中国金牌全记

录，展示了中国男子体操队、中国男篮、中国乒乓球队、中国女排的辉煌和成功。伴着优美的奥运歌曲，主持人告诉同学们，他们取得成功的关键是个人的成功离不开团队的培养，团队的胜利离不开个人的努力。

环节一：第一团队论述分主题“个人拼搏努力与团队的关系”。他们选取的例子是《西游记》中的唐僧团队，讲述了唐僧、孙悟空、猪八戒、沙和尚在团队中的地位和作用，他们认为唐僧团队之所以能取得辉煌的成就，关键在于团队的成员优势互补、目标统一，每个人都能努力发挥自己的作用，所以形成了一个坚强的团队。他们认为：同学们要善于发现别人的优点，及时取长补短，我们的班级会越来越优秀。

环节二：三个女生演唱了儿歌《三个和尚》，寓意深刻、案例生动，引出第二团队的主题“个人的不良行为对团队的影响”。他们引用了很多名人名言，讲述了很多历史典故，对比了蜜蜂的分工合作，引经据典，环环相扣。他们团队最后表达“单丝不成线，独木不成林”，不要因为个人原因而影响整个集体，一个团队之所以能成为优秀的团队，靠的就是团队成员的齐心协力。

环节三：六个男生带来王力宏的歌曲《改变自己》，歌词贴近主题，昂扬向上，旋律时尚，号召同学面对困难时要学会坚强，学会改变，引出了第三团队寻找到的“身边的优秀班集体”——我们学校 2006 届高三（2）班的事例。他们列举了这个集体的辉煌和成绩，总结了这个班级的班风和学风，号召我们的班级向他们学习。他们团队还编了班级宣言：广交朋友，互通有无；彼此学习，礼尚往来；同舟共济，共创品牌。真的是很有思想，很深刻。

环节四：三男一女表演自编的三句半《齐心协力创品牌》，有锣有鼓，有声有色，幽默风趣，活泼可爱。三句半从小处着眼，从实事着手，告诉大家在日常生活中如何来为优秀班集体的目标努力，细节看成败，小处显英雄。接下来就是第四团队演说团队合作对团队取得成功的作用，他们引用了弱小的蚂蚁面对熊熊燃烧的大火逃生的故事，来告诉同学们团结是多么重要。他们还展示了这半年来同学们学习、生活、活动的图片，大家备感亲切。

结束：同学们心手相牵同唱《相亲相爱》，温馨的场面让所有同学和老师感动，推动全场气氛达到高潮。

我们以小组交流主题的形式开展班会，班会的筹备老师没有包办代替，在同学们需要的时候给予帮助，在同学们走偏的时候给予纠正，没有大包大揽，也没有放任不管。班会结束后，一部分同学写了总结，班长赵高昂同学在总结中写道："这次班会，对我们十分有帮助，我们明确了自己的目标，发现了自身的不足，懂得了如何发现别人身上的闪光点。现在同学们可团结啦！冬天到了，生活在这样的集体中，即使再寒冷，我都不会感到丝毫凉意，希望这样的班级氛围能够永远地保留下去。"

吴凌云同学在总结中写道："38 张天真的笑脸，38 颗灵动的心，组成了高二（2）班这个和睦的大家庭。在这个温馨可爱的集体里，我们沐浴爱的春风，我们遨游知识的海洋，我们体验成功的喜悦，我们编织美丽的梦想。我们会在老师引导下，努力学会学习、学会自主、学会关爱、学会珍惜，在人生的起跑线上，留下我们坚实的脚印。让我们共同创造快乐，一齐分享喜悦，让每个人因为高二（2）班的存在而骄傲，让每个人都因为高二（2）班而自豪！"

三、不断反思，让工作在智慧中闪光

"不临高山，不知天之高也；不临深溪，不知地之厚也"。经过一年多的实践，我认识到了主题班会的强大教育功能，看到了学生们在筹备和组织主题班会过程中能力的提升，自信心的增强，对生活的积极思考，对人生的健康建构。虽然主题班会需要学生花费时间和精力去准备，但我觉得一学期一次是可以的，我们的时间绝不会白白浪费，我们通过主题班会拉近师生距离，促进学生协作，培养积极的价值取向，塑造高尚的审美观。这样的主题班会不会是一场毫无价值的表演秀，不会是一段走马灯式的闲聊乱侃，也不会是一次漫无主题的文艺汇演，班主任在适当的时机巧妙地运用，它就会焕发无穷的潜力和魅力。即便是学生能力有限，我们也要充分地信任学生，给予他们必要的指导，通过主题班会来提升他们的信心，让学生自己来教育自己。著名教育家马卡连柯说："教育了集体，团结了集体，加强了集体，以后，集体本身就能成为很大的教育力量。"教师个人的榜样作用，是学生心灵开花结果的阳光，所以我要始终坚持用阳光的心态来面对学生，用多元的标准来评价学生，用赏识的力量来激励学生。

一切为了孩子，为了孩子的一切，
是教育最直接也是最终极的目的。

积极营造良好氛围 促进班级和谐发展①

北京市航天中学 孙晓宇

学校是培养人才的摇篮，而班主任是学校实施德、智、体全面发展的中坚力量。班主任工作就其范围而言，主要涉及班集体建设和学生个人培养两个方面，二者缺一不可。集体建设影响学生个人发展，学生个人发展又影响着集体建设。鉴于此，如何建设一个优秀的班集体，营造一个学风优良、积极向上的班级氛围，让集体里的每一个成员都能身心愉悦、和谐融洽、积极向善、健康蓬勃地发展，是我带班以来一直思考与探索的问题。

一、努力做好班级文化建设，营造积极向上的班级氛围

（一）运用积极的舆论导向，树立班级正气

首先，我注意观察挖掘学生日常行为表现的积极面：早读时的抓紧时间、午自习的自主复习、课后作业的工整准确、随手捡起地上的废纸片、主动关上楼道的灯、运动会的积极报名等，我将学生的点滴素材积累收集及时总结表扬，激发他们内心深处的上进心，树班级正气。其次，我通过班训制定、班徽设计以及班报编排等多种途径，创设积极的舆论导向。如班级组建之初，班委组织同学征集班训，大家积极参与，经过筛选讨论，确定了我们的班训“静而不死，活而不浮”。学校的建筑物，乃至一花一木等硬环境都可以产生教育的功能。除教室后面墙壁是我们进行板报设计

① 本文获中国教育学会“中国教育实践与研究论坛”征文一等奖。

的固定区域外，我们在班级墙壁其他位置恰当地布置标语警示，如“辛苦一年，收益一生”“一分耕耘，一分收获”“不为失败找借口，要为成功找方法”“让结局不留遗憾，让过程更加完美”，这些鲜艳醒目的标语既美化了教室环境又激发了班级正气。从高二至今我们已经制作了多期班报。我们的班报分为学习园地、班级风采、希望之星、快乐分享、滴水感悟5个栏目，我们有固定的班报组成员，分别承担设计、选稿、排版等任务。期中考试后、期末考试之前是考试专刊，其余则根据班上的具体情况而定内容。班报记录了班级的大事小情，一期班报的产生是很多同学共同付出、分工合作的结果。它不仅是学生展示才华、提高学生精神生活档次的良好工具，更是加强班级文化建设、形成良好班风的重要阵地。几则警句名言、一个教育经典小故事、一张表扬栏、一次小小的作文展、学法交流、好题欣赏、运动会的精彩回顾、春游时班级同学的合影，都是很好的素材。一份小小的班报，作为承载班级文化氛围的软环境，刷新着孩子的心灵，对学生进行着“润物细无声”的教育。

（二）开展系列主题活动，增强班级凝聚力

每一个人都有与生俱来的荣誉感，设法激发整个集体的荣誉感，便能凝聚这个集体。学校组织的各种活动比赛（如跳绳、拔河、运动会、班会等），都是增强凝聚力的好机会。其中我感到系列主题班会是一种非常有效的措施。高一时我班女生在军训时因误会而导致同学间产生隔阂，随着时间的推移，积怨逐步加深，影响了班级团结。于是我与班委精心筹划，及时召开了一次全体同学共同参与，名为“让我的存在，成为你的快乐”的主题班会。同学们准备了诗歌、故事、游戏、歌曲等丰富多彩的节目，并以日常班级中的事件为载体，自编小品，通过现场表演，真实生动地再现了发生在同学中的一些摩擦，令同学们深受启发，大家围绕着“团结友爱”这个核心讲述了一些人与人之间爱的故事，畅谈了对爱的理解以及我们应该如何付出爱。高二学年是学生学习成绩容易分化的一年，也是人生观、价值观的重要形成时期。为培养学生积极乐观的人生态度，正确对待自己身上肩负的责任，勇于面对挫折，我们召开了“自立自强、青春飞扬”的主题班会。班会设计通过榜样事迹讲述，引导同学自由畅谈心声，阐述自己面对人生挫折的态度；通过短剧表演，启发同学反省自身不足，思考改进措施；班主任用“求人不如求己”的小故事做总结发言，告诉同学，我们每个人身上都有自己的责任，对待这些责任时，要不放弃，不退缩，勇于面对生活中的各种挑战和困难。这次班会非常成功，获得了2010年丰台区主题班会评选二等奖。从随访和反思来看，这次班会促使学生进行了自我反省，意识到自己不良的学习习惯及日常行为习惯的松散。榜样的力量大大激发鼓舞了学生，让他们敢于正视困难与挫折，充满信心地面对未来的学习生活。高三学年是高中阶段最重要的一年。进入高三一段时间后，通过与学生的交流，发现部分学生无论是在学习上还是心理上都存有很多的困惑。为了帮助他们更好的调整自己，我们召开了“我的未来不是梦”的主题班会。班会以学生为中心，充分调动同学们的积极性，让他们在参与活动中现身说法，充分展示自己的想法，解决他们心中的问题。让他们深刻意识到高三的学习不仅需要良好的心态，更需要奋发向上的拼搏精神；同时也认识到在高三认真学习、努力奋斗的意义。

（三）树立榜样激发潜能，促进班级良性竞争

人的潜能是无穷的，这个观点已为许多心理学实验所证实。苏霍姆林斯基说“要像保护幼苗一样保护学生的上进心”，教师应善于激发学生向上的愿望，使其在原有的基础上蓬勃向上，获得更大的发展，形成一种积极进取的人生态度。我认为树立榜样，从学生内部选择各方面的典型，是激发学生潜能的一种好办法。我树立、培养文明标兵、守纪模范、劳动之星、学习新秀等典型并大力在学生中宣传，鼓动、号召学生学习。“榜样的力量是无穷的”，身边的实例给学生的教育生动、具体、深刻，激发他们内心深处的上进心，他们通过学先进、比自己、找差距、定措施，不断发挥其潜力，逐渐进步。几年来，我班学生在全国、市、区级各种比赛中取得了可喜的成绩。其中，黄晓宇、马文杰、叶青三位同学荣获丰台区领导力大赛团体二等奖；孙昊同学荣获丰台区“我的丰台我的家”征文比赛三等奖、全国“春蕾杯”征文比赛二等奖、丰台区第14届中小学生10项技能大赛软书二等奖以及朗诵比赛二等奖；黄晓宇同学获全国“春蕾杯”征文比赛优秀奖；兰菲同学荣获“第五届和谐中国青少年艺术展评英语口语”高中组一等奖；王志同学荣获中国趣味力学模型邀请赛二等奖；尤凯同学荣获全国高中应用物理竞赛北京市预赛一等奖。

二、积极争做学生成长引路人，营造温馨愉悦的育人氛围

一位哲人说：“写在纸上的爱，一个早晨就可以读完；说在嘴上的爱，一转身就能忘记；而唯有老师和母亲的爱是写在大地和天空，永远和永藏在心底的。”教师的爱浸润于教师的一举一动，并体现在日常与孩子们的交流之中。身为灵魂的工程师，我们可以是也应该是一位好的向导，在学生成长的关键时期，引导他们克服成长中的烦恼，走向成功的彼岸。因此，我在教育学生时尤为注重与学生的沟通交流。对于新接班级，我会很

快去了解学生的个性，及时发现他们的长处和不足，有针对性地进行交谈，并且交谈时不是以长者、教育者的身份，而是以朋友的身份，让学生说知心话。例如，高三伊始的班会上，我讲了一个故事。比塞尔是西撒哈拉沙漠中的一颗明珠，可是在肯·莱文发现它之前，这里还是一个封闭而落后的地方。据说虽然多次尝试但没有一个人走出过大漠。肯·莱文经过考察终于明白比塞尔人之所以走不出大漠，是因为他们根本不认识北斗星。一位叫阿古特尔的青年按照肯·莱文指导的方法，终于走出了大漠，成为比塞尔的开拓者。他的铜像被竖立在小城的中央，铜像的底座上刻着一行字：新生活是从选定方向开始的。我就势启发学生：一个人如果没有生活目标，就无法开始真正的人生之旅，如同比赛尔人一样，仅仅是原地绕圈而已。又如我通过讲述马拉松冠军获取成功的事例，来帮助学生制定并能有效实施计划。日本马拉松选手山田本一曾两次获得世界冠军，在自传里他描述了比赛取得成功的奥秘。每次比赛之前，他都要事先将比赛路线仔细看一遍，并把沿途较醒目的标志画下来，如第一个标志是银行，第二个标志是棵大树，第三个标志是个红房子，一直画到赛程终点。这样40多千米的赛程，就被他分解成这么几个小目标轻松地跑完了。我启发学生在学习中也可以向山田本一那样，将一个学期的学习任务分解成月考、期中、期末若干个阶段，再将每个阶段任务分配到每周直至每一天，这样计划就会变得非常明确清晰便于操作了。

三、注重家校管理形成合力，营造健康良好的成长氛围

家庭教育对人的成长至关重要。家校管理只有形成合力才能发挥最大的教育效益。我十分重视与学生家长的沟通联系，及时反映学生在校表现，同时了解其在家状态。每次家长会我都精心准备，在介绍完班级整体状况之后，我都要将班级学生分类别进行个别分析，让每个家长不虚此行，对孩子在学校的表现心中有数。对于学校的重要通知，我除了发家长通知单还以短信形式通知到每个家长。在十一、五一放假前，我发给每个学生一封家长信，提醒家长引导孩子合理休息的同时，还要督促孩子做好备考工作。对于成绩下降或行为习惯较差的学生，我以电话或面谈的方式与家长联系，反馈信息并与家长共同分析孩子的思想状况，与家长共同分析解决问题的办法。如我班小晶家长在知道孩子期中考试成绩后，认为孩子没有努力，狠狠批评了孩子，之后给她找了家教，并要求她下次考试成绩必须有所提高。小晶压力很大，一度情绪压抑。知道此事后我与她母亲及时联系，跟她说明成绩出现下滑有多种原因。成绩不理想，他们本身也

有压力，我们应该给孩子一定时间，一方面帮助他们分析原因，帮他们加以改善；另一方面还是要鼓励、激发他们前进的信心。她的母亲听后也有所感悟，经过我们共同的努力，小晶的成绩有了很大的提高。

“捧着一颗心来，不带半根草去。”这是陶行知先生献身教育的真实写照。而我则将其视为对教育事业的承诺，对教育事业一生执著的追求。在不断呼唤、强化学生主体意识的今天，我会不断加强自身修养，不断改进工作方法，与时俱进，积极探索班级建设的规律及管理艺术，努力营造班级良好氛围，促进学生健康和谐发展。

教育需要智慧，需要方法，更需要爱心。

打开心灵窗口 重现一米阳光[①]

——心理辅导个案

北京市航天中学 王亚玫

一、初步诊断，了解情况

武某，初三年级女生，皮肤白皙、身材匀称、语速适中，性格偏内向，是个平日里普通、乖巧的学生。一天下午她突然被班主任老师带到咨询室，这让我十分惊讶，原来她竟与同学发生争执、大打出手，情绪非常激动，请求心理老师的心理辅导。

经过交谈我了解到，武某学习成绩较好，她的父母均在航天部工作，并长年外出，所以她一直与爷爷奶奶一起生活，与爷爷奶奶感情很深。前几天的一个下午，当她到家后发现爷爷躺在地上，平日喝水的杯子掉在地上，水洒了一地（爷爷患有半身不遂，平时由奶奶照顾），她很着急地叫奶奶，没人应声，最后在厕所内发现了奶奶。奶奶因在家洗澡时突然摔倒引发脑出血过世，当她看到此情景后，很难接受这个事实，以致事后常常处于一种深深的自责中（后悔当天放学后没有直接回家，而是陪同学买东西）。事发这天一名同班男同学，对她进行了语言上的攻击，终于激起了她的积怨，与同学大打出手，情绪非常激动。

---

① 本文获北京心理卫生协会学校心理卫生委员会征文二等奖。

二、辅导过程，形成新认知

（一）共情拉近咨询关系

这是一次突发性的心理辅导，武某当时情绪非常激动、不稳定。为让她能尽快地平静下来，我握住她的手并温和地对她说：“看到你这么激动和委屈我很想帮助你，你愿意接受老师的帮助吗?”她很快接纳了我，并建立起信任的关系。

我能从哪方面帮助你？愿意跟我说说吗？

她默默地点点头，用带哭腔的声音对我讲述了发生的事情。自从几天前奶奶突然过世后，她时时处于一种深深的自责状态，身心都受到不同程度的伤害，更多的是沉浸在对奶奶深深的思念和自责中。特别是到处都能看到奶奶生活的痕迹，随时触发对奶奶的思念。当日上学路上两次与人骑车相撞，到了教室又有一男同学对她进行了语言上的攻击，把她压在心里的积怨全部激发出来，才与同学大打出手。

你认为与同学发生冲突，能缓解你目前的情绪吗？

她沉思片刻，慢慢地说：不能，但心理舒服了许多，可还是觉得很委屈和无助（此时她的情绪已经平稳很多，语句比较通顺、逻辑性较强）。

我很理解你此时的心情，不过请你想想，你对奶奶的思念和自责，能改变奶奶已经去世的现实吗？你再仔细想想，你现在的情绪是否已经影响到你正常的生活和学习呢？能改变现实存在吗？（我非常希望从积极再定义的层面帮她重建认知）

她认真地思考片刻，然后慢慢地说，我也知道这样下去不行，可是我就是不知道怎样才能改变目前的状态，心里就是转不过这个弯，我该怎么办呢?

那好，你已经意识到你内心复杂的感觉，其实自责、担心和害怕都是正常的，你也很想走出现在的心理阴影，尽快回到原来正常的生活状态中，那让我帮你重新建立信心好不好?（重建内心的平衡，拓展其应变能力，减轻其后续压力。）

她欣然接受了我的建议，用非常渴望的眼神看着我。我帮她分析，心理问题的症结在于她对奶奶的过世还存在着很大程度上的心理压力，由于没有得到及时疏导，情绪耐受性受到严重伤害，只有增强情绪调控能力，才能学会自我照顾、自我安抚以及暂时创伤事件隔离，才能顺利地达到心理上的稳定。

（二）转移注意力，重建认知

她情绪逐渐好转，我在与其建立信任、合作、伙伴的关系基础上，开始第二阶段的咨询。通过故事引入，转移该生的注意力，适时地进行合理情绪疗法的辅导。故事引入：

有一位50多岁的阿姨，生活中与母亲关系十分密切。由于母亲突然离世，对她造成很大的心理创伤，她从内心很难接受这一事实，每日神情恍惚，不知自己该做些什么事情。出门坐车不知从哪站下车，几个小时的呆坐不知道自己在想些什么，完全打乱了正常的生活规律，朋友的规劝也无济于事。有一次，她无意中看见有人编织小孩的小鞋，这引起了她的好奇心，她想我能不能把对母亲的思念全部织进小鞋里呢？于是她开始尝试，果真效果很好，她的心情开朗了很多，情绪发生了很大的变化，最后她把织好的小鞋送给了周围的人，乐观地笑对生活，缓解了心理压力，进而保持了心态的平衡。

通过故事的引入，我问她有何感想？想怎么做？

她表示赞成故事中那位阿姨的做法，也想尝试着做一些事情，转移自己的注意力，重新找回自己的认知。

我观察到，她在听故事的过程中，注意力十分专注，不时地点头表示认可。这对她的积极影响很大。

通过对认知的调整，她想把对奶奶的思念尽快地转移到学习上来，因为奶奶生前的愿望就是希望她学习成绩好。

如果你用更好的学习成绩来回报奶奶，又会有什么结果呢？我们一起努力试一试，你有信心吗？想试试吗？

在我的帮助下，她真诚地接受了建议，并想尝试一下。

如果有什么问题随时找老师，我很愿意为你提供心理上的帮助。希望今天的辅导你能有所感悟，谢谢你对我的信任，随时欢迎你前来咨询。

她十分愉快地同意了，并与我拥抱。我把她送回了班主任处，并安排她及时回到教室继续上课。

（三）家长协助提高新认知的形成

在对武某咨询之后，我意识到家长的协助作用同样很重要。通过班主任找到该生家长的联系方式，通过电话交谈，教会家长在家里也要协助老师对她进行心理上的疏导。如：可暂时放宽对孩子的标准，必要时提供夜晚的安抚措施，如入睡前给孩子吃少量的小点心，开盏小灯，给孩子毛绒玩具等，适度给予具体且可胜任的家务劳动等，以培养孩子的责任感。适量多与孩子进行语言上的沟通，多倾听她的心声，并鼓励她多与其他同学交往，建立更多的同学友谊，从同学身上也可获得帮助等。

三、辅导效果，正常和谐

几周后，我主动与武某的班主任联系，了解她的情绪、学习、状态等情况。班主任很满意对武某的心理辅导，及时解决了她的棘手问题，而且武某近期各方面表现比较平和、正常，人也变得开朗了许多，学习成绩大幅度提升。

这是一个明显由创伤事件引发的情绪障碍，对武某造成的替代性创伤主要有自责、内疚、易思、激动等。对于这样的突发性心理辅导目的在于通过辅导帮助求助者重建内部的平衡，拓展其应变能力，减轻其后续压力，重建信心。通过心理辅导帮助求助者重新建立起认知体系，帮助她认识到对奶奶的思念可以转移到很多方面，如奶奶希望她好好学习，争取考上理想的高中等。只有用积极乐观的心态对待生活，才能与同学关系融洽，融入集体中，成为一个受欢迎的人，全身心地把精力投入到学习上，积极地解决问题，才是成长的表现。很多时候心理咨询过程中，运用一些生活中贴近的事例和经验，也能达到很好的效果。

四、辅导反思

法国作家罗曼·罗兰曾经说过：“有了朋友，生命才显出它全部的价值、智慧、友爱，这是照亮我们黑夜的唯一光亮。”现在的独生子女，平时与同学没有过多的交往和沟通，在他们的生活中缺少信任和朋友，遇到一些突发事件，很容易受到伤害，更容易造成情绪上的不稳定。我认为在心理咨询中正确使用尊重、共情、积极关注等技术手段是相当重要的。注重从求助者的自我认知的调整、社会支持系统等方面入手，缓解求助者的心理压力，是提高咨询效果的有效方法之一。

教育让人类“个体变聪明，群体变文明”；不仅感知过去，更能创造未来。

和孩子们一起成长[1]

——一个班主任的心得

北京市航天中学　周新华

当老师许多年了，一直无缘班主任——这个在学校工作中行政级别最低却是事情最多的“主任”。工作调动，使我终于有了承担班主任工作的机会。虽然有过一些管理的经验，但是我仍然很忐忑，因为面对在蜜罐中长大的独生子女们，我不知道将会发生什么，我也不知道我所拥有的经验是否用得上。我想，经验是可以积累的，只要我用心去爱、去管理，一定会有收获的，我相信，我会和孩子们一起成长。

一、初上任就遭遇挑战——引发对学生责任感的关注

刚刚接班就赶上了学校筹备隆重的开学典礼，学校提前将学生召回进行队形训练。八月的天气是秋老虎，酷暑难耐，孩子们在烈日下进行了一上午的练习，个个疲惫不堪，但是学校仍然要求下午继续训练，于是我安排学生在下午 1：30 的时候到校集合。集合的时间到了，查点人数发现缺席胡某某一人，心生纳闷，没有人请假却有人缺席？马上打电话到胡某某家里，奶奶说他说下午不上学就去游泳了。挂上电话我心里很别扭，真有这样的孩子，置集体活动于不顾而去满足自己的需求？同时有无数个评价涌上心头：无组织无纪律、个人利益高于集体利益、自私自利等。但我努力说服自己：他只是一个孩子，他的行为说明还应该对学生加强责任心的

[1] 本文获北京市第三届“智慧教师”教育教学研究成果征文三等奖。

教育。

独生子女是个特殊的群体，由于特殊的身份使他们从小就在特殊的环境中成长，集全家挚爱于一身。这就使他们过分关注自己的想法，很少顾及他人的感受，这是可以理解的，但也是必须纠正的，如果放纵他们的这种想法和作为，势必会造成他们责任感的缺失。孩子的行为提醒了我，使我在以后的管理工作中非常关注学生责任感的教育。

（一）通过分担班内的工作培养学生的责任意识

班里的学生几乎都是独生子女，在学生们的观念中被动接受的成分占多数，主动承担的想法微乎其微。针对这种情况，本着“班级是我家，维护靠大家”的原则，对班级工作进行了细致的分工，大到班委的各负其责，小到每天的值日、码车，细到学生离开教室时有专人负责关灯关门，事无巨细，人人有工作，人人有责任。这样一来，既调动了学生的积极性，又能使他们不用花费很多的时间和精力就能很好地完成自己的工作，更使得班级的各项事情有条不紊，哪个环节出了问题，就可以找到负责人，学校布置了任何工作，都会有专人负责组织和实施。虽然在开始的很长时间里，总会有人忘记自己的责任，但是同学和老师的督促、提醒又会帮助他更好地完成。在这种人人负责任的氛围中，学生们体验到责任的重要，使学生在为同学服务的同时感受责任意识。

（二）利用集体活动提升学生的责任意识

每个学期学校都要组织一些大规模的集体活动，这是增强集体凝聚力、培养学生集体荣誉感和责任心的绝好时机。因此，凡遇学校大型活动，全班尽可能全体参加，如果活动有人数限制，也必须组织不能上场的同学充当啦啦队。我们的理念是：一个都不能少。因为有大多数学生的热心，所以少数人的不热心也慢慢被感染了，正是这种“有能力的上场，没能力的捧场”的良好氛围，使得我们班在集体活动中屡屡得奖。学校一年一度的艺术节，由于同学们纷纷出谋划策、主动承担，我们的大合唱《真心英雄》获奖。须知全校有四个班在唱这首歌，唯独我们获了奖，就是因为我们唱出了特色，而这特色来自学生们的责任心和集体荣誉感；在学校的运动会上，同学们也积极请缨参战，使得各个项目都达到要求，真正做到了人人参与。在拔河比赛的赛场上，虽然只有20人在拔河，却是全班在参与，啦啦队的热情感染了任课教师，使得他们也加入了呐喊助威的行列，虽然获得了第二名，但是学生们抱在一起的高兴劲儿没法用语言形容，脸上洋溢着胜利的喜悦，这就是尽职尽责后从心底里发出的欢呼！

学校每天都有值日生在校门口值周检查学生的迟到情况，因为有了责任意识，我们班的学生很少有迟到的现象，哪怕住家离学校很远。我们班的一名女生家住丰台镇，每天需乘坐头班公交车才能准时到达学校，可她几乎不迟到，只有一次，因为堵车来晚了，也只是晚了几分钟。她见到我时已是泪流满面："老师，真的对不起，我给咱班抹黑了，我不是故意的。"看她每天如此辛苦，我怎能责备她呢！我赶紧安慰她："不要紧，你已经尽力了。"她仍旧哭着说："可是咱们班的无迟到班集体被我给搅了。"望着她伤心的样子我非常感动，搂着她不知如何安慰她："放心吧，老师和同学都理解你，不会责怪你的！"即使在今天，想起当时的情景，我仍然很激动，这就是我的学生们，他们也在用自己的行动教育着我应该怎样为集体尽职尽责。

二、工作中学会尊重学生——教育有时需要"润物细无声"

当今的学生都有着极强的自尊心，他们需要成年人的尊重，这和他们的成长环境是分不开的，这种对自尊心的维护可以表现在任何时候，包括他们有意或无意地犯错误时。在刚刚接班的时候，我曾经召开了一部分学生的座谈会，当问及他们对班主任有何要求时，他们几乎同时提出："在我们犯错误时，不要在班里点名批评，太丢人了！"我相信这是自尊心使然，当即表示"我会尽力的"。在以后的班级管理中，我刻意地提醒自己尊重每一个学生。但是，孩子就是孩子，他们不会因为你尊重他们，他们就不犯错误，因此，我会经常遇到挑战，其间也有发火而失言的情况发生。我发现在解决他们的所谓"错误"时，发火不一定有好的效果，从尊重他们的角度出发，冷静地解决问题效果可能会更好。当我们班雪白的墙壁上突现一个刺眼的黑脚印的时候，我就是这样做的。

升入初三，学校为了照顾毕业年级，特别将毕业班安排在三楼，目的是不受其他年级的影响，能够安静地学习。搬入四壁雪白、干干净净的教室，同学们都非常高兴，但是同时也面临着考验：如何保持教室的整洁干净，特别是墙壁的状况。同学和老师想出了很多主意，将教室容易被碰到的墙壁都用白纸覆盖上，这样就减少了人和墙壁的直接接触。果然，在同学们共同努力下，教室的墙壁一直都是干净整洁的。

一天早上，课代表正在组织早读，一位同学悄悄地告诉我："老师，窗台下的墙上有一个脚印。""什么？"我不相信自己的耳朵，这位同学又重复了一遍，并指给我看。顺着她指的方向，我看到在雪白的墙壁上有一个清晰刺眼的黑鞋印。它太惹眼了，那样无所顾忌地印在那里，几乎是在向干净的墙壁挑衅，我不由得冲口而出："这是谁干的？"旁边的同学都在摇头。我气愤极了，我觉得这是一个非常严重的问题，同学们都在尽心尽力地维护墙壁卫生，却有人在墙壁上踩脚印，这不是故意捣乱吗？我不能容忍班里有这种没有责任心的人，但是理智又提醒我，现在是早读时间。我告诫自己：冷静一点，也许有比发火更有效的措施。于是我使劲让自己保持沉默，不影响孩子们的早读，但是耳边响着学生的读书声，眼前晃动的全是白墙上的黑脚印。

墙上的黑脚印令我十分愤怒，我觉得在同学们尽心尽力的呵护下，竟然出现了这样的事情，是不可容忍的，它似乎也告知我有人故意在“使坏”，盛怒之下，我真想停下早读，在全班检查鞋印。同学们的琅琅读书声让我冷静下来，权衡利弊我决定放弃发火，放弃在全班大张旗鼓地检查鞋印，对问题进行冷处理：变盛怒之下的训斥为善意的提醒，尊重违纪的同学，相信他们能够自觉改正错误。于是在早读结束的时候我非常平静地告诉同学们：“我们教室的墙壁上出现了不和谐的‘音符’，我想这是包括我在内的全班同学都不愿意看到的景象，希望它能静悄悄地来，也能静悄悄地去。”说完我意味深长地扫了全班一眼，然后到其他班上课去了。

第二节课下课铃声刚落下，我就从上课的教室匆忙走出，我要验证一下我的“冷处理”的效果。来到教室门口，学生们还没有下课，我从后门的玻璃窗向教室内望去，对面墙上的黑脚印已经无影无踪了，墙壁又变得干干净净的了，我内心一阵狂喜，既为自己的“冷处理”奏效，也为同学知错就改的自觉性。

课间操的时候，班里的一名男生王某悄悄地找到我，告诉我脚印是他弄的，他和同学开玩笑不小心踢到了墙上。他非常诚恳地说：“老师我错了，我不是故意的，请您原谅我！”我和蔼地告诉他：“你能勇敢地承担责任，并主动改正自己的错误我很高兴，希望你能够和同学们一起主动承担维护教室环境的责任。”他一边说着“不会再有了”，一边高高兴兴地离去了。

这一次问题的解决使我认识到，其实处理问题有比发火更好的方法，冷静地处理问题是对学生的尊重与信任。经过这件事，在以后的工作中我很少因为学生犯错误而发火，我相信，事情总会解决的。

其实，在工作中有许多时候默默无闻的行动要比声嘶力竭的训斥更有教育效果。例如，我们经常在学生面前强调保持教室内的卫生，但是总会有一些废弃的物品有意或无意地掉在地上影响教室的整洁，我总是默默地将它捡起来扔进垃圾桶，在我看来，教室不仅仅是学生们的，也是我这个班主任的，所以维护教室环境我更有责任，每当这个时候，总会有一些学生自觉地和我一起察看教室的卫生状况，我想这就是身教重于言教吧。

三、保护脆弱的情感——和学生一起经历青春期

古往今来有多少诗词歌赋讴歌青春，看到青春这两个字，就会让人情不自禁地想到年轻、灿烂、阳光和希望。然而，当你走近青春靓丽的少男少女们的时候，你会发现青春不仅仅意味着美好，它也意味着烦恼——对老师，对家长，对这些少男少女而言。

女生邓某从小失去父亲，在单亲家庭中长大。进入初二以后性格发生巨大变化，变得内向而又多愁善感，因为没有了父爱，使她对男孩子的关注程度远远超过了“好奇”的范畴。她曾经利用母亲周六上班的时间约同班一男生多次到她家中共度周末，帮助另一男生写作业，还以聊天为理由让一男生绕道陪她一起回家。我不反对男女同学间的正常交往，但我觉得她在和男孩的交往中分心太多，这会严重影响她的学习，因此对她倍加关注。分析她行为产生的原因，主要是因为家庭的缺陷造成的，所以必须从关心她的角度出发作工作，而不能让她感到老师的厌恶情绪。于是，我找她聊天，和她聊单亲家庭孩子的优势——自主能力强、独立生活能力强，并且告诉她人生的每一阶段都有主旋律，中学阶段的主旋律就是认真学习，为今后打好基础，除此以外的关注都会使自己失去很多机会。不仅如此，我在平时也特别关心她，经常问她的学习和身体状况，让她真切感受到老师是爱她的。对于她与男生交往的行为从来不指责和批评，而是耐心细致地帮助她分析利弊得失，让她认识到这样做的后果对双方的影响从而自觉地改正。因为关心与呵护，使得她没有因为这些问题影响自己的学习，正是因为有效地保护了她的情感，及时避免了她的分心，终于使她在初三的学习中成绩不断提高，终于如愿以偿考上了自己理想的学校。

男生纪某和一女生交往过密，在一次手拉手逛街时被偶然发现，这也终于让我找到了他成绩不能提高的原因。接下来的工作如马拉松一样，持续了很长时间。开始我找他谈心，东聊西侃，希望知道他内心的想法，他避而不谈。一次、两次、三次，他终于感到了老师关心他的诚意，于是他特意买了一本带锁的日记本，以写日记的方式向我坦白了他将近一年的感情生活。日记本的扉页写着“此日记只有周老师有权翻看”，令我感动。我们利用这种方式，你来我往地交换了彼此的看法。我尊重他的感情，但不同意他的做法，我不主张断绝来往，但是也不主张超越同学的界限。我的态度令他吃惊，他说：“真没想到您会这样想，我以为您一定会臭骂我一顿。”而我知道，青春期的孩子都会有逆反心理，骂他反而会使他走得

更远，耐心的劝导终于使他放下杂念，专心进入初三的学习并在中考中超水平发挥，取得了非常好的成绩。

班主任的经历，让我感到青春期孩子们的特殊，如果在情感问题上遭遇“挫折”，对他们的影响也许是终生的。因此如果学生们出现了这样那样的问题时，不能大惊小怪，更不能放任自流，要做到宽容但不纵容，理解但不谅解，努力帮助他们走出“情感”的漩涡，甩掉“情感”的羁绊，轻松愉快地过好初中生活。我们做老师的只能凭借着对学生们的耐心和爱心，和学生们一起经历青春期的考验。

总之，班主任工作是个非常细致、琐碎的工作，人们经常把它定位在管理的层面上，但是面对着追求个性和独立性的学生，越来越多地会出现“不服管”的情况，因此，要想使管理奏效，班主任就必须跳出“老师”这个单一的角色，既要当老师，更要当朋友。无需怀疑，任何经验都可能会遇到新问题的挑战，学生的情况千变万化，面对变化，作为班主任必须学会与时俱进，在教育与管理的同时和孩子们一起成长！

用自己的爱心去温暖学生，用自己的行为去教育学生，投身教育，快乐人生。

用师爱感染学生　以师情感化学生[①]

北京市航天中学　吴昱欧

著名教育家徐特立曾经说过：“教书是一种很愉快的事业，你越教就越热爱自己的事业。当你看到教出来的学生一批批走向生活，为社会作出贡献时，你会多么高兴啊！”

班级是学校教育的基本单位，是教书育人的主战场。班级管理得好坏，直接影响并决定了教育教学的目标达成及效果。让每个孩子健康成长是我们教育工作者义不容辞的责任，如何细心维护学生的心理健康，及时发现学生心理上的障碍，正是摆在我们面前的课题。笔者在做班主任工作中，多以师爱感染学生，以师情感化学生，促进师生间心与心的交融，情与情的沟通。

一、用师爱之心与学生沟通

爱学生，首先就要关心学生，关心他们的生活状况，关心他们的心理发展。特别是初中学生，正处于人生的重要成长阶段，逆反心理强，有时很难与父母作较好地沟通，在这个时期，他们迫切需要老师的正确引导。师生交往的一个重要目的是实现师生间心灵的沟通。沟通有助于师生在交往中建立一个恰当的通道。苏联教育家马卡连柯曾说“没有爱就没有教育”，文坛巨匠高尔基也言：“谁爱孩子，孩子就爱他。只有爱孩子的人，他才可以教育孩子。”一个心理健康的教师必定是善于与学生沟通的教师。

---

① 本文获北京市第三届“智慧教师”教育教学研究成果征文二等奖。

古人云："人之相交，贵在交心。"谈心是启发学生心灵的一把金钥匙，是沟通师生感情的桥梁。谈心，可以消除师生间的"陌生感"，增强"信任感"，使学生在宽松、和谐、愉悦的气氛中接受教育，领悟道理。在谈心时我注意尊重和理解对方，注意语言艺术，多以"宽容"为主，耐心对学生进行引导。如我班一名男同学，我无意间发现他的手臂上有用烟头烫过的痕迹，于是找他谈心了解情况。因为他是我班的军体委员（个子高，嗓门亮），所以先从他对班内体育情况入手，让他说说对自己工作的设想等，谈话的气氛开始轻松自然了。我抓住时机突然问他，我好像看到你的手臂被烟头烫了，疼不疼呀！他当时下意识地看了一眼自己的手臂（平时他的手臂上戴护腕），愣了一下，不说话了。我知道他心里很矛盾，主要是怕我对他有别的看法，于是主动打消他的一些顾虑，以师爱的方式对他的这种自残表示关心。当我说"我知道你敢烫自己，一定是下了一个很大的决心，而且这个决心一定是老师和家长都最希望的"时，他的眼泪流了下来，说出了他内心中的一些秘密。原来他在小学时结交了一些社会上的坏孩子，升入中学后，认为老师很器重他，想与那些坏孩子断交，安心学习，就以用烟头烫自己的方式，来证明与他们断交的决心。还说如果不是分到您的班，我会把学校闹得乌烟瘴气。我和在场的李老师都震惊了，但我还是平静地说，你今天能跟我说这些，证明你很信任我，我相信你是个心理健康的好孩子，但解决问题的方法是多种多样的，我相信你会选择一种最恰当的方式，敢于面对一切，成为强者。一番鼓励使他更有勇气面对今后的人生路。在期末的总结评比先进中，他被大家选为优秀班委，他激动地说，感谢大家对我的信任和支持，我今后一定更努力地为班集体工作。我认为，这样的谈话恐怕不是这一个学生的心愿，而是大多数学生的心愿。人们常说"老师是灵魂的工程师"，关注学生心灵的成长，使他具有健全的人格，是需要我们老师在随时随地的关爱之中去实现的。所以说，善于与学生沟通，往往可以收到事半功倍的效果。

二、注入情感浓度

温水泡茶漫漫浓，香气自然飘逸出来。班主任在激励教育中注入情感的浓度，自然会使学生把外界刺激转化为自我激励的内驱力。爱学生，就要尊重学生，尊重他们的人格，切忌使用不当的语言，尊重他们的想法，加以正确的指导，唯有如此，学生才会信任你，才会把你当做朋友。同时，使学生在被爱护与尊重中感到班主任的理解与真诚，从而愿意把自己当做知心朋友，吐露心底的秘密。这也是解决心理问题的开始。作为教育者，在关心学生、尊重学生的同时，教师更要具备“学生的心灵”，了解他们的所思所想。也就是说要有一种换位意识，充分地去理解学生。著名教育家陶行知就曾这样告诫师生：“未来的先生们！忘了你们的年纪，变个十足的小孩子，加入在小孩子的队伍里去吧！”并说：“我们必须会变小孩子，才配做小孩子的先生。”这一点我深有体会。如我班的一名女同学，期中考试成绩不理想，紧接着五一放假，家长给了她过大的压力，她一时想不开在5月7日晚吃了大量的安眠药轻生。当家长后悔地把消息告诉我时，我首先安慰、帮助家长从不同角度找出问题的根源，教会家长如何应对孩子的这种不健康心理、采取何种教育方法；同时又主动与孩子进行耐心的交谈，了解她的真实想法，帮助她分析这件事情将会造成什么样的后果，从心理上消除她那些不正确的想法。就这样，我反复与她谈心，了解她的想法，尝试着真正去理解她，但又不是一味地去迁就她，并用热情自然的态度、和谐的交谈气氛，建立起相互信任的关系；同时，我还保证为她保守这个秘密，彻底消除了她的心理顾虑。当她轻松地回到教室时，我们默契地相互点头、微笑。其实，当时的情况对我而言也是一种考验。我们常说“理解万岁”，学生们在成长的重要阶段，这种理解就显得尤为关键。这样，班主任才能窥测到学生内心世界，找到激励教育的最好契机，发挥好激励教育的作用。

三、在活动中增进师生情感

人们常说“喊破嗓子，不如干出样子”。对学生来说，教师是教育过程中最直接、最有象征意义的人物。我在做好情感激励时，主动参加到学生们的各种活动中去，成为他们中的一员。学生们在活动中，不仅可以接受更多的知识，形成更多的能力，而且活动过程意味着教育与学生实践的自我统一。例如，在校园艺术节活动中，我充分调动学生参与活动的积极性，激发学生的内在潜力，让学生大胆设想、构思，充分进行自我展示。从大型节目素材的收集到小型节目的排练，我始终以激励的方式做他们的勤务兵和助手，特别在大合唱中，有一段是英文歌曲，这对平时英语学不好的同学来说难度较大，我就鼓励他们说没问题，你们能行，结果大家的努力没有白费，一等奖的荣誉落在我们班的头上。事后，我把握住良好的契机，增强教育效果，继续鼓励那部分英语较差的同学，你们能学好英语，只要肯付出努力。结果期末考试后，我们班的英语优秀人数达到23人(共34人)，我、任课老师和同学们都很高兴。爱孩子，就要相信他：对他力所能及之事，应放手让其自己去做；对他稍有难度之事，要正确引导、鼓励；对他特别困难之事，让他量力而行。教育孩子是这样，教育学生我认为也应遵循这个原则。只有这样，学生自身的能力在实际的生活、工作、学习中才可以得到充分的展示和锻炼，这对我们培养出适应未来社会的创造型人才是大有裨益的。而且，信任学生的同时，要逐步培养学生的各项能力，让他从不完美变得完美，这不就是我们老师的职责吗？看人不可看一点，而要全面地认识了解他，使他相信自己有一丝光，就能照亮一片。因此，班主任的行动是无声的命令，班主任尤其要注意自身的榜样作用。

心灵的桥梁要用情感去架设，用尊重、信任、体贴去充实。爱，是一种力量、一种品质，是教育成功的秘诀，是班主任必备的修养，以爱为根基的情感激励，是做好班主任工作的关键。

“没有教育不好的学生”，关键是看班主任是否注意情感效应。如果真心实意地投入了情感，你就会找到最佳的教育方法，从而就会得到爱的回报——治理好你的班级，塑造好你的学生。

一个有教育幸福感的教师，会通过给学生快乐并得到快乐的回报而感到幸福。这既是教师的光荣，更是教师的幸福。

课题项目篇

用智慧与爱心去成就一名为人师者的幸福人生。

心灵“阳光” 成长“甘露”[①]

北京市航天中学 王丽京

人的生命需要蛋白质、需要脂肪，而最不可缺少的营养却是被人们忽视的阳光、空气和水。人的精神生命需要文学、需要历史，而最不可缺少的营养却是被赏识、被看得起。赏识是人精神生命的阳光、空气和水，一刻也不能缺少。

美国心理学家威廉·詹姆斯有句名言：“人性最深刻的原则就是希望别人对自己加以赏识。”我认为，赏识从本质上说就是一种激励。詹姆斯还发现，一个没有受过激励的人仅能发挥其能力的20%～30%，而当他受过激励后，其能力是激励前的3～4倍，因此，在孩子们的成长过程中，激励的存在至关重要，任何学生都需要不断的激励。“赏识”可以成为帮助失败者找回自信、重建精神世界大厦的力量，从而培养出自我教育的能力。

无论是在智力、体力上，还是处世能力上，自信心对一个人的一生都是至关重要的。一个缺乏自信的人，便缺少在各种能力发展上的主观积极性。来自老师以及同伴的赞赏对成长中的孩子来说，就像田里的小苗需要阳光、空气和水一样，是他们健康成长所必需的养分。因此，对学生进行“赏识教育”，通过发现学生身上的闪光点帮助每个学生树立自信心，对学生的身心健康发展尤为重要，因为自信心是一个人成功的基础。在孩子的成长过程中，看不到自己的优点，缺乏起码的自信心，怎么能取得成功呢？尤其是对那些有这样或那样缺点或弱点的学生，就更需要给予关爱和

---

① 本文获全国教育科学“十一五”教育部规划课题征文二等奖。

尊重，他们更渴望得到来自各方面的赏识，有效的赏识会对他们的成长进步产生强大的动力。

我班有一名学生叫陈佳蕊，一次她在周记中写道：“看到那些个子高高、长得漂亮、学习又好的女生有说有笑的，对我好像特别不屑一顾，我不禁有点伤心，她们好像处处让人羡慕的鲜花一样，而我呢？可能只是个绿叶，或者连个绿叶都够不上，只能是颗不起眼的小草，学习又不好，没有一样好，有时想想，心里特烦。”我就给她写道：谁说小草不起眼，我在春天的原野上看到的满眼的绿色都是小草啊。它们用小小的身躯赋予春天的大地一片生机，看了叫人感动。说到绿叶，你若去买花，想买的是只有花朵没有叶子的，还是要带点叶子的呢？当然是带叶子的更好看。所以在我看来，鲜花告诉人们的是美丽，而绿叶告诉人们的是高尚，因为它的存在不是为了炫耀自己，而是为了奉献自己。如果你认为自己是绿叶或小草的角色，说明在你内心深处其实具备着高尚的品质。你这颗开朗热情、关心集体、乐于助人的小草，在我眼里更美丽，更可爱。

看了我的话后，她又写道：“老师，看了您的话，我觉得我终于有了不讨厌自己的理由了，感谢您帮我找到了自信，我现在心情特好，浑身好像充满了力量，我一定要好好学习，不能辜负您对我的肯定和鼓励。”从那以后，陈佳蕊同学学习的劲头明显足了，在我的鼓励与赏识下，她找到了自信，上进心大大增强了，各方面都有了明显的进步，学习成绩进步了20多名。

赏识的方式是多种多样的，可以是赞扬、鼓励的语言，也可以是爱抚、友善的动作，甚至可以是欣赏、赞许的目光。

美国心理学家、教育学家罗杰斯认为，教师必须保持对学生的“无条件关怀”，因为得到人际关系中的温暖、热爱、同情、关心、尊敬等方面的关怀对其自我概念的形成十分重要。这里包涵了教师对学生无条件的爱心和教师对学生高度的宽容。所谓“无条件的爱心”，就是不管什么学生、不论学得怎样，教师都要给予关怀和爱心，而不是抛弃和冷漠；所谓“宽容”，就是学生有了这样或那样的问题或错误，教师都要给予宽容，耐心地期待和帮助他们反思、进步。

布鲁姆认为，教育中最具破坏性和浪费性的就是教师的消极期望，就是教师不相信学生。美国一位教育学教授曾这样说道：“我们教育者常常忽视一个最基本的问题：怎样让孩子积极地面对生活，这才是最重要的，谁也不知道明天会怎样，谁也没有权利预测别人的明天。”的确，学生未来的路是要靠他们自己走的，我们所要做的，就是传授知识，增强他们的技能，锻炼他们的意志品质，关注他们的心理健康，塑造他们健全的人格，为他们今后的人生做好准备。

课堂是我们教师对学生实施教育的主阵地，给"赏识教育"提供了非常有利有效的空间。因此，在课堂教学的各个环节中，我们教师应该首先做到正确地认识学生、评价学生，以真心的、适当的赏识有效地激励学生，增强学生的主体地位，充分调动学生学习积极性，引导学生主动参与学习，积极思考，主动探究，自觉实践，让学生始终保持一种愉快的情感，使学生自觉、主动地投入教与学的过程中，形成和谐的教学氛围，从而达到良好的教学效果。因此，在我的课堂教学实践中，当学生回答问题时，我要求自己做到认真倾听、面带微笑，当学生答对问题时，给予及时的肯定和鼓励。不要小看简单的一个微笑、一个词、一句话，它们恰恰是学生们信心的源泉。它们能给予学生成功的喜悦，从而不断强化学生的学习自信心。同时，在学生遇到困难时，我在尊重他们的前提下热情鼓励他们，给予耐心的启发和引导，设法帮助他们完成任务。我高兴地发现，他们在老师的帮助下与老师共同完成了任务，体会到的是更大成功的喜悦，建立起更强的信心。

一些学生往往会因为学习成绩差而很难得到老师和周围同学的赞扬，还经常受到多方的责备，久之使他们对学习产生了恐惧、消极甚至厌恶的态度，由此导致成绩更差，形成恶性循环，对其学业和身心健康发展都是没有好处的。基于这一点，为了对每一位学生的发展负责，在对于这部分学生的教学实践中，我从积极的角度去看待学生。人无完人，也没有一个人是一点优点都没有的，因此我从努力挖掘学生们身上的闪光点入手，并对学生们的点滴进步和良好表现都有意地加以放大，大加赞赏。比如在课堂教学过程中，学生说对了一个句子，回答对一个问题，哪怕是写对了一个单词，我都有意用比较夸张的表情、夸张的态度、夸张的语言去夸奖他们："你说得太好了""你的回答太出色了""你的聪明简直令我感动"。我发现听到我这番夸奖的学生再一次发言时，不但能主动举手，而且一定比第一次表现得更出色。老师的赏识之词，话虽简单，说来也不费力，然而，正是这简单而真情的话语，让我看到了孩子们脸上在课堂上久违了的幸福的笑容，这笑容仿佛使我看到田野上干渴的禾苗，在雨后清新的空气中，在阳光的沐浴下，在雨露的滋润下，挺直了腰身，焕发出新绿，呈现一片生机勃勃的景象。

经过半年来我所进行的"赏识教育"的实践，我所教的班级在各方面取得了可喜的进步，进步较大的一个班，在学习成绩上，初一年级各学科成绩的12项指标名列年级第一名的指标由1项、占总指标的8.3%，进步为现在的8项、占总指标的54%。

孩子们的健康成长离不开赏识，就像万物的生长离不开阳光、空气和水一样，它们常容易被视而不见，被忽视，然而它们却是那么的重要。我们应该像天地用阳光、空气和水滋养着世间万物，造就出一个生意盎然的世界一样，用我们赏识的阳光雨露，培育塑造出健康向上、生气勃勃的合格人才。

没有爱的教育，宛如无水池塘，终将群鲜枯竭。

“引导背诵古诗词积累语言”研究报告[①]

北京市航天中学　王秋珍

一、问题的提出

《全日制义务教育语文课程标准》中指出：“语文课程应培育学生热爱祖国语文的思想感情，指导学生正确地理解和运用祖国语文，丰富语言的积累，培养语感，发展思维，使他们具有适应实际需要的识字写字能力、写作能力、口语交际能力。”可见语文教学应注重语言的感悟、积累和运用，从整体上提高学生的语文素养。

积累了大量的书面语言之后，一辈子受益无穷。书面语言是学生作文的基本材料，如果没有大量书面语言的积累，是不可能写出好作文的。从近几年的中考作文来看，优秀作文都很有文采，而文采首先来自用语的丰富性，丰富性的首选，就是积累书面语言要多，而且要有用。

现在的学生不重视语文的学习，不读书，不积累语言，所以语文成绩

① 本文获全国“十一五”教育部规划课题“尊重教育”课题研究优秀案例三等奖、北京市第三届“智慧教师”教育教学研究成果征文二等奖。

差，语文素养也不高。针对这些情况，我们决定对学生进行积累语言的指导，从而来提高学生的语文素养。

二、课题的界定

语文课程标准中的语言积累的基本理念包括三方面内容：一是语言材料的积累，如识字和写字，掌握最基本的字、词，积累大量的词汇等；二是语言运用规律的积累；三是规范语言的积累，如教材文本的学习、记诵古今中外优秀作品等。学生通过规范语言的学习，不仅可以陶冶性情，提高认识，更重要的是为语言发展获得了借鉴。

本课题中的语言是指规范的书面语言。语言的积累讲究积累名家用过的书面语言，本课题中着重背诵古典诗文。

三、课题研究的意义

探究积累语言的途径和方法，以提高语文教学效果。

四、研究目标及内容

（1）研究目标：能背诵《初中生必背古诗词》中所列的诗词，从而积累一定语言，以提高语文学习效果。

（2）研究内容：研究指导学生积累语言的途径和方法。

五、研究过程与方法

（一）研究方法

（1）调查问卷法。

（2）行动研究法。

（二）研究过程

1. 通过问卷调查，了解学生对古典诗词的掌握情况

问题如下：①你喜欢诗词吗？②你读过哪些诗词？请写出诗题、作者。③你能默写哪些诗？请尽力默出。④你理解这些诗吗？分别写出你对这些诗的理解？⑤你运用过你所学的诗吗？用的是哪首诗的哪句？请写出。

我们共发出调查问卷 66 份，收回 62 份，调查对象是我校（当时）初一年级的学生。从调查的结果来看，喜欢诗的学生约占调查人数的 1/3。能将背过的诗词题目写出来，超过 20 首的仅有三人，能够默写出 10 首以上的只有两人，能够理解并能运用的就更少得可怜了。其实小学

阶段就要求背诵70到80首，这说明我们的学生在这方面还有很大的差距。

2. 引导学生明白背诵古典诗词的意义和作用

有学生提出问题：现在都是21世纪了，为什么要背古人的东西？背这些有什么用？他们不明白为什么要背古人的东西，不爱背，不明白这是我们中华民族宝贵的遗产。针对学生的状况，我们要让学生明白古典诗词的作用及意义。这个环节不是老师一味讲解背诵诗歌到底有多大好处，而是让学生课下查找资料，一周后进行交流学习。

著名文艺理论家、美学家、教育家朱光潜先生在《从我怎样学国文说起》中说："私塾的读书程序是先背诵后理解。在'开讲'时，我能了解的很少，可是熟读成诵，逐句地在舌头上滚将下去，还拉一点腔调，在儿童时却是一件乐事。我现在所记得的书，大半还是儿时背诵过的，当时虽不甚了了，现在回忆起来，不断地有新领悟，其中意味，确是深长。"

著名语言学家、北京大学中文系教授叶蜚声先生，他在接受澳门大学学生访问时说："学习语言必须多读、多讲、多背诵。中文、英文或是其他语言，我都喜欢背诵，因为背诵是帮助融会贯通的方法之一。"

出身于台湾大学，被推崇为当代短篇小说家中的奇才，著名小说家白先勇先生在《我的国文老师》中说："如果我现在要教孩子的话，也要他念这些古书（《史记》《汉书》），暑假时也盯着他背古文、背诗词，我觉得这几千年的文化遗产，非常可贵。我认为念中国诗词，真是人生极大的享受。中国诗词里极度的精纯性，对于文字的节奏、音乐性和灵敏度，都是很好的基础。我觉得我们应该鼓励背书，多背古文、多背诗词，这对于文字表现是一种最好的训练。"

美国著名大众演说家简理机先生说："好好发展我们的记忆力吧。一般人只用了百分之几。背诵好文章越多，你的记性愈好。记性好，对做学问、创事业有利无害，而背诵能锻炼记忆，又焉能不背诵呢？"

总而言之，各专家学者的精思卓见，让人对背诵有正确而深入的了解，也让反对背诵者能深切反思。没有大量的语言积累是语文成绩提高不了的一大原因。阅读和写作都离不开语言，写作文虽然有一定的技巧，但无论如何一篇优秀的作文都不可能脱离了语言。通过学生们介绍中外有成就的大家对背诵诗词的看法和理解，学生们多少有些变化。

3. 确定背诵篇目

以课程标准要求的《初中生必背古诗文》为主，此处不详细列举。

4. 课上与课下相结合，分散与集中相结合，鼓励学生每天读诗、背诗

这个环节是研究的重点过程，分以下几个步骤进行。

（1）分散背诵，勤于积累

将必背古诗词提供给学生，可根据自己的实际情况进行背诵，要求学生在两个月内背会。在此期间，教师可利用早读或较零散的时间进行督促提醒，让学生互相检查。

（2）集中检查，落实积累

利用一个月的时间对学生背诵情况进行检查，可以是早读时间、课间时间等。给学生提出具体要求，不能边背边想，要一气呵成、流利，否则背诵不能通过。另外，前10名背完的同学进行奖励加分。

要求提出后，一时间教室内弥漫着书香气息，你追我赶的背诗之风在教室里不停地回旋。一个月下来，只有班内个别学生没有完成任务，绝大多数学生都很好地完成了《初中生必背古典诗词》的背诵。学生们自己都说："从开始不会背，到现在脱口而出，这真让人难以置信。老师，再补充一些诗吧！"听着他们富有成就感的语言，看着他们主动要求再背的眼神，忽然之间，我觉得成功了。学生从不爱背、不会背，到现在的不仅会背而且爱背的过程，不正是语文学习中最重要的吗？

（3）诗词竞赛，巩固积累

语言的积累要不断反复巩固，否则就会忘记。在全班同学背会的基础上，组织多种方式的竞赛。

A. 抽签比赛

以小组为单位，利用课前两分钟进行抽签比赛。教师先抽出一名准备背诗的学生，然后由该学生抽出背诵的诗词题目，在3秒钟之内背出，奖励3分，否则不能加分，并由小组其他同学补背，背出者可在小组内加2分。当天没有背好的同学由本组同学负责必须背熟。这种比赛方式每个人都要精心准备，不可懈怠，培养了同学们及时复习的习惯，还增强了组内同学间的团结合作的精神。

B. 抢答比赛

教师抛出诗题后，学生们进行抢答比赛。要求站起来背诵，声音响亮，吐字清楚。这种比赛方式更大程度上调动了学生的学习热情和积极性，使得学生背诗不再是负担，而是一种乐趣、一种成就。

C. 归类名句比赛

这项比赛由单一背诗词过渡到归纳提炼的程度，同时向考试靠近，提高综合能力。如：背出写"春""夏""秋""冬"的诗句；背出写"花"

“草”“风”“雨”（雪）的诗句；背出写“友情”“亲情”“故乡情”“爱国情”的诗句；背出写“明月”或“山川河流”的诗句等。这种方式能让学生把孤立的诗词与所给信息联系起来，这样训练了学生的思维，学以致用。

（4）开展诗词背诵会，强化积累

这个环节是在关注学生背会的基础上，培养学生的朗诵能力。因为诵读是积累语言的很好的方法。首先是听录音模仿名家，而后再以自己独特的见解进行诵读。以小组为单位进行，每周进行一个小组，朗诵会由本小组人员负责，包括主持人、组织过程、采取的方式等，而后由其他小组进行评价。每个小组完成以后，评选出各类优胜奖。这项活动既巩固了语言的积累，同时也培养了学生的诵读能力、策划组织能力、语言表达能力、合作能力等。

（5）诗词赏析，深化积累

在学生不断背诵巩固的基础上，已将大量的诗句积累了下来。但对于课内没学到的诗词，学生在理解上会存在一定问题。要想更好地理解运用，还要对诗词进行简单的赏析。每天由学生轮流为大家简单讲解分析即可，不要求过细，因为诗词本身重在诵读。每个学生赏析之后都会得到同学们给予的成绩，重在提出优点，进行鼓励。不足也可指出，使后面同学引起注意。

六、效果与反思

与研究之前的问卷调查相比，情况有明显的改善。学生能够很好背诵60首古典诗词，有部分学生背得更多，并且对诗词背诵产生了浓厚的兴趣，开始有意识地在说话和写作当中运用了。开展丰富多彩的活动，并采用适当的奖励措施，能很好地调动学生学习的积极性。

积累语言应不止于背诵诗词，还可以拓宽内容。如成语的积累、文言文的积累、名家名言的积累。

积累语言是语文学习的基础，一定要引导学生不断地加以感悟、理解和运用，才会真正提高语文能力。课堂教学当中，也可以更为重视学生的朗读，设计适当的教学活动，让学生参与其中，以提高他们的学习积极性。每篇课文让学生找出自己认为优美的语句进行背诵，或教师提供给学生。

在积累语言的过程中，不能忽视自主意识、能力与习惯的培养，因为自主积累的意识、能力与习惯的培养比增加积累知识更重要。

既要看到积累语言是语文学习的基础，又要看到语文学习是为了认识生活、参与生活、改造生活。否则学生依然不懂为什么要背诗文，为什么要学习语文。

总之，语文学习重在语言积累、感悟、理解和运用。只要持之以恒，坚持不懈地训练，学生的语文素养定能得以提高。

作为教师我坚信：事在人为，境由心造；智因爱生，业于勤就。

用最简单的办法解决最棘手的问题[①]

北京市航天中学　刘艳红

本学年我面对的是一群在别人眼中无药可救的问题学生。作为他们初中的第四任班主任，如何尽快地改变他们，并确保其在短短的一年中顺利地完成初三一系列毕业升学工作，这着实令我苦恼了一阵子。班中虽然只有 27 名学生，成分却极为复杂：其中单亲、离异及再婚家庭的学生占将近 29. 7%；许多孩子父母长期忙于工作，对他们关心教育不够，致使孩子放学不回家，在街上游逛，甚至夜不归宿；有些孩子的父母教育方式简单粗暴，长期以来与孩子关系紧张，或者对孩子放任自流；初二时班中除一名智力有障碍的学生不能坚持上学外，还有两名学生一学期基本没有来学校上课，一名学生半个学期未到校。27 名学生中受过各种处分的学生达 7 名之多，有的学生甚至还受过两次处分。班级学习成绩更是惨不忍睹，我接班时的初三开学摸底考试各科班平均成绩比其他班均分差了 10 分以上——面对如此多而复杂的问题，我怎么办？怪自己运气不好，总是遇到许多难解决的问题？叹息之余想起这么一句话：人的一生始终处在矛盾之中，解决了眼前的问题就会有新的矛盾、新的问题产生。人就是在不断解决问题中成长、在不断克服困难中进步的。问题简单化了，自己反而能静下心来认真思考。既然能把复杂的问题简单化，为什么不能用最简单的办法去解决复杂的问题。我面对的学生可谓是应对过许多老师的各种办法，再高明

---

① 本文获全国“十一五”教育部规划课题“尊重教育”课题研究优秀案例三等奖、北京市第三届“智慧教师”教育教学研究成果征文二等奖。

的办法对付他们也是无济于事。我们教师最基本的教育思想、教育方法是“关爱—赏识—激励”，用关爱呵护了学生的心灵，用赏识换回了学生的信心，用激励树立了学生的自尊。去繁就简，返璞归真，可能最简单的反而是最有效的。

一、要关爱这样的学生必须树立自信

面对这样一个班，我问自己：你凭什么能带好这个班？

可能我有许多问题不能沉着应对，但是我有工作热情，肯吃苦；可能我没有与这些孩子打交道的经验，但是我事业心强，能真心为学生；可能在工作中我会遭遇失败，但是我工作认真，能努力争取把工作做到最好，更何况还有校领导和其他老师的大力支持。这样一分析，我自信心强了，我告诫自己：自信的人战胜困难是没问题的。

二、要赏识这样的学生必须调整心态

心高气盛是我工作的动力也是我的一个缺点，它令我在带班授课过程中对自己和学生的标准不断提高，使我们都能不断的进步；同时也令我忽略掉一些存在各种各样缺点的问题学生。所以我给自己确立了工作目标：不抛弃任何一名学生，不放弃任何一次教育机会。调整心态，学会满足，不是满足现状，而是学会调整成功的标尺，低起点，低标准。用心观察，不断地发现学生身上的闪光点，要求自己学会拿着放大镜去寻找学生身上芝麻粒大的优点，特别是在其他学生身上司空见惯的优点，只要在我的学生身上出现一次，我就大力给予肯定。

想到我即将面临的许多可预料和不可预料的困难，我感到信心和良好的心态非常重要。我学着自己鼓励自己，做好打硬仗的准备。

三、要激励这样的学生必须讲究因势利导

（一）教育学生从改变服装发型入手，引导学生关注自己的言行，给别人一个好的印象

接班后我首先告诉学生，我对他们的印象来源于那次春游共同救助受伤学生时他们的表现，让孩子们了解到一次好的言行会给不了解他们的人留下多么深刻的印象。

接班后最让我头疼的是学生们大都留着长长的头发，我想了各种办法让他们能有一个得体的发型，他们呢，每次都是剪一点点，我就先大力表扬，再适时地提出些修改建议。一个中午我带着这些学生去了理发店，说

好我付钱，要按我的要求剪好头发，他们相互打着趣就把头发剪了。看到他们一个个精神抖擞地回到教室，我想我已经取得了第一回合的胜利。

在校秋季运动会开幕式入场式上，我告诉学生这是展示班风的时候，是改变别人对我们印象的好机会，以此来引起学生的高度重视，并和孩子们一起做了精心的准备。选服装，练队，为了激励那些所谓的“问题学生”我以信任的态度把他们安排在非常重要的位置上。其实我也有所顾虑，但看到学生那样认真练习并相互纠正动作、相互叮嘱，我还有什么不放心的呢？即使这次结果不理想，但我的目的达到了，学生们已经开始认识到给别人一个全新的、好的印象很重要。我这次把本由班主任做的旗手工作交给了一位我一直不知用什么办法感化的学生，令我意想不到的是，他的表现非常出色，当大会宣布我们获队列比赛奖时，我毫不犹豫地让他代表全班上台领奖。就是这么一个小小的举动，却收到了意想不到的效果，从那以后，我发现他变了，不再挑头破坏纪律，开始有意克制自己，批评他时他也不再大喊大叫，而且成了我管理班级的小助手。从他身上我认识到一个深刻的道理：永远不要低估你的行为能够产生的力量，你一些小小的举动就可能改变一个人的命运。

（二）改变学生要从改变家长开始，改变家长从帮助家长赏识自己的孩子开始

这样的班、这样的学生，其家庭教育肯定是不到位的。我不奢望家长能配合我完成孩子的教育工作，但争取家长的信任与支持是至关重要的，如果家庭教育和我们学校教育唱对台戏，那我做再多的努力也不会有成效。争取家长我采取了下面的方法。

家长最不愿意被请到学校，尤其是这些学生的家长。我就采取一种最笨也是最有效的办法：建立家庭联系本。每月和家长进行一次书面长谈——给每一位学生家长写一封信。当然信中是绝对杜绝告状的，其实再向家长告状也没什么用，家长和孩子一样很抵触教师告状，他们多半也因为没有办法教育约束自己的孩子而苦恼，或无可奈何或彻底放弃。所以我平时注意细心观察，善于发现，注重积累，每次都有的放矢地充分肯定孩子的进步，对孩子的主要问题提出改进意见。这样既可以让家长了解孩子一个月来在学校的表现，又可以对家庭教育予以指导，和家长进行交流。其特别的好处还在于：这个本子是公开的，收效是双重的。每次本子发下去孩子们都是自己悄悄地看，还不时露出会心的笑容。

期中考试后，我特地把表扬发奖工作安排在家长会上。让家长为他的孩子领奖，这样不仅家长心里美，孩子心里更美。在肯定学生们进步的同

时，我又提出在考试后我还要发奖，以期中考试为起点，比比谁的进步大。之后我和学生一起筹备了一次主题班会活动，让孩子倾吐自己的心声，诉说自己的烦恼，并展示孩子们两个月来的进步：课上专注听讲的画面、课下虚心求教的场景、体育活动时生龙活虎的镜头、卫生值日时埋头苦干的瞬间。主题班会我特地邀请家长代表和任课教师参加，孩子们一篇篇字迹工整的作业让家长们惊喜不已。孩子们的心声是发自肺腑的：请相信总有一天，我会变成一个令老师满意、令爸爸妈妈骄傲的好孩子，相信我一次好吗？更是令在座的家长抑制不住地流下了激动的泪水。

果然主题班会后反馈回来的都是正效应。在期末考试后的家长会上，我按计划再次发奖，如果说上一次发奖有些勉强，那么这一次我是理直气壮的，孩子们在各方面有了很大变化，他们真的在进步。

（三）赏识学生要在点滴小事上做文章，注意留心观察，勤于积累

接班不久和一个行为偏常生谈话，他告诉我刚开始他也在和我较量、观察我，发现我这个老师不错时才开始接受我的批评教育。这句话点醒了我，我感到这些孩子虽然单纯却聪明有头脑，对他们实施教育改造必须讲求方式方法。曾有一个学生在我第一次批评他时就对我说：“老师你别管我，能管我的人还没出生呢。”面对这样的态度我一言未发，只是留心观察，在第一次给他的家长写信时我就谈到他能在运动会上主动报名参加最为艰难的1000米长跑项目令我非常感动。运动会时我又发现他主动收拾班级垃圾，就及时表扬了他。一个月后我在试图教育他时，他的回答只剩了前半句。从以前的老师那里我了解到他最不愿意学的就是文言文，尤其是不背不写。在上文言文课时，我就多关注他，只要认真听讲记笔记，就及时表扬。同时对他又有宽容的一面，比如别人默写两段，他可以先写一段，但第二天要补全。对他渐渐地提高要求。让我没想到的是主题班会时他主动提出承担合唱领唱任务，我在班会时请他的家长参加，会后又特别在他的家长面前表扬了他。从那以后，我再对他实施教育管理时，他不再抵触，很乐于接受。更让我没想到的是，总复习时他竟然要求我给他划出要背的文言文，提前完成背诵。从他的身上我认识到：谁说这些孩子没法教育，关键还要看我们有没有耐心、恒心。

（四）激励学生要在教师间合作上下功夫，挖掘一切可利用的资源形成合力，共创教育氛围

一个人的力量毕竟单薄，更何况是教育这些“问题学生”。人常说聪明人会用巧劲儿，会借助各方面的力量。我清楚地知道我最能借助的是校领导、任课教师和全校师生的力量。

首先说校领导。校领导虽不经常接触每一个学生，但经常深入班级听课，使学生感觉到他们在关注着自己，所以特别希望自己给学校领导留下一个好印象。我就充分利用学生这一心理，经常地告诉学生我们或某个人又受到校领导的表扬了，校领导还希望我们做到哪一点。孩子们还是很在意这些，也愿意为得到一句“所谓”的表扬而克制自己、修正错误。

再说任课教师。这是形成教育合力的关键部分，必须全体任课教师齐心协力、步调一致。一次数学老师上校级公开课，对于我们班学生来讲，好像从未经历过如此规模的阵势。数学老师有些不放心，我也是提心吊胆，本来我们班数学就是弱项，这不是正应了那句话——哪壶不开提哪壶吗。怎么办，反过来一想，这正是调动学生学习数学积极性的好机会。我非常清楚，这个班学生慢慢开始接受我，他们最怕的是我不教他们，他们最爱的是痛痛快快打一场篮球、踢一场足球。我就充分利用这一点，决定把信任给每一个孩子，并告诉大家：“我要关注这堂数学课，我带好咱们班的信心就来自你们的表现，用行动证明给我看。”并和数学老师唱起了双簧，在课前让数学老师给他们鼓劲。那堂课真的令所有人都非常满意。课后我赶紧找到数学老师，要求他中午必须进班，要大大地表扬我们班的学生，还要当着学生的面要求我这个班主任奖励全班学生。数学老师一句“你们真是太棒了”让学生们备受鼓舞，他们发现自己每一次努力都会得到老师的关注，得到老师肯定，自己的努力没有白费。当然奖励来的那一场体育活动更是令他们痛快开心，这是他们自己经过努力争取来的。

最后说全校师生。说起来这是一个很空洞的集合概念，但对我和我的学生很有用。学生们愿意在全校师生面前展现一个良好的集体，所以每次大活动我都要做一番动员，中心议题就是改变我们在别人心目中的不好印象。全校性的大活动并不多，所以每一次自我展示都要抓住，要知道给人一次坏印象很容易，而要改变别人对自己不好的印象却不容易，要给人一个全新的好印象就更不容易，要不断反复强化这种好印象才行。这特别需要坚持，所以我们要共同坚持着，因此也就有了如下的感动：运动会上，整齐的队伍、朝气蓬勃的精神状态感动了对我们已经失望的全校师生；数学课上，一双双求知的眼睛、一张张努力克制改变自己的面容感动了不苟言笑的数学老师；自习课时，安静的教室、忙于做作业复习的身影感动了毫无准备的校领导；解决问题排解矛盾时，诚恳的认错态度、发自内心的道歉声感动了身心疲惫的任课教师。

（五）塑造学生要在丰富多彩的班级活动中实现，给学生提供展示自我的机会

接了这个班以后，我就在想，怎样才能调动起全班学生的积极性。要知道任何一个孩子都愿意参加有趣的活动，愿意体验成功。我冥思苦想后决定把学生个人评价量化，推出了主题为“每天进步一点点，天长日久一大步”的“班级百分争先赛”活动，给每一个学生建立档案，以作业完成、课堂纪律、测验成绩、卫生值日、特殊加分及课间操六项为加分项，进行日常积分，并进行阶段性评价和表彰奖励，以激励学生积极向上，逐步学会自我约束、自我管理。在各位任课教师的大力配合下，活动收效很好。许多学生为得到高的分数，开始在学习上留心、纪律上知道自我约束，各方面进步都很快。在初三第一学期期末考试中，我班80%的学生成绩有所提高。

新学期开始后，我感到学生们纪律问题有了明显的好转，但学习上的问题就凸现出来，而且个人争先赛只完成了学生的自我教育，对一些行为偏常生作用不大。我又变换了对策，改个人赛为小组竞赛，提出“小组竞赛成绩好，人人都要作贡献”的口号，用集体的力量约束每一个学生。“问题学生”被均匀分在五个小组，小组成员相互督促、相互帮助，这样做得好的学生不仅会得到老师的表扬，而且会得到同学们的拥护和喜爱。再有哪个个别学生出了问题，不用我说，他已经受到小组其他成员的批评。有些学生一周积分出现负分，小组成员会给他提出要求，他自己也很不好意思，会赔着笑脸对组长表示下周好好表现，以期将功补过。这学期个人和小组积分每周照样公布于众，可引起的反响比之上学期却大大不同，要知道每个人的表现关系到小组的荣誉，集体意识、团结互助意识的培养都在其中。学生们从被班主任监督管理到自我约束、相互约束管理，在这个过程中我教会他们的是认清对错、修正不足、形成良好习惯。

通过一系列的活动，我感觉我的教育工作正朝着我所预定的深入班级获得信任、开展教育活动纠正不良行为，树正风正气、依靠集体力量形成良好学风的轨迹顺利发展。

四、要改变这样的学生必须从长计议

面对这些学生，特别是他们可怜的学习成绩，我真有点“有心杀贼，无力回天”的感觉。但是我的畏惧心理是要不得的，我毕竟干的是教书育人的事业。既然“有心杀贼”就觅杀贼之路，用我的耐心修剪学生的道德观念和个性品质，去除学生身上那些不健康的东西；既然“无力回天”就

寻补天之方，用我的勤劳修补学生知识的漏洞，让他们最大限度地进行有效知识积累。

看看我这个班的学生，他们个个聪明伶俐，之所以成为现在这个样子，在于他们并不知道自己该是什么样。再加上长期失于管理、放任自流，造成他们肆无忌惮，谁的话都不听，谁也不怕。这些孩子毕竟有一天要走向社会，这种状况实在令人担忧，所以我在教书育人过程中更注重以下三个方面的教育：教孩子知艰难、知畏惧、知羞耻。

懂得艰难，他才懂得尊重他人，尊重别人的劳动成果。记得为运动会买班服，我事先征求了学生们的意见，还和几名学生一起看了几种样子，都不太满意，于是我自己去了批发市场，为了赶时间我中午饭都未顾上吃，费了好大劲扛回了两大包服装。可学生并不买账，一片埋怨声，不是嫌款式不好就是嫌颜色不合心意，反正就是没人体谅老师付出的辛苦。虽说众口难调，但学生们这样的表现我还是觉得有问题。由于号码需调换，我这次决定带两个牢骚最多的学生去，虽然是打车来回，但要走出小区，一路上两个学生体会到了服装的沉重。当服装再次到了学生手里，我看到的是他们的笑容，有的孩子穿上班服还美滋滋地对我说了声“谢谢”。

有所畏才会有所信。当然有所畏并不是畏惧政教处和班主任，有所畏，是用来解决一个人在社会中不应该做什么的问题，即什么是禁止的。有所信，是用来解决一个人在社会中应该做什么的问题，即什么是提倡的。让学生既要有所畏，更要有所信，让学生在畏惧中知道什么是不能做的，在信奉中知道什么是必须做的，有畏有信才会有“人”的存在，一个人如果因为轻视而放弃了畏惧，他将会越走越远，直到走投无路。如果学生对什么都无所畏惧，我想接下来就只有我们这些教育者畏惧他们了。

接了这个班以后，我抓住处理各类突发事件的机会，让学生明白对法律要有畏惧、对道德要有畏惧、对良心要有畏惧。做人要诚实，不被别人信任，后果是不堪设想的；举止要文明，不能给自己的人生抹上污点。一次由于课堂听讲问题，我批评了一位学生，他嘴里嘟嘟囔囔，不干不净。人们都说捡什么不捡骂，这回我却捡了骂，一番严厉的批评教育我是要让全班学生明白，不管对任何一位老师、任何一个人都要尊重，不能出言不逊，顶撞甚至骂老师是要受到良心的谴责的。当有任课教师生病住院时我就和学生买好慰问品到医院去看望，用行动教育学生。孩子的可塑性真强，那次我腰病又犯了，弯着腰上完了课，一个平时非常调皮的学生马上拿起我的东西，扶着我走向办公室。到了办公室我问有事吗，他笑笑说：“我看您身体不好，想帮帮您。”要知道他可是玩不够的学生，课间人都不好找。

知道害羞，就会知道什么事情可以做，什么事情不可以做，做了什么事情要后悔。一次我们班的男生课间竟然开玩笑相互往女厕所里推，知道这件事后我首先表明我的态度：可以把你们当做不懂事的孩子，但这样做别人会怎么想，你们毕竟是初三的学生了，自己做事要考虑后果，这样做太丢脸了。我接着给他们出了一道题：说一说男生与女生有什么不同（不包括生理上）。孩子们想了想纷纷说：男生力气大，应照顾女同学；男生应比女生宽容；男生应比女生豁达、能忍耐。我不失时机地指出：你们应该像你们的名字一样个个都是阳光男孩，站起来是一座山。看看现在，班里有重活我找不到你们的身影；本来整洁的教室你们一来就变得一片狼藉，你们什么时候能成为我可以依靠的一座山？听了我的话孩子们纷纷惭愧地低下了头，我趁热打铁："今天就让我们的教室变个样，从现在开始也让我们自己变个模样。"那天以后孩子们开始注意卫生保洁，出格的事做得少了。

人们常说："只要留心，处处皆学问。"其实对于我们教育工作者来说，"只要有心，时时皆是教育机会"，把握住机会，我们的教育会在潜移默化中达到"润物细无声"的效果。

五、要教育这样的学生必须持之以恒

教育学生不能操之过急，更不能拔苗助长。要相信循序渐进、水到渠成。这个班留给我的时间确实不多，但我还是这样走过一个完整的教育过程。第一学期工作重点是养成良好的行为习惯，突出赏识教育，不断地发现学生的闪光点，形成良好班风。创造一切机会，展示学生最阳光的一面。第二学期稳定班级现状，形成良好学风。赏识激励，不断放大学生的闪光点，抓住一切机会，鼓励学生做最好的自己。让每一个学生有被赏识优点的机会，树先进典型带动整个班级的进步，促进偏常生的转化。将近一年的工作，我不时地变换着方法，一切都按计划有步骤地朝着预定的目标进行着。特别是二模考试之后，学生们已相当疲惫，怎样鼓励他们坚持到底？我就问他们："你们知道一天中最黑暗的是什么时候?""子夜十二点。"我告诉他们："一天中最黑暗的时候是将要天亮的时候，这正如我们现在是最困难的时候，也是离成功最近的时候，谁坚持到最后，谁就会成功。"我开始每天坚持听课，看到我在坚持，学生们的情绪也就稳定了，他们也一样坚持着，听课使我能及时了解学生情况并对表现好的学生予以鼓励。四个星期五十多节的连续听课，保证了我们班没有一个学生无故缺席，最终顺利地完成了复习工作。

经过我一年不懈的努力，这个班也许未见得有大的起色，但是我相信滴水穿石，功夫不负有心人。俗话说得好：十年树木，百年树人。我们做的是关系到一个人一生成长的工作，我相信我的努力虽不会改变他们的一生，却会在每一位学生心中留下痕迹。我相信他们会像我希望的那样：可以不是伟人，但心灵要与他等高；可以不是英雄，但心灵要与他等高；可以不是智者，但心灵要与他等高。至少他们现在正朝着这个方向努力。

教师赋予学生的最根本价值，是美德与独立精神。

运用激励性评价　促进学困生发展[①]

北京市航天中学　包永梅

随着基础教育课程改革的推进，新的理念与行为已逐步深入人心，每一位教育工作者在这场变革中都应对自己的思想和行为进行深刻反思。作为一名一线教师更是责无旁贷，在这一期间，我从教育思想、教学行为、教学方法等诸多方面进行了深刻的思考，认真学习了新课程标准，并试图把新课程理念运用到实际教学中，以改变美术学科存在大量学习困难生的现状。

一、美术学科存在大量学习困难生的原因

美术学科是基础教育的一部分，是其他学科所不能替代的。然而在学校众多学科中，学生对待每一学科的态度是不一样的。在现今社会，中小学生的学习态度被学科是否与中高考有关或是否与将来的生存谋职有关所左右，对与中高考有关的科目，不管有无兴趣，都要努力学习，而对与中高考无关或者影响甚微的科目，如美术，学生就不大可能下功夫去努力学习，除非是天生对美术有极大兴趣的学生。如此一来，在美术学科上，就只产生了少数学有余力的学生，而其他大部分是学习困难的学生。

另外，我所任教的北京市航天中学是一所普通初中，地处丰台区与大兴区的城乡接合部，生源以东高地周边学生为主，整体文化素质较低，学生家长对学生的期望值较低，导致学生的自我期望值也较低，学生的智力

① 本文获北京市中小学第四届“京美杯”征文二等奖。

潜能没有被很好地挖掘，这也是产生大量学习困难生的原因之一。

面对这种情况，我彷徨无措，不知该如何解决这个问题、改变这种局面。

二、改变美术学科存在大量学习困难生的途径与依据

随着课程改革的推进，对新课程理念的接受与感悟，我终于找到了解决问题的途径。我认为，要想扭转这种局面，使大量学习困难生与学有余力的学生共同发展，就应发挥新课程评价的功能，运用激励性评价促进学习困难生的发展。

新课程评价为我提供了理论依据。新课程评价是基础教育课程改革的一个重点，在《美术课程标准》的“评价建议”中指出：“强化评价的诊断、发展功能以及内在激励作用，弱化评价的甄别与选拔的功能。”可见，评价具有诊断、发展功能以及内在激励作用，那么激励性的评价就是强化评价的一种体现和手段，激励性评价能够更大地发挥评价的内在激励作用，能够更有效的激励学习困难生与学有余力的学生共同发展。

一些教育专家、学者也有关于激励性评价的论述。

相毅敏在《新课程教学设计》中有这样的表述：“评价活动具有激励作用，通过评价可以产生自发的激励作用。对于学生来说，肯定的评价意味着自己的努力得到认可，会产生成就感，从而更加努力。”可见，充满肯定的评价或者说赞赏、激励性的评价对学生学习有很大的促进作用。

郭声健编著的《艺术教育论》有这样一段话：“教师应避免用对、正确、错、不行之类的非左即右的言词去冷静评价学生的艺术表现，而是用真不错、真精彩、再体会、还可以更好之类的言语来热情地欣赏、激励学生的艺术参与以及所表现出的艺术独创性。”由此可以看出，教师的评价态度和评价行为的重要性，我们对学生的评价更多的应是充满赞赏和激励性的评价。

记得第斯多惠也曾说：“教学的艺术不在传授的本领，而在于激励、唤醒、鼓舞。”可见，激励作用在教学中的重要作用。

上海闸北八中刘京海校长首创的“成功教育”实践为我们提供了事实依据。成功教育实践改变了闸北八中的薄弱面貌，提高了教育教学质量。“成功教育”理论最初的形成，就是为了解决学习困难生的学习问题。成功教育认为学习困难生的困难是暂时的，坚持成功是多方面的。针对学习困难生实施鼓励性评价，应从学生的原有基础出发，积极地为他们创造各种成功的机会和条件，发现和肯定学生的每一点进步和成功，促使学生发

现自己的长处与不足，激励其信心十足地争取更大的进步。

以上有关理论和事实论述可以说明：激励性评价能够转变学习困难生的学习态度与行为，促使其进步，激励其发展和成功。

三、激励性评价在美术教学中的具体实施

有了改变学习困难生的方法和依据，我开始了激励性评价在初中美术教学中的探索与实践，以解决美术学科存在大量学习困难生的问题，使学习困难生与学有余力的学生都能有所发展和成功。

通过思考与分析，我主要从以下几个方面实施激励性评价。

（一）在课堂提问中实施激励性评价

在课堂提问中，针对学习困难生设计一些稍加努力即能作出正确回答的问题，课上提问时有针对性地让其作出回答，教师作出相应的赞赏和表扬，让其受到激励和鼓舞，树立起自信心，塑造其成就感，并让其时时感到教师在关注他们，没有遗弃他们，让他们感到教师的关怀。以后根据他们的进步情况，逐渐增加提问的难度。

（二）在课堂出示范画时实施激励性评价

在美术教学中经常会出示范画以给予学生直观的感受，那么在范画的选择上，除了用教师或优秀学生的作业，我还有意挑选一些学习困难生的范画为其展示，指出它的优点和其本人的进步，也酌情指出它的不足之处，只要稍加努力，就会做得更好。从而树立他的自信，激励其更加发奋的学习。

（三）在课业练习中实施激励性评价

课业练习是美术课堂教学中不可缺少的一个环节，我在巡回指导过程中，经常会走到学习困难生面前，为其辅导指正，并用一种赞赏的态度去激励他，“真不错”“很精彩”“可以再体会”“要是再这样一点是不是更好，你觉得呢?”给他一种平等的融洽的气氛。有时也可即兴举起他的作品，让其他学生欣赏，指出优点，让其感到有成就感、自豪感，对美术学习抱有信心，保持持久的学习兴趣。

（四）在课堂小结中实施激励性评价

即将下课的几分钟，教师都要做课堂小结，在小结中，我除对学有余力的学生作出表彰外，尤其要对学习困难生作出相应的表扬，从他的学习态度或作业质量等诸多方面实施激励性评价。如某某同学这节课听讲非常认真，回答问题积极踊跃，作品制作非常精细等。

（五）在作业评价等级上实施激励性评价

在作业评价上，关注学习困难生的点滴进步。以往的作业评价更多的是横向评价，即确定衡量作业的几条标准线，然后去衡量每一个学生的作业，而很少去纵向评价每一个学生前后的变化。对于学习困难生，我尤其注意纵向对其评价，视其学习态度、前后的发展、努力的程度在不超越等级的范围内给其较高的分数，以激励其更好地学习。在学习困难生的作业上也常写上几句话，诸如“你进步了”“这张画画得真棒”“你很有天赋”“你的色彩感觉真不错”“你还可以更好”等一些话，让其感到教师对他的关注、赞赏和期待，从而激励其更快地进步。

（六）在学校的美术画展中实施激励性评价

为了促进学习困难生进步，给他们更多展现的机会，我每周举办一次小型画展，称之为“美”周一展，除了展示学有余力学生的优秀作品，尤其注重展出学习困难生的较好作品，让他“炫耀”“自豪”“具有成功感”，在学生群体中树立自信心，激励他确立更高的目标。

（七）在课后谈话时实施激励性评价

在平时谈话或课间 10 分钟，对学习困难生实施激励性评价，如“你这节课表现真不错”“这一段时间你的审美水平越来越高”。可单独对其说，也可当着其他同学的面对其表扬，让他们感到很有“面子”“很棒”，以达到对他的激励作用，更好地向前发展。

（八）在期末或学年总结中实施激励性评价

在总结中，对学生这一学期或学年的进步和取得的成绩作出相应的表彰，我设了遵纪奖、进步奖、优胜奖，鼓励学生争取人人获奖，激励获得遵纪奖和进步奖的学习困难生向优胜奖奋进。

以上是我从八个方面进行的初中美术教学激励性评价的探索与实践。

四、激励性评价在初中美术教学中实施的效果

经过历时 1 年的尝试，我发现了可喜的现象，学习困难生都有了不同程度的进步，他们变的遵规守纪了，他们对美术有兴趣了，他们的审美水平越来越高了，他们的画越画越好了。有的同学进步更大，如初三年级的小洁同学，以前上课不认真听讲，门门功课都不好，不思进取，泡网吧、早恋，被学校处以警告处分，经过我的引导、帮助，在我的美术教学中对其实施激励性评价，她变了，主动找到我要求辅导她画画，经过努力，她当年考入了理想的艺术学校。初三年级的小浩同学，以前上课经常迟到，不完成作业，不遵守纪律，打架斗殴，惹是生非，被学校处以警告处分，通过在我的美术教学中对其实施激励性评价，他有了明显的改变，鉴于他的表现，我还让他当上了我的美术课代表，成了我的得力助手。初三年级

的思凡、安铭以前各科成绩都不好，对自己的前途失去了信心，通过在我的美术教学中对他们实施激励性评价，他们找回了自信，认识到他们有一定美术基础的优点，积极到少年宫美术培训班进一步学习美术专业知识，相继考入了理想的专业艺术学校。

看到学习困难生的转变，看到他们的进步，看到他们都能有所发展与成功，我感到由衷的欣慰和高兴，我真切期望他们在不远的将来都能有所建树、有所作为。

实践证明：激励性评价在初中美术教学中的探索与实践是成功的，在初中美术教学中实施激励性评价能够转变学习困难生的学习态度与行为，促进其进步，激励其发展与成功。

探索与实践的成功，离不开教育理论的支持，离不开教育理念的更新，离不开对教学行为的反思，离不开对教学方法的研究，更离不开教师的执著与追求，不断地探索与实践。

教学是一门艺术，我们必须勤学习、多思考，尤其是在基础教育课程改革的形势之下。美术与其他学科在内容性质上有所不同，但它们也有联系，它们在教育教学上有共通之处，我想激励性评价在美术教学中实践的成功在其他学科也能进行实践应用。

基础教育课程改革为学生也为教师提供了发展的舞台，为教师的教育教学研究提供了契机。作为一名教育工作者，我们应抓住课程改革这个契机，在基础教育这个大舞台上，不断探索，不断进步，不断创新。

用千百倍的耕耘，换来桃李满园香。

论班主任班级管理工作中生命关怀的彰显[①]

北京市航天中学　刘　斌

叶澜教授曾说：“在一定意义上，教育是直面人的生命、提高人的生命、为了人的生命质量的提高而进行的社会活动，是以人为本的社会中最体现生命关怀的一种事业。”班主任作为教育的主要承载体，肩负的责任重大，下面就笔者的亲身经历谈谈班主任班级管理工作中如何彰显生命关怀和生命关怀彰显的意义。

一、“监考事件”引发的思考

随着预备铃声响起，我走进第二考场，即将进行的是数学期末考试。发卷、检查学生的信息填涂是否正确后，我坐在了放在讲台旁的凳子上，位于学生陈某的正前方。奇怪的事情发生了：陈某停止了答卷，很大动静地往后拉扯着课桌，笔重重地摔在课桌上，又弹到地上，还不停地翻卷着试卷，引得周边同学不停地朝她这边看。我以为是她碰到了难题，情绪急躁，站起身轻轻地把她的课桌拉回原地，弯身捡起她摔落到地上的笔后，

① 本文获北京市中小学生学习困难研究会丰台分会一等奖。

重又坐回原处。陈某又开始用橡皮使劲擦草稿纸上的字迹，然后用手指将橡皮屑向前弹出桌面，弹到了我的身上。我感到厌烦和莫名其妙，提起凳子换到了讲台的另一侧，考试顺利进行。第二场还是由我监考，再次走进教室，发现第一场坐过的凳子被挪了地方，上面洒了许多水。我顿时明白这一切都是学生陈某在警告我：不要坐在她的旁边监考。我迟疑了一下，拿起抹布擦干凳子上的水，再一次把凳子摆在陈某的正前方坐了下来，第二场考试在我俩无声的较量中结束。

有没有更好的解决方法呢？作为学生陈某的班主任，我们之间不陌生，应该说在明白她的行为传达的意思后，主动换地监考，等考试结束后，就陈某的行为与之交换看法，不失为最佳策略。但“教师的权威不容侵犯”的思想使我错过了对学生的宽容接纳，“强势压迫”让我失去了倾听学生心声的机会。反思自己的班主任工作，平时注重的是班级学生知识的学习，缺少的是对学生情感、态度、价值观发展的一种生命关注。在“权威不容侵犯”的管理下，学生看似服从，可是师生关系越来越疏远，在这种情况下，“老师，您在我前面监考，会让我紧张”这样一句表明意愿的话却采用了如此非正常方式表达，也就不难理解了。

随着新课程改革的深入和逐步完善，一种全新的整体教育观逐渐确立起来：学校要培养“整体的人”，要能够积极面对生活、向往快乐、崇尚幸福，尊重他人，从而为社会创造价值，即获得完整性发展的人。学生在学校学习、生活的过程就是建构、体味人生的过程，在这个过程中时刻陪伴在左右的是班主任。那么班主任在班级管理工作中该如何彰显对学生的生命关怀呢？

二、生命关怀的彰显

（一）珍视情感，用朋友般的尊重激扬生命

又是一个新学期的开始，我站在教室门口迎接着学生的到来。“老师，我坐哪？”“老师，能随便坐么？”陆续到来的学生问着同样的问题。等学生基本到齐后，我宣布座位原则：想坐哪儿自便，但要保证 1、3、5 是男生组，2、4、6 是女生组。教室里一阵混乱，学生们在经过选择、调换后，渐渐安静下来，每一个学生的脸上都洋溢着快乐和惊喜的笑容。我接着宣布第二条原则：邻居是大家自己选的，如果班上同学或任课教师反映课上哪有违纪现象，那你们邻居就做不成了！学生们笑着向我认真地点了头。

没过多久，学生和教师都反映张某和王某上课时说话现象严重。我想给学生王某换个位置，但王某生性倔强，对老师心存芥蒂，不易沟通，不

同意的事情难以执行。于是，我找来学生张某，向她阐述了调换座位的原因和意义，然后请她代我将调换座位的想法传达给王某。第二天早读时间，我进班刚走到王某身边，王某就站起身："老师，我知道您想给我换个位置，您说坐哪儿吧！"

生命关怀就是珍视生命发自天性的、自然的那种主动权，"强迫就范"是不可能激发出这种自觉自愿行为的。

六月，骄阳似火。由于教室在阳面，教室里酷热难耐。这时高三年级已结束高考，有两间阴面教室空了出来，我从年级组长那里拿到了剩下的一间阴面教室的钥匙。想着同学们获知可以换教室的消息时的兴奋表情，我快速向班级教室走去。在路过（1）班教室时，我的心一下子沉重起来：（1）班也在阳面，且学生人数比我们班多，这间阴面教室理应让给他们才对呀！进了班，我先告知换教室的消息，学生们果然很开心。随后我坦率地说出心中的犹豫，希望同学们考虑把教室让给（1）班。班里一阵沉默，接着有人小声说："老师，别让了！""老师，咱们也需要。""可是（1）班人多，他们更需要呀！"我说道。"老师，换了教室，我们一定会认真学习，珍惜这次机会的！"讨论过后，虽然未能获得我所期望的结果，但我相信同学们对自己的决定是认真思考了，将来碰到类似的问题，他们也会多想一想别人。

无私、助人与成熟是需要时间磨砺的。作为班主任，应像朋友般地去尊重学生的生命本性，尽量以唤醒、熏陶、感染、启迪等方法，让学生能够感悟生活，最终激扬生命。

（二）用信任与理解，彰显生命的喜悦

上课时间，同学们都在专注地倾听我的讲解，一阵手机的振动声从学生的课桌里传出。由于无法判断声音传出的方向，我停止讲课，眼睛扫视着全班同学，教室里安静极了。学校三令五申要求学生进校关闭手机，课堂上出现这种声音是绝对不允许的。"谁的手机在响？"我严肃地问。连问三遍，无人应答。

"是我听错了么？同我一样听到手机振动声的同学请举手！"同学们纷纷举起手。

"谢谢同学们！我没有听错，刚才是有手机声。那么谁的手机响了，请你起立！"同学们互相望了望，无人起立。

"请有手机的同学拿出你的手机，看看有没有来电显示或信息提示，也许是你的手机响但你不知道！"同学们照做了，但仍没人承认刚才发出振动声的手机是他的。

下课铃声响了，我无奈地站在讲台上，“手机在响，却没人承认，我很遗憾！我希望这个同学下课后主动来找我”。

刚进办公室，学生李博来了。

“老师，我和王某打架了！”

“为什么？”我吃惊地看着李博。李博为人正直，尊敬师长，关心同学，深受老师和学生的信任。

“是他的手机响了。下课时我让他去您那承认，他不肯去，还在班里骂人，我们就打起来了！”

我震撼了，如果不是李博的仗义执言，我可能永远也找不到这个手机的主人。我伸手握住李博的手：“老师谢谢你！”

我让李博在办公室休息，并在年级组长的办公室里找到了刚和年级组长谈完话的王某：“为什么不承认？”

“我以为您知道是我的手机响！”王某平时散漫，在年级充老大，违纪现象很多。他这样想也不足为怪。

“老师不知道，也没想到是你。因为我一直认为你是一个敢作敢为的人！”我非常诚恳地说。

“老师，其实刚开始我想承认，但越往后就越觉得无法承认了。”我能理解，这个“老大”也是一个极要面子的人。课堂上的那十几分钟，他也一定很难熬。

下午班会时间，王某在班上承认了自己的错误。我赞扬了李博和课上举手证明有手机振动声存在的同学，同时指出：王某是个要强的人，希望大家给予理解与包容。一直低着头的王某抬起了头。

为了避免课堂再有手机违纪现象的出现，我请同学们想一想拯救措施。大家你一言、我一语地说了几条，我把它们归纳成三条写在黑板上：由班主任保管至学期末；家长来取；值日三天。如我所料，第三条措施全班同学举手通过。

曾看到这样一段话：什么是人的美好未来？未必一定是有成功的事业就有未来，我们所指的人的美好未来是指他的美好的人生，要帮助他创造一种适合于他的生活，是要他幸福而不是痛苦，是要他的生命充满喜悦而不是悲哀。

（三）用希望与企盼，传递给学生一份精神力量

由于新课程改革，教师要经常外出学习和研讨。每次外出前，我都会告知学生，并希望他们能更自觉地遵守校纪班规。

班上男生酷爱打篮球。为了不影响上课质量，我会反复引导督促他

们：注意安全；适当运动可以，但不能影响正常的课堂秩序。

由于没有饮水机，为了解决饮水问题，班里每天都会产生大量的饮料瓶。我希望班委整理收集这些饮料瓶，积攒起来也是一笔财富。

每天迎着朝霞走进教室，我和学生们一样对这一天充满期待；傍晚离开校园时，我和学生们一样是满足的。校园生活看似平淡与重复，但就在这平淡与重复中积攒着班主任对她的学生的希望与企盼：外出归来，任课教师连声称赞班上学生很有序；篮球年级联赛，在班长的带领下捧回第一名的奖状；积攒饮料瓶换回的钱，在学期末，同学们用来购置各种奖品，在炎炎夏日变成了清凉饮料和一根根冰棍。

学习生活是艰辛和枯燥的，但校园生活不仅仅是学习生活，这里充满了友情、师生情，充满了生活气息和美好的人文韵律。这里流淌着一份看不到但却能感受到的精神力量：关爱、和谐、激情、快乐和回忆。

魏书生先生曾说过：“人与本职工作有五种境界，无心无意，三心二意，半心半意，一心一意，舍身忘我。人幸福快乐与否，取决于自己在哪一种境界。如果我们进入了一心一意、舍身忘我的教育教学境界，灵魂不再流浪，精神不再漂泊，思想不再浮躁。”我们教师是学生生命成长的同行者、促进者，我们与学生共同体验着生命成长的快乐，永不停滞地自我超越和自我发展着。

生命关怀是班主任管理工作中的一种基本理念，它要求我们班主任在实施管理过程中要不断关注学生的生命感受，创设饱含支持、肯定、接纳、赞扬、欣赏等积极成分的环境气氛，点化和润泽生命，提高生命的质量。当学生在班主任朋友般的尊重、信任、理解与期盼中幸福快乐地成长时，我们也一定会收获来自学生的尊敬与爱戴。

教师是火种，点燃了学生的心灵之火；教师是石阶，托起学生一步步踏实地向上攀登。

走自己的路，让别人去说吧！

“构建现代文阅读立体体系　提高学生阅读效率”课题研究报告①

北京市航天中学　马瑞霞　陈治君

一、研究背景

（一）研究的原因

（1）新课程标准要求：①更新语文教育观念，整体提高学生语文素养——“工具性”和“人文性”并重；全面提高学生语文素养；语文教育要着眼于学生的终身发展。②深化教学改革，优化教学过程，提高课堂教学效率——加强课型研究，优化教学过程，阅读、写作、口语交际是三种基本课型；改变教学方法，提高教学效率；创设主动、互动、生动的语文

---

① 本文获北京市第三届“智慧教师”教育教学研究成果征文一等奖。

学习局面，重视学生在语文学习中的主动性、实践性，让学生在教学过程中主动地学习、探究。重视学生思维方法的学习、思维品质和思维能力的发展，尤其要重视创造性思维的培养。这必然对散文阅读有更高要求。

（2）散文这种文体本身具有较好的表情达意、涵咏性情的作用，也是最贴近生活现实的文学体裁，在很多方面都便于实践新课程理念，可操作性强。

（3）高考散文阅读的分值与难度逐年上升。2013 年新增的阅读拓展题，更是呈现出把阅读与表达（写作）结合的趋势，对学生的理解表达能力提出了较高的要求。

（4）普通高中学生阅读面窄，阅读量小，积累少，理解能力、表达能力存在很多缺漏。

（二）研究的目的、意义

（1）面对学生的现状，与高考出题趋势的变化，只有加强和提高语文课堂的实效，利用教材提炼相应的方法和策略，才能有效提高普通高中学生高考散文阅读的能力，最终提高高考散文阅读的得分率。

（2）让教师的“教”和学生的“学”在新课程改革背景下共同成长，调查了解学生散文阅读现状、阅读心理、阅读疑难点；梳理散文阅读中的主要问题，有针对性地探究、实验直至有效解决，并最终提高学生的阅读应对能力。

（3）总结归纳教学所得，探索散文阅读教学的规律，形成符合学生实际的、立体的散文教学体系，为学生的阅读助力。

（三）研究的目标

（1）了解学生散文阅读现状、阅读心理、阅读疑难点，研究教材，选择精讲篇目，梳理方法与策略，形成不同阶段的教学体系。

（2）深入探究学生散文阅读的需求与困惑，对症下药，不断修正教学方法与策略。解决学生阅读中的问题，探索阅读的思路与规律，提高课堂教学实效。

（3）在宏观方面，整体地、分层次地进行立体设计；在微观方面，提纲挈领，抓关键、有价值的点落实，从而有效构建散文立体阅读的体系，摸清散文阅读理解的基本规律，提高学生阅读实效。

二、研究过程

（一）方法

调查研究法、实验法、行动研究法、文献阅读参考法等。

（二）步骤

1. 第一阶段：准备阶段（高二第二学期上）

任务：

（1）系统把握散文的相关知识和基本的阅读方法。

（2）调查了解学生散文阅读现状、阅读心理、阅读疑难点。

（3）加强与学生的沟通、交流，准确把握学生的阅读需求。

活动：

（1）通过选修课“中国现代诗歌散文欣赏”的系统学习，介绍相关知识，规范基本的阅读方法，做好学生的阅读热身活动。

（2）利用调查问卷的形式，获知学生的阅读现状。

（3）利用师生讨论、小组交流的形式，深入探究学生散文阅读的需求。

2. 第二阶段：设计和初步实施阶段（高二第二学期下）

任务：

（1）针对学生散文阅读的现状和需求，理清教学思路，进行系统的教学设计和研究。

（2）初步实施教学设计，积累教学中的得与失。

（3）针对教学中的得与失，逐步修正教学设计。

活动：

（1）制定教学方案。

（2）分工合作，进行教学的研究和设计。

（3）交流教学设计，初步修正教学设计。

（4）利用公开课的形式，初步实施教学设计，听取广泛的建议，再作进一步的修正。

3. 第三阶段：巩固和强化阶段（高三第一学期）

任务：

（1）归纳整理第二阶段中所获得的教学经验，进行巩固实践。

（2）在实践中感悟、修正，并结合学生学习状况，有所创新。

（3）进一步实践，强化有效成果。

活动：

（1）形成阶段性的教学研究论文，在教学中贯彻、实施教学理念。

（2）交换教学阶段成果，互相启发，达成新的共识，找寻最佳的进一步研究的切入点。

（3）提出更为完善的教学设计并加以实施。

4. 第四阶段：总结和提高阶段（高三第二学期）

任务：

（1）对前三个阶段进行全面的总结、归纳。

（2）探寻进一步改进教学设计的方法。

（3）积累教学研究过程中的成果，展示、交流。

活动：

（1）提炼好的教学思路和方法，在具体的教学中加以检验。

（2）通过反复练习与测试，反馈研究成果。

（3）以展示课、交流课、研讨课的形式汇报研究成果。

三、结果分析

本课题从2010年3月开始设计实施，对象为2011届高二学生，他们在高中一年的学习中普遍表现出对现代文阅读的畏惧心理，由于缺乏相应方法而无从下手，更表现出对文章内容与现实生活缺乏应有的感悟。我们知道，一切文章都在借用一定的人、事、物、景来描绘和表现生活，表达作者对生活的感悟，从而影响他人。所以我们希望通过研究与实践，沟通学生的阅读与生活，构建起如生活般丰富的立体阅读体系，在阅读教学中充分实践“语文的外延是生活”的基本语文理念，从而有效提高学生的阅读效率。我们紧密结合普通高中特有的教学状况，力求教学的有效性，经过一年半的研究与实践，这届学生已经毕业，会考成绩、高考成绩有显著的提高。

已经做的工作如下。

（1）2010年3月起，我们通过调查问卷以及学生试题研究、答题过程研究，获知学生所谓“读不懂文章”的含义是不知从哪些角度入手理解文章内容以及如何理解，然后认真研究分析造成这一现状的原因是什么，结合组内多人多年来的教学经验及我们的创新设计，在实践中总结，在总结中不断地实践。首先，我们挣开追求更高的考试成绩这种功利性枷锁，立足于文章本真意义，从理解文章的本真意义做起。我们认为真正读懂文章并对文章有真挚的感悟之后，做好题是一件水到渠成的事。我们把这一追求体现在了教学中，并形成了议论文阅读研究课、小说阅读研究课等一系列论文、研究课成果，让学生读文章有了抓手、有了方法，并创造一切机会引导学生有所思考。其次，我们分工合作，从纵横两方面出发，深入研究散文特点以及学生的阅读接受规律，设计一定的教学实践活动，力争有效地落实到学生的阅读活动中。我们研究了散文阅读的几个主要过程，和这几个过程中的任务和实效问题，在吸取前人一定的经验和做法的基础上，抓住学生思维容易懒惰的特征，把读与写结合并进行尝试，形成了论文“三重境界读散文——读写结合的一点尝试”。其分支工作是：①如何在散文“形散神聚”特点下，准确高效抓住线索、思路，探索文章主旨，现已经形成论文“散文阅读应强调思路教学”，教学设计为《记念刘和珍君》《我与地坛》；②如何在感受语言文字时，“披文入情”找好鉴赏点，理解作者表情达意的匠心，论文“听情感开花的声音”；③如何在充分把握文章内容、理解作者的情况下反观自己、反观这样的作品对我们人生和社会的意义，并把这种思考与高考新题——“阅读延伸”相结合，提升阅读境界与品质。

（2）2010 年 7 月起，我们关注的问题是：学生的生活太局限了，思维太懒惰了，情感太苍白了，所以对文章的理解出现了数点不通的情况。通过与学生交流，以及观察学生的做题反应等，我们认为学生生活局限是客观事实，我们的教学可以大胆在生活中取材，通过积累教材中的素材等来弥补。至于思维懒惰、情感苍白，二者有因果关系：因为思维懒惰，对所见缺乏所感，情感自然缺乏波澜，而如果你再深究下去这来自学生的功利心，他们不知道自己学这些有什么用，尽管你讲很多的道理还不如行动教育。于是我们首先紧紧抓住诗歌教学的契机，让学生习惯中国人的文化传统，理解人们表情达意的路子，学会从人、事、物、景的角度去体会感情，这在散文等文体中是相通的。由此，我们形成了论文“让我们的心灵和你一起飞”。为了有效地让学生接受我们点拨的知识，在长期的思考总结下，创造性地设计了研究课“拿来主义的比喻论证”，让学生充分感受什么叫“学以致用”，并大胆引导学生从课堂走向生活。

（3）2011 年 1 月前后，我们这届学生迎来了会考和高考，也是初步检验我们实验效果的时候了。而阅读与写作是我们教学的重头戏，80 分的大小作文，20 来分的阅读，我们的成果也着重体现在这里。叶圣陶先生告诫过我们“教材无非是一个例子”，而我们想要在语文的世界中畅游，就必须关注自己的生活，首先能在自己的生活中畅游！鲁迅先生更是“嬉笑怒骂皆成文章”。那么，我们怎么才能让学生把自己其实很丰富的生活化入语文中呢？我们认为无非思考，从我们老师设问引导学生思考到学生学会思考。北京考题中的新题型——拓展延伸题，考的就是我们对事物、现象乃至整个生活的思考。我们的第一设计是利用课前 5 分钟，报道重要的新闻事件，或积累名人轶事、哲理名言等，让学生谈论自己的看法，并能提供佐证，目的在于点燃学生思想的火把。第二设计是挖掘课文或阅读材料，引导学生多层次、多角度思考问题，产生与作品的共鸣。让学生有所想，更有所写，敢于用自己的生活去理解文章。

四、成效分析

通过第一阶段的实践研究，学生不再轻易说“文章读不懂”，能够定下心来梳理文章，层层梳理文章写了什么，怎么写的，思考作者为什么这样写；也能够根据不同体裁文章不同的特点、不同的表情达意方式等去整体把握文章，更重要的是——学生知道怎样能把一篇文章读通透了。

对第二阶段，我们理想化一点的目标是让学生“心有灵犀一点通”，甚至不用点也通，但客观现实是横亘在我们眼前的鸿沟，我们把自己对生活的理解引入课堂教学，目的是在引导学生把自己的生活理解也引入语文的学习，虽然“榜样的力量是有限的”，但是我们确信这是一条正确的路子，并决定坚定不移地走下去。此外，生活虽充满艺术却不等同于艺术，我们也要去揭示其现实性的一面，或称之为有用性。就好比学生学了物理后，知道用有关的知识去解决生活中的实际问题，我们语文也要多给学生这样的认识，学生才会更重视语文这个科目。经过这一阶段的实践，学生课堂、课后语文学习的参与度大幅提高，这也决定了语文对最后高考总分的贡献。

在我们实验之前，我们的大多数学生认为语文就是一个靠记记背背就能考得很不错的科目，何必每天花那么多的时间和精力呢！可我们的行动告诉了他们记记背背只是语文的冰山一角，更广阔的天地等同于他的整个生活。不去思考，不去调动生活的储蓄，语文阅读和写作将举步维艰。在历次高考模拟训练中，学生拓展延伸题的平均分从最初的 2 分左右，逐步提高到 6 分左右，我们这种思路起了很大的作用。

五、问题思考

（1）我们这个课题因为考虑到与当届学生同步的问题，所以计划实施比较仓促，太担心错过其中几个有利的实践机会，在设计不是很到位的情况下就进行了实验。

（2）我们的设计从整体上考虑较多，而细处设计的持续性、连贯性较差，落实目标就不是很到位。

（3）虽然对学生有比较细致的调查和研究，但由于两人都比较年轻，解决实际问题的经验比较欠缺，所以使用方法的针对性和实效性与我们的理想还有很大的距离。

但我们觉得，我们的思路和方向是完全正确的，我们总结的方法也是正确可行的。我们需要继续努力的方向在于更细致地研究究竟怎样才能更好地让阅读教学具有实效性。

校本课程篇

用智慧和爱教育和引导学生，争创双赢局面。

巧妙结合选修教材　科学设计校本课程①

北京市航天中学　曹　洋

化学是一门具有基础性、创造性和实用性的学科，是一门研究物质组成、结构性质和变化规律的科学。在新课程改革的背景下，高中化学新课程倡导积极主动的多样化学习方式，但是在实施过程中，对学生科学探究能力的培养需要不断地加强，化学新课程目标才会更好的落实。化学实验校本课程恰好在必修课程的基础上，使学生的能力得到了提升，化学校本课程的开发也是教师开展教学研究、走专业化发展之路的重要而有意义的途径。化学校本课程应该如何设计呢？基于改革背景和学生对校本课程学习的需要和价值，我对“我们身边的化学”校本课程的课堂教学模式及整体实施进行了灵活的整合和设计。

一、分析现状，发现问题

化学与人类的衣、食、住、行密切相关，化学选修课程“化学与生活”设置，力求让学生了解日常生活中常见物质的性质，探讨生活中常见的化学现象，体会化学对提高生活质量和保护环境的积极作用，形成合理使用化学品的意识以及运用化学知识解决有关问题的能力。在实际的教学中，化学校本课程的落实现状如下。

现状一：学生动手进行实验探究的能力有待加强，实验操作机会欠缺。

化学是一门以实验为基础的科学，可以说实验是获取知识、探究化学

---

① 本文获北京市基础教育课程教材改革实验工作领导小组征文一等奖。

理论的最主要的方式，生动形象的实验最能吸引学生的注意，激发学生的学习兴趣。我们不但要做好演示实验，还要为学生创造更多自己动手做实验的条件。高中学生课时紧张，学生实验能力和探究思维有待加强。学生自身对化学知识、基本计算等都比较熟悉，在生活中会接触很多实际问题，产生浓厚的兴趣，却没有机会去探究和思考，于是如何增加学生进实验室进行和实际生活相关的实验的机会成为了一个相对凸显的问题。如何让学生能够乐而好学，学而有获？如何让学生切实解决实际生活中的问题？如何满足学生的探究欲望？如何进一步提高学生的科学探究能力？这都与实验机会的增多密切相关。

现状二：新课程改革背景下，开设校本课程是课程改革的全新要求之一。

在新课程标准下，我校大力进行课程改革，校本课程“我们身边的化学”力求让学生逻辑思维能力得到训练，分析问题和处理问题的能力得到培养，学生实验动手能力得到提高，培养学生的科学素养。这同时也是教师走专业化道路的重要途径，对教师是一个全新的挑战。

现状三：校本课程设计灵活，课程内容设置广泛。

校本课程是课程改革后各学科积极大力推广的课程，课程设计没有具体的内容规定和纲要的要求，学生的学习没有大纲和考纲的要求，课程的设计内容宽泛，如何切合实际地设计课程内容和教学模式成为重中之重的问题。

基于学生对选修课程“化学与生活”的学习，开设“我们身边的化学”这门以实验为主题的校本课程。在设计课程时我不脱离课本，但是不拘泥于课本，同时做到结合生活实际，让学生在生活中发现问题，提出方案解决问题，进一步深化“学以致用”的思想。在校本课程中，我们对于选修教材中提出的问题及生活实际进行了拓展和深化，通过实验、调研、讲座等方式增强了知识的实效性，提高学生的科学素养，深化他们的探究思想。

二、“我们身边的化学”校本课程整体设计及实施

（一）课程整体设计

“我们身边的化学”课程安排为10课时的内容，结合选修教材，根据实际情况设定和生活实际相关的课题，通过探究的方式，将实际生活中遇到的相关问题用化学知识来解决。一般遵循以下模式：通过报纸杂志、教材等发现问题，然后按照个体查阅资料、小组讨论设计方案的顺序分析问

题，最后利用查阅文献、实验检验和汇总讨论的方式解决问题。每个课时内容大致分为：背景知识、问题提出、资料查找、实验方案设计、实验用品、实验步骤、实验结论、整体评价、收获和感想等部分。

（二）“我们身边的化学”校本课程内容设置及实施

选修教材“化学与生活”共有三个主题，围绕三个主题分别做了拓展和延伸，同时设计了一些趣味实验，以增强实效性，激发学生学习兴趣。

模块一：科学饮食，构建健康生活方式——化学与健康

新课程目标对选修教材化学与健康部分的要求是学习化学在促进人类健康方面的知识、应用所学化学知识对生活中的问题作出解释。在实际教学中会遇到类似问题：在讲到碘元素对人体的重要作用时，学生提出如何检验实验中碘的存在，维生素 C 的还原性在人体中如何体现等，结合选修教材的基本知识和学生提出的问题，我们进行了深层次的探究，并且设计了如下 5 课时的内容。

1. 实验一：指纹鉴定以及检验加碘食盐中的碘元素（1 课时）

教材中介绍了碘与人体健康的关系以及碘遇淀粉变蓝的性质，学生迫切地想知道我们所食用的盐中是否真的含有碘。问题提出后，小组活动，查阅的过程中发现了碘受热时会升华变成碘蒸气的性质，结合指纹档案库的背景知识，设计实验方案，将两组实验结合起来。实验中使用了不同品牌的食盐进行了研究，并且将研究结果进行了交流。同时由于技术和知识的限制，没有做相关的定量实验。

2. 实验二：豆腐中钙质的检验（1 课时）

钙是人体中重要的元素，日常生活中应该注意多食用含钙高的食物。豆制品是近年来人们比较看重的一类食品，但是食用豆腐并非多多益善，过量也会危害健康。另外，有很多种食物的搭配是不利于身体吸收的，查阅资料会发现，菠菜和豆腐最好不要搭配食用，原因是什么呢？结合问题的提出，学生分组讨论，设计实验，利用豆腐中的钙质与草酸钠溶液反应便生成不溶于水的草酸钙白色沉淀的性质来实验，同时解释了菠菜和豆腐最好不搭配食用的原因。另外，有几位感兴趣的同学还通过网络查到了家庭制作豆腐的方法，利用课余时间进行了实验。

3. 食物中其他元素的测定（1 课时）

4. 食物酸碱性对人体健康的影响——专题讲座交流会（2 课时）

（1）市场调查，辨别食物的酸碱性；

（2）查阅资料，了解血液是如何调节酸碱平衡的；

（3）我国人体的酸碱平衡状态；

（4）调查如何从酸碱平衡的角度保持身体健康。

模块二：进一步认识生活中的材料，接触材料前沿科学——化学与材料

材料科学是当今社会研究的课题之一，结合生活实际，我们做了如下设计。

（1）铝锌合金中铝锌含量测定（实验）

（2）自制肥皂

（3）新型材料的了解和介绍——专题讲座交流会

（4）深入实际调查金属腐蚀问题，提出解决腐蚀的防护措施，写出论述报告，以小组为单位出一期海报（进行分期展示）（1课时）

模块三：认识当今环境问题，加强可持续发展意识——化学与可持续发展

环境问题是和上述模块紧密相连的一个课题，结合上一模块中提出的材料和环境的关系以及教材内容，我们提出了切实的环境问题并且做了如下设计。

1. 实验一：模拟酸雨腐蚀岩石的过程

学生对酸雨腐蚀的概念停留在视频和图片中，在教材第四章介绍了酸雨及其形成过程，在本实验中我们模拟了酸雨腐蚀岩石的过程，使学生深刻地认识到酸雨的危害。

2. 环保问题及与可持续发展相关的交流会

课程设计是10课时，学生在课余时间查找资料、探讨、交流。教学中采用开放式教学，将学生分成三个人一组，各小组之间可以交流、探讨。指导学生运用知识，熟练操作。引导学生逐步提高处理和获取有用信息的能力。同时也培养学生的合作意识，并能辩证地从正反两方面来看问题。

三、校本课程的评价方式

评价的目的是全面考察学习状况，激励学生的学习热情，促进学生的全面发展。校本课程中对学生学习的评价，既要关注学生知识与技能的理解和掌握，更要关注他们的情感与态度的形成和发展；既要关注学生的学习结果，更要关注他们在学习过程中的变化和发展。

1. 在实施中每个实验专题我们采用如下评价方式（按照A、B、C、D划分）

	自我评定	教师评定	总　评
学习态度			
资料查阅			
小组交流			
实验过程			
实验结论			
仪器整理			

收获及感想____________________

2. 每个理论交流专题我们采用如下评价方式（按照 A、B、C、D 划分）

	自我评定	教师评定	总　评
学习态度			
资料查阅及整理			
交流过程			

收获及感想____________________

四、效果反馈及思考

（一）效果反馈

在校本课程结束后，对学生进行了问卷调查，通过调查反馈，将教学效果归纳如下。

1. 进一步激发了学生的学习兴趣，强化了学生的探究意识

“我身边的化学”校本课程需要学生用科学探究的方法来学习，在学习过程中要学会主动地发现问题，通过各种方式和渠道查阅资料，解决问题，得出结论。教师参与研究学习的全过程，与学生共同讨论、相互交流，通过改变学生学习方式，培养学生自主学习的能力、与人合作的能力、自主决策的能力、收集管理信息的能力、解决实际问题的能力。

2. 提高了学生的能力

增加了学生实验动手的机会，使得同学们在实验中体会到成功的快乐，同时锻炼了他们的动手能力，发现问题、选择课题的能力，设计实验方案的能力，观察实验并进行推理、分析、综合、抽象、概括、判断等思维能力。初步学会运用多种手段查找资料，调查研究，运用比较、分类、

归纳、概括等方法主动获取有用信息；

3. 拓展了学生的知识面，全面提高学生的科学素养

学生的化学素养重要的是看他能否运用化学知识去理解、解决化学中紧密联系生活、生产、科技等方面的实际问题，此校本课程正是促进学生应用化学知识解决实际问题。学生的非智力因素得到了极大的锻炼，通过对化学校本课程的学习，学生加深了对辩证唯物主义思想的认识，用一分为二的辩证唯物主义观点看待食物营养对人体健康的影响，逐步认识化学科学的发展在生活实际中不可或缺的贡献。

（二）几点思考

（1）校本课程的发展是时代精神的召唤，是教育教学改革的必然要求。通过开展校本课程，我认为应该尽最大努力为学生提供自主发展和探究的空间，从学生实际出发，关注个体发展。

（2）对于课程内容，在今后的教学中根据具体的情况做及时的调整，同时增加交流的机会，不拘泥于形式，使校本课程来源于课本，在内容上有所创新。校本课程评价中把学生的发展作为根本目的，使之贯穿在课程开发过程的始终。在探究过程中构建了融洽的师生关系，学生能够积极主动地参加化学问题的讨论，提出疑问或个人的观点，探究过程对学生和我都是一个提高的过程。

（3）在实际的实施中，不仅充分调动了学生，同时也督促我利用互联网、图书馆、交流会等多种形式进行教学，每个过程都是辛苦的，但是都锻炼了我，也深深地激发了我对校本课程开设和设置的兴趣，虽然在前进的过程中会遇到一些困难，但是我会更加努力，坚信在逐步的实践中会不断完善校本课程。

校本课程的开发促进教师专业素质的提高。校本课程的开发使我认识到，学生不但有个别差异，也有主动建构知识的能力，课程的设置应因学生发展不断进行调整，同时促进学生的个性全面和谐的发展。学生在课程和小组中挖掘自己的潜力，提高自身的科学素养，努力培养出有个性、有特色、学有所长的未来人才。

勤勤恳恳工作，做一名值得信赖的教师；踏踏实实做人，做一个值得尊敬的人。

“英语趣味阅读”校本课程的开发与实践探究①

北京市航天中学　崔一玮

所谓校本课程开发，是近年来我国课程研究学者从西方教育文献中引进的一个名词，其英语表述是“school - based curriculum development”。校本课程是目前国家基础教育课程设置实验方案中的一个重要部分，指学校自行规划、设计、实施的课程。其基本定位是非学术性或者说是兴趣性的，以发展学生个性为目标指向，它是在中小学多年来实施活动课、选修课和兴趣小组活动的基础上继承和发展而来的课程开发策略，是学校根据自己的办学理念和实际情况自主开发一部分课程。课程开发的主体是教师而不是专家，因此，校本课程的开发是一个教师在实践中进行尝试、探索的过程，而实践探索的收获既有可以借鉴的经验，也有可以提醒、警告的教训。高一年级开设了校本课程“英语趣味阅读”，在此愿与大家共同交流探讨。

一、校本课程“英语趣味阅读”的开设情况

1. 校本课程的开发背景

从考试应试的角度看，阅读一直是各类考试的“重头戏”，同时，也是学生失分率较高又比较恐惧的题型。从培养能力的角度看，阅读的过程是对语言的认知过程，有助于巩固和扩大词汇量、丰富语言知识、提高运

---

① 本文获北京市第四届“京研杯”教育教学研究成果征文一等奖。

用语言的能力。通过阅读可以训练思维能力、理解能力、概括能力与判断能力，“侧重培养阅读能力”是教学大纲规定的高中英语教学目的之一，是培养学生理解和运用英语技能的一个基本方法，又是落实交际实践性的主要途径。而现行高中英语阅读课文的特点是：①从阅读的教学内容上看，高中英语阅读课文的选材十分广泛，包括故事、新闻、传记、历史、地理、科普读物等；体裁多样化，有记叙文、说明文、议论文等；课文信息量大，涉及多门文理科目知识；生词很多，许多学生在遇到太多生词时根本读不下去，无法完成阅读任务。②从阅读的要求上来看，高中英语阅读主要是理解性阅读，即要求学生通过阅读文章所载信息，了解中心大意，根据材料进行推理和分析，领会文章作者的真正意图，抓住主要的观点和细节，进行思维和判断，并由此拓宽思维空间。而针对我们的学生来说，无论从阅读的教学内容还是教学要求看，都远远超过他们的知识和能力水平。在一次备课过程中，我把现行教材和两年前的教材即新课改之前的教材、2000 年以前的旧教材进行了一个非常粗略的对比，发现现行教材高一（下册）阅读文章的生词难度、篇幅长度以及配套练习的难度超过两年前人教版高二（上册）教材，而且明显比 2000 年前的人教版高二（下册）教材难度大。而在本校这样的普通中学，学生基础很差，因此，课本里每个单元的阅读材料就像一座座山，难以跨越。久而久之，学生对于阅读望而生畏，完全谈不上兴趣，进而变得漠然、麻木，阅读课成为一种煎熬，一部分学生甚至干脆放弃，注意力完全游离于教学内容之外。针对阅读的重要性和目前本校学生的实际情况，我们决定开设以“英语趣味阅读”为题的校本课程。

2. 校本课程开发的目的

加强阅读训练，为学生创造更多的获取语言知识和运用语言的机会和条件。通过欣赏风趣、幽默的小故事提高学生对英语阅读的兴趣；培养学生对语篇进行分析、综合并从中获得信息的能力；通过题型多样的趣味性阅读理解练习，提高学生捕捉信息、理解信息的能力；通过精心设计的语言知识的练习，夯实学生的语言基础知识，在愉悦的氛围中提高英语基础和能力。同时，也培养学生的审美情趣，学会欣赏英语文学作品的美，通过自然渗透，陶冶学生良好的情操。

3. 校本课程开发的内容

目前，我们是新课程改革以来第一次进行校本课程的尝试，处于初步探索阶段。我们学校既没有成功的经验供我们效仿、借鉴，也没有失败的教训起到提醒或警示的作用，又没有合适的教学材料或教学教材以供我们选择，因此，内容的选择对我们来说是一个挑战。如果一味地追求趣味性而不注重知识性，就起不到培养学生阅读能力、夯实学生的语言基础知识的作用。因此，我选择了《上外——朗文学生系列读物》之《妙语连篇》作为主要教学材料。这套读物分为A、B、C、D四个等级，每级又分为1、2、3册，是专门为学生编写的一套阅读理解教学参考图书。内容循序渐进，适合大中学生不同年级及不同程度的自学者，旨在帮助读者提高英语阅读理解能力，增加词汇量及增进对英语语法和句型的认识。每册的课文内容风趣，程度由浅入深，都是一些妙趣横生而寓意深刻的小故事和西方家喻户晓的笑话。语言原汁原味，充满西方人特有的幽默感。

二、“英语趣味阅读”的实践

1. 本节课的内容分析

这节课是我在摸索、初探阶段的一个案例，是课程开设以来的第六次课。依照循序渐进的原则，最初的四次课的教学内容均选自《上外——朗文学生系列读物》之《妙语连篇》A3，符合初三年级学生水平。而在第五、六次课上，我选择的是该系列教材的B1中的故事。本案例的阅读材料主要内容是：一对夫妇家中有许多价值不菲的名画，有一天他们收到一个信封，里面放有两张很难得的戏票，可是信封里没有邮寄人的姓名，他们给所有的朋友打电话询问票的事情，可是，没有一人承认票是他们送的。为了不浪费那两张票，夫妇俩按时去看戏。等几个小时后回到家时，他们惊讶地发现家里的名画都被偷了。这篇故事语言简单，结局出人意料，容易引起学生兴趣，符合普通中学高一年级学生的阅读需要。

2. 本节课的教学目的

通过欣赏风趣、幽默的小故事提高学生对英语阅读的兴趣；在轻松愉快的氛围中，为学生创造获取语言知识和运用语言的机会，培养学生的语篇理解能力和捕捉信息、理解信息的能力；通过完成简单有趣的练习，提高学生在英语阅读方面的信心；同时，为达到提高阅读能力这一目标，还需要学生学习和掌握课文内容所涉及的语言知识，包括词汇、句型、语法和习惯用法等，进而在阅读方法、阅读速度、阅读技巧和阅读理解的准确度和深度上得到提高。通过采取“任务驱动法”和小组合作学习，提高学生独立思考和判断能力，培养创新精神和实践能力，发展与人沟通、与人合作的能力。

3. 教学过程

这节阅读课的教学过程是：①在激活原有信息的基础上，输入新信息，即让学生学习新的阅读文段。②处理新信息，即对本文段的阅读材料进行语篇理解、句型、词组、词汇等处理。在信息处理上采用自上而下模式，即全文理解→段落理解→短语单句→生词短语，强调语篇和语义的理解。③运用已经输入的信息进行信息输出，即引导学生对已经输入的信息进行再在加工，联想和扩充，并以简要复述的形式进行输出。在阅读课上，复述是有效地提高学生阅读能力的主要手段。读过每篇文章后，用自己的话去概括，摘录其中的重点句子，复述其内容。

4. 主要教学方法

（1）任务驱动法：这节课按面—线—点的顺序从头至尾设置了五个任务，分别就语篇、句型、词组词汇的理解和掌握进行指导和检测，教师提出要求，学生阅读，寻找答案、引导学生阅读时注意抓住全文的主旨和细节。

（2）讨论式教学法：在对文章的语言信息进行处理时，主要采用师生讨论，生生讨论。整个教学过程贯穿着小组合作活动。将学生以班级为单位分成四组，进行了五个回合的小组间竞赛。

（3）在整个过程围绕“主题—目标—内容—过程—成果—评价”的教学模式，以主题为中心，由问题入手，确定具体的学习目标，每一环节均隐含着对本节课重难点的突破，然后由学生先独立思考，后经讨论产生结果，最后又由全体师生对结果进行评价。为学生树立了有价值的阅读和探讨模式。

5. 对本节课的教学反思

思“长”：

（1）在阅读材料的选择上，从题材、体裁及语言难度等方面适合教学的实际要求和学生的实际水平，激发学生的阅读兴趣，使学生在浅显易懂、风趣幽默的阅读材料中丰富自己的阅读体验，扩充词汇，夯实基础，从而提高阅读能力。提高英语阅读的兴趣，培养阅读的自信心。

（2）在教学形式上，注重学生主体作用、教师主导作用的发挥，充分体现学生的主体参与性。在整个过程中，老师提出明确、具体的操作要求，由学生通过独立学习，共同探讨解决问题、完成任务，激发了学生学习的热情与兴趣，感受英语学习的乐趣，做到学有所得，由“要我学”转变到“我要学”。

（3）课堂活动形式多样，兴趣盎然。这节课共涉及五个回合的活动，在活动设计中，注重设疑导思，设置悬念，引人入胜。第一个活动就为学生设置悬念（What do you think had happened when they opened the door?）

并在他们回答第一个问题之后步步设疑，让他们自己推测故事的结局(Who do you think had stolen their valuable pictures?)。这样，通过巧妙的设疑，制造悬念，激起学生的学习欲望和他们已有的知识和技能，使学生由疑问到思考，尽快“入戏”。设计和开展英语课堂教学活动要遵循目的化、任务化、情景化、多样化和开拓性、创造性。在随后的四个回合中，问题的形式包括单项选择、判断对错、猜字谜、找“替身”（即在文中找到意思相近的词)、看图配话等形式。丰富多彩的课堂活动使师生觉得时间很快过去，在不知不觉中学到知识。

（4）以小组活动为主的形式中，既注重小组间的合作学习，又给予学生足够的独立学习的时间。高中英语新课程标强调的重要理念之一就是合作学习。合作学习是一种以学生为中心，以小组为形式，为了共同的学习目标共同学习、共同促进、共同提高的学习方式。合作学习为每位学生参与课堂教学、为“生生互动”提供了机会。现阶段，教师采用最多的就是合作型学习活动中的话题讨论（topic discussion)，即小组成员围绕某一话题展开讨论，各抒己见，畅所欲言。最后，经过综合，加工成为小组意见。然而，老师们通常在进行小组活动的时候忽略了学生独立学习，不给学生留下足够的独立思考时间，从而使合作学习的效果大打折扣，通常有一种“吃大锅饭”的感觉。在这节课里，每一个回合都特别注重独立思考—小组讨论—产生结果—展示成果，并注意各个回合中学生角色的转化。

思“短”：

（1）由于对学生英语基础了解得不够深刻，使得课堂一些环节，虽然经过精心设计，但效果不很理想。如：在第一回合让学生推测结果时，虽然对于猜测起着关键作用的词“shock”我们在第三模块第三单元学过，但由于大多数同学已经忘记该词的意思，而导致第一个环节进展不利，虽然最后一班学生推测出正确结果，但效果上却打了折扣。

（2）由于我们这节课是校本课程中的选修课，只有一个班，不能进行试讲，因此，在课堂活动时间的整体把握上不够准确，致使最后一个环节没有完成，只得留作课后作业来处理，但课后作业的效果远不如在课堂当堂完成。

（3）这节课由于是一节研讨课，有老师们听课，在小组活动的展示形式上与以往做了调整。以往我经常将黑板直接分成四块，让学生把小组的答案直接写到自己的“领地”上。可是，为了减少不可预测的突变事故，我这节课用电脑幻灯片和小组答题纸的形式。尽管学生字体够大，也能够使大家看清，但效果远不如直接写在黑板上这一传统的方式直观。那样既直观又节省时间，同时，一些词汇或句子通过在黑板上的呈现，便于学生加深对正确答案的记忆，同时又便于他们发现问题。记得上一次课上，同样采取了小组合作的形式，在最后进行四个班的综合评比时，其中，四班的同学在用不多于3个词回答问题时，答案正确，但是第一个词忘记大写，我一时疏忽按答案正确给了分，可在最后关键时刻二班学生发现纰漏，使四班“到嘴的鸭子飞走了”。其中四班一个平时英语课很少参与的学生捶胸顿足地说了一句话：“我这一辈子也忘不了首字母大写了！”由此看来，不能拘泥于形式。

思“改”：

（1）在以后的教学中要增加阅读的选材范围，由小故事和笑话可以扩充到名人轶事、历史传说、民间故事、寓言、幽默小品、新闻报道、史地常识、科普文章等，灵活多样、生动有趣、篇幅适当、内涵丰富、难度适中、生词较少。随着时间的增加和学生能力的加强，增加阅读量，让学生阅读一定数量的学科性较强、富于哲理、异国文化较深层次的文章，加深拓宽内容，使之“英语化程度”在两方面得到和谐平衡的发展。

（2）在练习的形式上应该不断地变化，时时注意对学生学习兴趣的保护，但是可以适当增加与考试相关或接近的练习形式，使学生既感兴趣，又能够确实提高他们的学习能力，有更大的收获。

（3）进一步加强对学生的了解，做到认真备课的同时，认真“备”学生，及时了解学生在学习中存在的问题及需要，并在备课的过程中注重学生的主导作用和个性发展，培养学生的创新精神。

校本课程开发在我国还是个“新生事物”，它自身也存在很多问题。一方面，对于我们中学教师来说，有太多的教学任务和班级管理工作要完成，校本课程开发无疑会增加工作量；另一方面，“校本课程开发需要很高的资源成本”。因此，学校应该进行必要的宣传和指导，帮助教师正确认识校本课程开发的重要性和紧迫性，同时，投入必要的资金和人力，扎扎实实开展校本课程开发。相信不久的将来，一朵朵校本课程的“特色之花”会绽放在国家基础教育课程的“希望的田野上”。

教　学　篇

教育就是教师用诚挚的爱心让每个孩子都能有成功感！

浅谈案例教学法在初中思想政治课教学中的实践与思考

北京市航天中学　江旭晨

案例教学法也叫实例教学法或个案教学法，是一种理论联系实际、启发式、教学相长的教学过程。它要求教师根据课程标准规定的教学目标，结合教材，运用以真实的事件为基础所撰写的案例，以多种形式启发学生独立思考，引导学生对案例提供的材料和问题进行分析研究，提出见解，作出判断和决策，借以提高学生分析问题和解决问题能力。由此可见，案例教学法是一种启发学生研究实际问题，注重学生智力开发及能力培养的现代教学方法，它有着传统教学方法所不具备的特殊功能。

而初中思想政治课理论性、应用性强，科学地运用案例教学，不失为一个提高教学效果的有效途径。

一、案例教学法的意义

（一）加深理解所学知识

三维教学目标的第一项就是认知目标。研究表明：人们通过语言形式从听觉获得的知识能记忆15%，从视觉获得的知识能记忆25%。在以教师为主的课堂中，学生尽管能够记住所学的理论知识，但这仅仅是停留在书本上的，是一种单一的、静止的、孤立的抽象认识。而案例教学法通过呈现视觉材料，经过分析讨论，将书本中的理论与现实生活结合起来，并利用理论分析说明复杂多变的社会现象，学生对所学知识的理解会相对深刻。例如，在讲述“依法制裁违法犯罪”时，分别展示违法和犯罪两个典型案例，让学生分析比较，找出二者的区别和联系，通过学生自己的大脑思维活动，获得的知识更牢固、更深刻、更清晰。如果单纯靠死记硬背，效果一定很差。

（二）培养学生创造能力和分析问题、解决问题的能力

三维教学目标的第二项就是能力目标。由于案例教学法要求学生直接参与对案例的分析、讨论和评价，这就为锻炼、提高他们的语言表达能力、分析问题和解决问题的能力以及创造能力创造了条件。

在学习初三教材“坚持可持续发展”这一节内容时，对于什么是可持续发展、为什么要可持续发展、怎样才能可持续发展等问题，学生目前的知识储备还不足以解决。我选择了“阿拉善沙漠的形成”案例，还有同样在内蒙古自治区境内的“额尔古纳市的生态发展之路”，两者形成鲜明对比。这节课围绕这一正一反的两个案例，学生众说纷纭，发表自己的看法和建议，最后，将所学问题逐一解决，效果非常明显。

（三）缩短理论和实际的距离

案例教学从某种角度说就是为学生设置一种学习情境。学校是学习的小课堂，社会是学习的大课堂，案例是现实问题缩影，它能把大课堂中的真实生活引进小课堂，通过展现一些真实的典型问题，让学生进入案例情景，设身处地地作出反应，为他们提供一种不用真正深入实际但却能在短期内接触并处理到大量的实际问题的机会，从而缩短理论和实际间的距离。比如在讲“中国特色的社会主义经济中的分配制度”这一节内容时，一看到制度，学生就觉得离自己很远，也不怎么在意，更谈不上学习兴趣了。我选择让学生分析家庭成员在不同工作单位所获得的劳动报酬，通过案例将抽象的理论知识在情境中得以具体化，效果也就可想而知了。

（四）激发学生的学习兴趣

政治课教学理论性强，枯燥乏味，单凭教师讲解难以调动学生的积极性。而运用案例教学法可以提供主动、逼真的正反案例，由简单到复杂，给学生造成身临其境的感觉，加深感性认识。另外，在民主和谐的讨论气氛中，学生独立思考，大胆交流，有较大的自由度和较多的展现自己的机会，在没有压力和顾忌的良好心态下进行学习探索，容易产生学习兴趣。有了兴趣可以变苦学为乐学，变厌学为愿学，变被动地学习为主动、创造性地学习。

（五）有利于促使学生学会学习

学会学习是学习型社会对人们能力的基本要求。传统教学方式教给学生的是运用概念解决问题的现成答案，学生获得的是背诵、机械记忆、按标准答案答题的知识。而案例教学告诉学生“答案不止一个”，答案是开

放的、发展的。在案例教学中，教师通过有意识的引导，让学生自己去查资料，通过个体独立或群体合作的方式作出分析和判断，积极寻找多种答案。这样经过反复多次的积淀后，就会获得自主学习的方法，使学会学习成为现实。

（六）有利于学生创新意识的形成

案例教学法要求教师在教学过程中鼓励学生自由探索、大胆质疑，及时提出自己的看法和见解，充分尊重学生的意见和好奇心。尤其是案例教学中对问题的分析、解决往往不设标准答案，只要学生分析得有道理，即使与原方案相违背，也应该予以肯定。因此，可以说案例教学法是一种民主、科学的教学方法。而我国传统的教学方法对教学过程统得过死，教师成了整个教学过程的主宰，教材、参考书及标准答案成了学术权威而不可质疑；在教学过程中，学生几乎不敢也没有信心和意识对教师的讲解和教材中的问题提出质疑，就更谈不上什么创新了。同样在讲“可持续发展“这一节内容时，怎样才能在现实生活中选择可持续发展之路，学生围绕身边实际，大胆交流自己的看法，不断提出批评性、建设性的建议。

（七）有利于增加教师和学生之间的互动关系

在传统教学中，教师是主体，而案例教学中，学生为主体，但是，这并不是说，学生为主体，教师就可有可无了，或者说，教师在案例教学中只是一个旁观者了。在案例教学中，教师与学生的关系是“师生互补，教学相辅”。学生积极参与，在阅读、分析案例和课堂讨论等环节中发挥主体作用，而教师在整个案例教学中则始终起着“导演”的作用。既要选择好的“剧本”，即符合教学需要的案例，又要在课堂讨论中审时度势，因势利导，让每一个学生得到充分的发挥，获得最大的收获。案例教学加强了师生交流，活跃了课堂气氛，是传统教学方式无法比拟的。

（八）有利于提高教师素质，提高教学质量

采用案例教学法对教师的知识结构、教学能力、工作态度及教学责任心的要求都很高，既要求教师具有渊博的理论知识，又要求教师具备丰富的教学与实践经验，并将理论与实践融会贯通；既要求教师不断地更新教学内容，驾驭教材，又要求对现实中的问题保持高度敏感，不断地从社会实际中求索适宜教学的案例。

二、案例教学法的组织实施

案例来源主要有两个方面：一个是教师事先设计；一个是教师事先布置给学生课题，让学生自己收集资料，并设计案例。

对于初中学生来说，案例教学主要以讨论来实施。

讨论法则是学生在个人阅读和思考的基础上，通过小组讨论或班级讨论的方式进行案例分析。这种方法便于各种不同意见展开讨论和切磋，提供了学生之间互相交流和学习的机会，能够锻炼学生的口头表达能力，有利于案例分析的深入。为此，教师应该做到：既要鼓励大家自由发言，又要进行必要的引导；既要允许不同意见的争论，又不能把讨论搞乱；既要支持骨干学生发言，又要照顾多数同学的热情；既要以表自己的意见，又要避免造成教师的一言堂。

三、实施案例教学应注意的问题

案例教学法因其在教学中注重学生对问题的探索、归纳、推理，因而较传统教学方法更能顺应素质教育的要求。然而我们也必须清醒地认识到，任何一种教学方法只有进行科学的应用，才能最大限度地发挥其优势，而要科学地运用该教法，就必须注重以下几个方面。

（一）科学设计教学效果才理想

不管是传统教学法，还是案例教学法，让学生真正主体参与，体验教学过程，锻炼、培养能力，内化上升为情感才是教学的最终目的。本着这一点，科学设计我们的教学，效果才会理想。

（二）教学中应循序渐进

案例教学法成功的要素之一是学生素质。初中三个年级的学生，素质肯定不一样。对于不同年级的学生来说，案例组织、案例分析与讨论，其深度和广度就随之变化。这就要求教师必须很好地了解学生、分析学生，在此基础上循序渐进。刚开始，效果肯定很不理想，但是，经过教师的专门训练，学生就会适应。

（三）规范并科学的进行课堂管理

案例教学过程中，学生会大胆自由发言讨论。课堂教学氛围很热闹，对于初中学生来说，他们的自控能力很差，知识面相对欠缺，如果教师不加以科学控制和组织，课堂教学可能容易走上相反的路子。表面热热闹闹，其实，什么都没有。这就需要教师合理的设计教学、驾驭课堂，不断提高自己的多方面知识。

（四）应遵循启发引导的原则

在采用案例教学时，一定要让学生提出自己的或小组的见解，自己去分析、解决问题。教师应牢记自己的主要责任在于启发、引导学生去独立思考，学生见解不一时，引导学生展开辩论，逐步统一认识，切忌教者处处包办代替，从而违背案例教学的指导思想，无法锻炼学生的能力，达不到教学目标。

总之，在当前形势下，科学地运用案例教学法，以改变传统的、单一的教学模式是有利于学生综合素质的提高的，但我们也必须看到案例教学法只是现代教学方法中的一种，要优化初中思想政治课课堂教学，并不是简单地以一种教法替代另一种教法，而应是多种教法的综合运用，它必须随着教学目标、教学内容和学生情况不同而有所侧重，只有这样，才能真正提高初中思想政治课课堂教学质量。

教书育人是教师的天职，我会用一生认真履行这职责。

精选细品优秀中华文化 助推学生文化素养提升[①]

北京市航天中学　马秀舫

中华文化，源远流长，博大精深。中华民族的优秀文化，浓缩了人文科学、自然科学的智慧结晶，是中华民族的魂和根，是我们迈向新世纪、走向现代化的基石。但是，当许多外国人对我们中华民族的文化津津乐道的时候，我们的青少年身上所体现出的中华民族文化底蕴却越来越少。经济的日益全球化，带来了文化与价值的多元化，使得部分青少年放弃或冷淡了本民族传统文化的学习，选择新颖、时髦的快餐文化，追求所谓文化与观念上的“现代化”。我们知道：丧失现代化将意味着民族的贫困，丧失传统文化则意味着民族的消亡；一个民族如果没有了自己文化的特性，也就不是一个独立完整的民族。面对民族传统文化日益衰落、消散的现象，学校教育教学理应承载“弘扬祖国优秀传统文化”的历史使命。如何用我们优秀的民族资源，为促进学生健全人格发展服务，引导学生乃至他们的家长、亲友一起来关注中华民族传统文化，以不断增强学生的文化素

① 本文获北京市第四届“京研杯”教育教学研究成果征文一等奖。

养和爱国、爱民族的信念，这是摆在我们教育者面前的一个重要课题。

为此，在新课程改革中，高中思想政治学科教材增加了“文化生活”模块，但在课程教学中只有一个单元来讲述中华文化与民族精神，限于课时紧张，我们给学生的文化体验总是蜻蜓点水，只能让学生浅尝辄止，师生都有种意犹未尽的感觉。尤其是我校学生，由于家庭背景、生活环境等多种原因，对中华传统文化了解甚少，在《文化生活》教学实践中，我感到很吃力，讲课时列举的文化现象、事例，学生大多不知道，即使知道也不甚了解。而校本课程的开设让我想到：我们可以开发一些能够与学科教育教学相辅相成的校本课程，既使有兴趣的学生开阔了视野，提升了能力；又能为教师的学科教学提供许多帮助。

因而，我开设了一门校本选修课“中国传统文化赏析”。本课旨在帮助同学们更多地了解我国优秀的传统文化，使同学们在对这些优秀文化的赏析的过程中，陶冶情操，提升文化鉴赏力，提高文化素养。同时为思想政治“文化生活”模块的学习打下一定的基础，也有利于对该模块知识的掌握。下面是对本课程的实施经验进行的总结与反思。

一、精选细品，有赏有析

之所以采用赏析的方式，是因为文化韵味、文化素养不是教师能够教授的，是要靠学生体会、感悟的。但只是观赏是不够的，必须要有深入、细致的分析，所以，教学中要注意不能只“赏”不“析”，教师要精选素材，并根据欣赏的内容，引导学生细品韵味，适当分析。

中华文化博大精深，可以欣赏的素材浩如烟海，都拿来给学生欣赏是不可能的，教师必须选择一些有代表性的素材。经过比较与筛选，我选择了2008年北京奥运会开幕式的精彩片断、我国的一些世界文化遗产及非物质文化遗产和数字电影《圆明园》作为学生赏析的素材。

2008年北京奥运会开幕式可谓一场精美的中华文化盛宴，赢得了全世界的好评，让每个中华儿女发自内心地感到自豪！但是我们也应该看到，在开幕式中展现的中华传统文化，有许多我们的青少年学生并不了解。所以我认为开幕式中涉及中华传统文化的部分有必要让同学们细致地欣赏，教师还要在一旁适当讲解。北京奥运会开幕式这一幅气势恢弘的中华文化长卷，可以让学生深刻体会到中华传统文化的魅力，进而乐于去学习、了解。作为课程的引子，非常适合。

世界文化遗产包括文物、建筑群、遗址三方面。这些文化遗产，都代表一种独特的艺术成就，都是人类创造性的杰作，从历史、艺术或科学角度看都具有突出的价值，令后人感叹不已。而历史遗址则还有人类学、人种学的价值。中国拥有大量的世界文化遗产，它们是我国历史文化成就的重要标志，必须让我们的青少年有一定程度的了解。教师可以适当选择一些素材让学生赏析，如都江堰、苏州园林、长城、天坛、故宫、周口店猿人遗址、秦始皇陵、云冈石窟等。

2003年10月通过的《保护非物质文化遗产国际公约》指出，非物质文化遗产应涵盖5个方面的项目：①口头传说和表述，包括作为非物质文化遗产媒介的语言；②表演艺术；③社会风俗、礼仪、节庆；④有关自然界和宇宙的知识和实践；⑤传统的手工艺技能。中国目前是世界上拥有非物质文化遗产最多的国家。但是，我们的非物质文化遗产保护并不理想。许多绝活后继无人，传统节日没有节日气氛，甚至被人们遗忘，传统习俗无法延续……要保护中国的非物质文化遗产，保护优秀的中国传统文化，必须让我们的青少年树立这种意识！

了解中国的世界文化遗产和非物质文化遗产，可以让学生更加巩固继承和发扬我国优秀传统文化的观念，对其文化素养的提升有很大帮助。这部分需要着重学习。

圆明园记载了中华民族的荣耀与屈辱、中华文化的兴盛与衰微。它的历史是需要华夏子孙永远铭记的历史。但是如果只是靠教科书和教师们的传授，现代的青少年学子很难有比较深刻的体会。所以，我选择了数字电影《圆明园》，这部电影用大量的史实资料让我们重温了一座旷世园林的诞生与毁灭。圆明园可谓中华传统文化的集中展示，而她的毁灭又使我们不得不反思我国传统文化的继承与发展之路。作为本课程的结尾，既发人深省，又催人奋进。在实践中，学生们都认为收获很大。

二、体验探究，师生互动

有了合适的素材，还要有适当的教学方式，才能达到开阔视野、提升文化素养的目的。体验式教学方式和探究式教学方式，是应在教学过程中适当使用的。

如果是教师提供素材，那么在欣赏后，都要让同学们分小组仔细品评素材中的中国传统文化元素，每组选取一种元素或角度深入进行讨论，然后小组派代表发言，与其他组分享本组的感受，教师进行适当引导和评论。这样经过分工与合作，学生们对素材中的传统文化会有较深入、全面的了解，同时也开阔了视野，增长了见识。

有些素材也可以调动学生，开发学生自身的资源来提供。既提高了兴趣，又锻炼了能力。

比如讲到非物质文化遗产，我了解到有位学生会书法，有位学生会吹唢呐，于是就让这两位学生展示他们的特长，并讲解其中蕴含的文化。由于是自己熟悉的领域，两位学生的讲解都很精彩，其他同学也乐于听自己的同学讲课，课堂气氛融洽、活跃。还可以事先规定一个方向：让学生课前查找资料，了解相关知识（来历、传说等），课上汇报。也可以让学生亲自体验一下，学唱几句京剧、吹奏民族乐器、亲手包几个粽子……课后还可以简单地写一写体会，谈一谈收获。这样，我们的课堂既实现了向课外的延伸与拓展，也增强了学生对生活的热爱与憧憬，同时，还给学生创设了动手实践的氛围。在这样的教学过程中，教师的教是不留痕迹的，但是学生会获得很多。

而讲到我国的世界文化遗产时，老师可以把主题公布给同学们，同学们可以自愿结合，自主选择感兴趣的文化遗产进行研究：到图书馆查找资料、上网、实地游览等。老师可以让学生进行一段时间的自主学习，在此期间，通过点拨，把握大方向即可。之后，再安排层次不一的汇报课，汇报的内容可以是报告、视频、多媒体演示文稿等。形式多种多样，主动权、自主权完全回归学生。

三、过程发展，积极评价

在新课程改革背景下，更注重过程性评价、发展性评价，除关注学生学习成果外，更要重视学生积极参与活动的全过程，关注学生与人交往、与人合作方面的表现等。在主体发展的课堂上要给每一个学生参与探究的机会。尤其是那些在班级或小组中较少发言的学生，应给予他们特别的关照和积极的鼓励，使他们有机会、有信心参与到探究中来。让每一个学生分享和承担探究的权利和义务。教师要把探究的主题抛给学生，学生带着问题进行探究，查找相关资料，整理，内化，不断提高各方面素养。

经过教学实践可以看到，“中国传统文化赏析”这门课，以丰富的学习方式，让学生有更多的机会获得亲身参与实践的积极体验和丰富经验，形成对自然、对社会、对自我的责任感。尽可能发挥每个学生的个性和特长，尊重学生的独特性和差异性。培养学生收集、分析、整理信息、解决问题及欣赏、创造、实践和创新能力，养成合作、分享、积极进取等良好的个性品质，为学生终生学习与发展奠定基础。同时培养学生强烈的爱国思想，使学生成为有先进科学文化知识、高尚思想情操的人。

言忠行，行笃敬，惩忿窒欲，迁善改过。

“以学生为中心”的思想品德教育[①]

北京市航天中学　刘从容

一、问题的提出

（一）新课标新立足点：新课程对学生的作用方面将“指导”变成“引导”和“帮助”

2003 年版的《初中思想品德课程标准》（以下简称《标准》）前言部分：初中学生正处于身心迅速发展和学习参与社会公共生活的重要阶段，处于思想品德和价值观念形成的关键时期，迫切需要在思想品德的发展上得到有效帮助和正确指导。

2011 年版的《初中思想品德课程标准》前言部分：初中学生正处于身心迅速发展和学习参与社会公共生活的重要阶段，处于思想品德和价值观念形成的关键时期，迫切需要在思想品德的发展上得到有效帮助和正确引导。

通过对上述两段文字的仔细阅读，我们发现两段文字只有一个字的不同：2003 年课程标准最后一个词是“指导”，2011 年的课程标准最后一个词是“引导”。指导和引导的不同可以看出《标准》更加注重以学生为本，从学生角度考虑课程内容，立足于解决学生问题，体现学生通过课程实现成长。这充分体现了“以学生为中心”的教育思想。

① 2012 年 4 月，本文获北京市第三届“智慧教师”教育教学研究成果一等奖；获北京市第四届“京研杯”教育教学研究成果征文一等奖。

（二）新立足点来源

“以学生为中心”的观念源于美国儿童心理学家和教育家杜威的“以儿童为中心”的观念。杜威极力反对在教学中采用以教师为中心的做法，反对在课堂教学中采用填鸭式、灌输式教学，主张解放儿童的思维，以儿童为中心组织教学，发挥儿童学习主体的主观能动作用。杜威的以儿童为中心的思想在教育界影响很大。将“以儿童为中心”的思想进一步运用于中学教育，就成为今天所提倡的“以学生为中心”的思想了。

二、教学实践中我的做法

（一）理念更新：“以学生为中心”进行课堂教学

我是一名在初中思想品德教育一线工作了21年的教师，深刻体会了思想品德课在这21年的细微变化。2003年的课程标准把“下命令”转变为“指导”，而2011年的课程标准则把指导变为“引导和帮助”。

教师是课标的执行者。面对课程的变化，教师对学生的作用也在变化。我们打个比喻：跑步。2003年的课程标准要求老师站在学生前面，好似路标，起到指路的作用；而2011年的课程标准要求老师和学生站在同一水平线上，老师伴随着学生奔跑，在过程中予以引导，起到的是帮助学生自己奔跑的效果。

这些变化越来越多地体现学生在课堂中的主体地位。老师不仅要对学生有知识、经验的传授，更要关注学生的思维变化过程以及学生的感受。因此，教师要“以学生为中心”设置教学。

（二）教学模式的转化：由传统的讲授到设置情景、小组合作

1. 情境教学法

情境教学法是指在教学过程中，教师有目的地引入或创设具有一定情绪色彩的、以形象为主体的生动具体的场景，以引起学生一定的态度体验，从而帮助学生理解教材，并使学生的心理机能得到发展的教学方法。情境教学法的核心在于激发学生的情感。

创设情境的途径初步归纳为以下5种：①生活展现情境：即把学生带入社会，带入大自然，从生活中选取某一典型场景，作为学生观察的客体，并以教师语言的描绘，鲜明地展现在学生眼前。②实物演示情境：即以实物为中心，略设必要背景，构成一个整体，以演示某一特定情境。以实物演示情境时，应考虑到相应的背景，如“大海上的鲸”“蓝天上的燕子”“藤上的葫芦”等，都可通过背景，激起学生广远的联想。③图画情境：图画是展示形象的主要手段，用图画再现课文情境，实际上就是把课

文内容形象化。课文插图、特意绘制的挂图、剪贴画、简笔画等都可以用来再现课文情境。④音乐渲染情境：音乐的语言是微妙的，也是强烈的，给人以丰富的美感，往往使人心驰神往。它以特有的旋律、节奏，塑造出音乐形象，把听者带到特有的意境中。用音乐渲染情境，并不局限于播放现成的乐曲、歌曲，教师自己的弹奏、轻唱以及学生表演唱、哼唱都是行之有效的办法。关键是选取的乐曲与教材的基调、意境以及情境的发展要对应、协调。⑤表演体会情境：情境教学中的表演有两种：一是进入角色，二是扮演角色。“进入角色”即“假如我是案例中的×××”；扮演角色，则是担当课文中的某一角色来进行表演。由于学生自己扮演、进入角色，课文中的角色不再是在书本上，而就是自己或自己班集体中的同学，这样，学生对课文中的角色必然产生亲切感，很自然地加深了内心体验。语言描述情境以上所述创设情境的 5 种途径，都是运用了直观手段。情境教学十分讲究直观手段与语言描绘的结合。在情境出现时，教师伴以语言描绘，这对学生的认知活动起着一定的导向性作用。语言描绘提高了感知的效应，情境会更加鲜明，并且带着感情色彩作用于学生的感官。学生因感官的兴奋，主观感受得到强化，从而激起情感，促进自己进入特定的情境。

情境教学的功能主要表现在两个方面：陶冶功能和暗示（或启迪）功能。

在教育心理学上讲陶冶，即给人的思想意识以有益或良好的影响。情境教学的陶冶功能就像一个过滤器，使人的情感得到净化和升华。它剔除情感中的消极因素，保留积极成分。这种净化后的情感体验具有更有效的调节性、动力性、感染性、强化性、定向性、适应性、信号性等方面的辅助认知功能。

情境教学可以为学生提供良好的暗示或启迪，有利于锻炼学生的创造性思维，培养学生的适应能力。换言之，情境教学中的特定情境，提供了调动人的原有认知结构的某些线索，经过思维的内部整合作用，人就会顿悟或产生新的认知结构。情境所提供的线索起到一种唤醒或启迪智慧的作用。比如正处于某种问题情境中的人，会因为某句提醒或碰到某些事物而受到启发，从而顺利地解决问题。

体会情境教学的 3 个重要的使用原则：

（1）意识与无意识统一原则和智力与非智力统一原则。这是实现情境教学的两个基本条件。无意识调节和补充有意识，情感因素调节和补充理智因素。人的这种认知规律要求在教学中既要考虑如何使学生集中思维，培养其刻苦和钻研精神，又要考虑如何调动其情感、兴趣、愿望、动机、无意识潜能等对智力活动的促进作用。教师在鼓励学生刻苦努力时，很可能已经无意识地暗示了学生：你能力不行，所以要努力。这样就无形中增加了他们的畏难情绪。如果我们能意识到这一点，就会把学生视作理智与情感同时活动的个体，就会想方设法地去调动学生身心各方面的潜能。

无意识与意识统一，智力与非智力统一，其实就是一种精神的集中与轻松并存的状态。这时，人的联想在自由驰骋，情绪在随意起伏，感知在暗暗积聚，技能在与时俱增。这正是情境教学要追求的效果。

（2）愉悦轻松体验性原则。该原则根据认知活动带有体验性和人的行为效率与心理激奋水平有关而提出。该原则要求教师在轻松愉快的情境或气氛中引导学生产生各种问题意识，展开自己的思维和想象，寻求答案，分辨正误，这一原则指导下的教学，思维的“过程”同“结果”一样重要，目的在于使学生把思考和发现体验为一种快乐，而不是一种强迫或负担。

（3）师生互信互重下的自主性原则。该原则强调两个方面：一是良好的师生关系。二是学生在教育教学中的主体地位。良好的师生关系是情境教学的基本保证。教学本是一种特定情境中的人际交往，情境教学更强调这一点。只有师生间相互信任和相互尊重，教师对学生真正做到“晓之以理，动之以情”，前文所述的两条信息回路才有畅通的可能。这意味着教师必须充分了解学生，学生也必须充分了解教师，彼此形成一种默契。而学生在教学中的主体地位决定了自主性侧重于教师鼓励学生“独立思考”和“自我评价”，培养学生的主动精神和创新精神。这一原则要求教师在情境教学中要从学生的实际出发，使学生在完成学业的同时得到如何做人的体验。它意味着一切教学活动都必须建立在学生积极、主动和快乐的基础上。

2. 小组合作

又叫合作学习。合作学习是指在小组或团队中为了完成共同的任务，经历动手实践、自主探索和合作交流的过程，是有明确责任分工的互助性学习。它强调学生学习的亲历性、参与性、合作性，是一种具有典型意义的学习方式。特点如下：

（1）有利于培养学生的社会适应性。学生是未来的社会成员，必须具备社会人的主体性，而主体性并非是游离于社会的，它必须将个体融入群体之中，并自觉地为这个社会贡献自己的力量。当学生进入班集体时，就已进入了一个特有的小社会，他们必须在集体中发挥个人的能动性，在吸取集体的帮助教益和服务集体的活动中，使自身得到发展与提高，从而适应这个小集体。小组合作学习，首先使学生在小集体中相互适应，通过适应这个小集体，逐步过渡到适应大集体，从而培养了学生的社会适应性。

之所以说它有利于培养学生的社会适应性是因为：它创造了学生互相认识、相互交流、相互了解的机会。在合作学习中，他们学会了把自我融于群体之中，小组的成员成了他或她的几个好朋友，一起学习，一起活动。使之感自己难以离开这个可爱的群体，从而培养了他们的合群性。这也是一个人具有社会适应性所具备的基本素质。

培养了学生善于听取别人的意见的好品质。要想适应社会，能与别人密切交往，其中重要的一点就是对他人能热心帮助、真诚相待。小组合作学习，使学生感到要想使自己在学习上有所收获，必须做到小组之间的每一个成员相互帮助、相互取长补短、虚心听取别人的意见，从而培养小组成员善于倾听别人的意见，帮助本组成员共同提高的好品质，成为他们在适应社会中所必备的条件。

小组合作学习有利于促进学生的社会性发展并养成健康的个性。社会心理学认为，人的心理是在人的活动中，尤其是在人和人之间相互交往的过程中发展起来的。小组合作学习提供了成员之间合作的机会，增加课堂上学生之间合作、互助的频度和强度，从而有力地促进了儿童社会化程度的提高。

（2）有利于培养学生的自主性和独立性。一个具有自觉能动性、自主性和独立性的人，是一个对事物有自己独特的思维与见解，敢于发表自己的意见，具有社会交往能力的开放型人才。小组合作学习是培养这类人才的有效途径，小组成员能够在小组内进行充分的语言、思维及胆量的训练。通过小组成员之间的交流，他们能够大胆地将自己的见解通过语言表达出来。在交流中逐步培养学生能主动与别人交往，形成自己的独立见解。

（3）为学生提供了更多的锻炼机会，促进了学生的全面发展。“需要满足论”认为，学校是满足学生需要的最主要场所。学生到学校里学习和生活，主要的需要是自尊和归属。小组合作学习在课堂教学中为学生创设一个能够充分表现自我的氛围，为每个学生个体提供更多的机遇。人人都有自我表现的机会和条件，使之在小组中相互交流，彼此尊重，共同分享成功的快乐，使每个学生进一步发现自我、认识自我，他们的主体地位被大大地肯定与提高，促进学生的全面发展。

（4）有利于提高学生学习的正确率。在问答式的课堂教学中，老师提出问题时，经常会出现以下几种情况：一是不思考。二是结果完全错误或结果正确但方法单一。小组合作学习可使思考结果不正确的学生及时得到纠正，不愿思考的学生在小组学习的氛围中不得不去思考、讨论，找到问题的答案，激发了学生的学习兴趣，使组内的每一个学生都树立起集体中心意识，增强学生为捍卫集体荣誉而学习的强烈动机，这种学习积极性的提高，正是发挥个体主观能动性的具体体现。

（三）我设计的一节课

1. 选取生活中的情境导入，激发学生兴趣

一个好的开头，就等于成功的一半。显然，导入在教学过程中的作用是十分重要的。导入的方法很多，如复习提问导入法、直接点题导入法等，但按照新课程的要求，比较有效的方法应该是设境导入法。因为该法能创设符合课文主题的、充满生活化的、真实的或模拟的情境，迅速吸引学生的注意力，调动学生的学习热情，活跃学生的学习思维，激发学生的求知欲。具体可选用唱歌、讲故事、多媒体，创设特定的形、声、色，漫画，等等。例如：在北师大版本的八年级上册第一单元第三课《成长中的烦恼》的第一个问题：正视逆反。我利用多媒体打出一组四格漫画：

学生面对上组四格漫画会主动思考：漫画中两个人是什么关系？两个人的表情及对话内容反映了什么问题？老师发问：这组四格漫画想表达一个什么问题？学生会根据前面的思考顺利回答：父亲叫儿子学习，儿子不仅不去学习，还为自己不学习找理由。父亲无奈，儿子逆反。老师再问：你们生活中有没有类似情况发生？为什么会与家长产生逆反心理？遇到这样的问题我们该怎么办？这就是我们本节课要讨论学习的主要内容。如此导入新课就比较自然、轻松和和谐。在设境导入的过程中，教师创设的情境的取材要源于学生的生活和社会现实，所反映内容的情节要清晰，主题要鲜明，而且要易于学生解读、提炼和接受。

2. 由人及己，探究原因，寻求方法。教学过程中小组合作自己教育自己

针对上面的情境继续进行：

（1）你们生活中有没有类似情况发生？

（2）为什么会与家长产生逆反心理？

（3）遇到这样的问题我们该怎么办？

围绕这三个问题开展小组合作学习。

小组合作活动一：

内容：中学生易在哪些方面与家长产生冲突。

要求：每个小组选出一名记录员，一名发言者。

老师把讲台交给学生，由学生自己归纳出易于家长产生冲突的方面：服饰、零用钱消费、业余爱好、交友、课外读物……

老师待学生归纳完毕提出下一个小组活动内容。

小组合作活动二：

小组讨论：我们为什么会与家长产生逆反心里。

学生发言，老师进行归纳：

A：两代人的心理差异。由于年龄和阅历的差异，在思想观念上：子女开放，喜欢追求新新事物，有较大的创造性，但是稳定性差，易变且多变。父母保守，讲求实际，倾向保守传统习惯。在行为方式上：子女爱突破传统，敢于尝试，勇于冒险，冲动而急躁。父母谨慎、沉稳，讲求踏实，注重质量，不喜欢冒险，不喜欢做没把握的事。

B. 两代人彼此理解的差异。随着生理的成熟和心理的发展，中学生感觉自己一天天向成人靠近，总是希望在家庭中处于一种“大人”的地位，希望父母像尊重一个“大人”那样尊重自己。但是在父母眼里，他们还是个“孩子”，习惯对他们还是像小时候那样管手管脚。他们会觉得父母越来越“唠叨”，父母则觉得他们越来越不听话。

C. 逆反心理：是人们在交往的过程中为了维护自己的自尊或满足自身某方面的的需要，而对对方要求采取相反的态度和言行的一种心理状态。

如下面图表

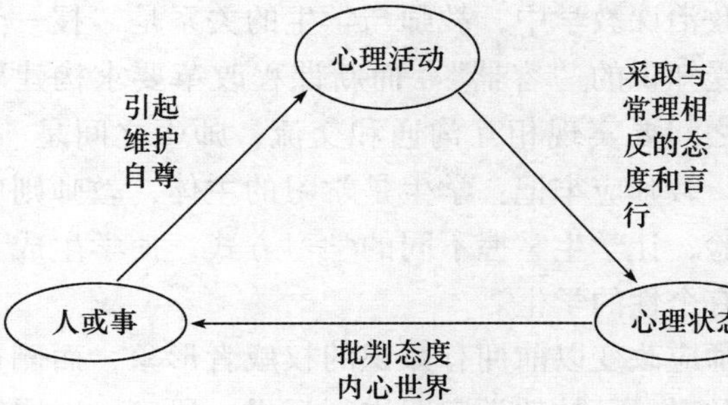

老师提出思考问题：我们如何看待逆反心理？

学生思考开展课堂讨论。

教师归纳总结：逆反心理是一种现实且普遍存在的现象。尤其在中学生中，孩子与家长的抵触更为尖锐，青少年处于成长发展阶段，可以说青少年既是成熟的儿童，又是幼稚的青年。逆反心理在很多中学生身上表现出来，尽管方式和程度有差异，但给中学生健康成长构成障碍。

逆反心理表示这样的一个心理结果：支持采取一种行动，结果却说服对方采取相反的行动。它是一种单值、单向、单元、固执、偏激的思维习惯。它使人无法客观、准确地认识事物的本来面目，而采取错误的方法和途径去解决所面临的问题。逆反心理经常反复地呈现，就构成狭隘的心理定势，无论何时何地都与常理背道而驰。最后成为孤陋寡闻、妄自尊大、偏激和头脑简单的产物。

小组活动三：

我的高招：如何调适逆反心理呢？

学生归纳总结：倾听 、换位、体谅、理解、反思、以理服人 ……

3. 节选名人的诗句作为寄语结束教学

青春万岁

王　蒙

所有的日子，
所有的日子都来吧，
让我们编织你们，
用青春的金线
和幸福的璎珞，
编织你们。

三、教学实践后的反思

（一）思想政治课教学必须转变教师角色

在传统思想政治课教学中，教师与学生的关系是“授—受”关系，学生成了消极的接受知识的“容器”。而新课程改革要求构建融洽、和谐的学习氛围。师生之间要实现相互沟通和交流，师生之间是一种平等合作、对话理解的关系。教师应牢记：学生是学习的主体，教师则应致力于促进学生的学习和体验，让学生掌握不同的学习方式，使学生成为在教师引导下的主动的、富有个性的学生。

思想政治教师应改变以前拥有知识的权威者形象，而侧重于对学习过程的组织、引导及对自己的教学实践进行反思、研究，以取得更好的教育教学效果。

（二）思想政治课教学必须转变思想观念

长期以来，由于思想政治课偏离学生实际，使学生普遍失去了学习兴趣。从教学效果看也不尽如人意，往往出现思想政治课考试成绩与学生实际思想政治水平两张皮的现象：一些思想政治课成绩优异的学生，不愿参加集体活动，缺乏集体主义观念和集体荣誉感；心胸狭窄，自私心较强；缺乏团结互助精神等。究其根本原因，都与我们的教学指导思想有失偏颇密切相关。一般来讲，以往许多学校的思想政治课教学只满足以下两个方面：让学生掌握一些基本概念和原理，使学生能对知识有一定的理解，巩固即可。

新课程改革后思想政治课教学目标除以上内容外，还应该至少包含以下两个方面：让学生把所学知识转化为自己的观点、信念，转化成自己的世界观和方法论，培养学生树立崇高的共产主义理想和良好行为习惯。不但要让学生学知识，还要教会学生用知识，让他们面对纷繁复杂的现实生活，能用自己的目光去发现，用自己的头脑去思索，用自己的行动去改变。所有的教育者都应当完成这个思想观念的转变，使思想政治课从知识型向实践型转化，只有这样，才能保证新课程改革的成功，才能培养出适应社会主义市场经济的创新人才。

（三）思想政治课必须转变教学模式

教师不应该把教学过程看作是学生知识积累的过程，形成了教师讲、学生听的基本教学模式。在这样的教学模式中，教师只对教材和教案负责，往往只讲约束不讲自由，只讲严格不讲宽容，乐于训导却不善于鼓励。我们应当创设情境，进行小组合作学习，开展研究性学习，提高教学效果，营造平等、民主、和谐的教学氛围。在教学中应以学生为主体，让学生自主学习，独立思考，鼓励学生将自己置于“发现者”的位置，通过自己动脑、动手、动口去思考、质疑、猜测、探索、实践、评价，提出独创性的见解。同时，教师要努力营造民主、平等、和谐、宽松的课堂教学氛围，真正把学生当作朋友，耐心地倾听他们的发言，认真地聆听他们的提问。只有这样，学生才敢于进行奇思异想、质疑问难。从而满足学生自身发展需求和个性特长发展的差异性；满足学生主动学习、主动发展的需求。这样培养出来的人才是创新人才，而不单纯只是知识的容器。

教育是包容、是指引，是心与心的碰撞，是情与情的共生。

提高哲学素质　感受生活哲学[①]

——新课程改革中的高中哲学教学思考

北京市航天中学　李志英

什么是哲学？什么是哲学素质？这些问题对于已从事高中政治课教学工作多年的我来说，似乎很熟悉，也似乎很陌生。说它“熟悉”，是因为在大学4 年的时间里，我用心感悟过哲学、体会过哲学；说它“陌生”，是因为工作后的我开始沉浸在学生成绩的提高上，而遗忘了哲学的本质精神和内涵。随着新课程改革的开展与进行，哲学课教学的方向与方式又重新摆在我们面前，需要我们每一位政治课教师去深思。

所谓“哲学”，它不只是一门学问，更重要的是，它是人类生存的另一种状态，是人类自我精神的萌发与觉醒，是人之所以为人的最高境界。它关注的不是“是什么”的问题，而是“为什么”的问题，是对万事万物表面现象的深层次的挖掘与剖析，是让人深刻、让人聪慧的学问。但深刻绝不意味着深奥、晦涩，尤其是在高中阶段，哲学课的教学更重要的是培养学生一颗永不停止的好奇心，培养学生由内而发的道德感悟，培养学生逻辑分析的能力，培养学生的怀疑与抗辩以及对“真理”的执著和宽容。可见哲学课教学的目的绝不是简单哲学知识的灌输、哲学概念的记忆，而应侧重于培养学生的哲学素质，让学生在生活中与哲学产生共鸣，在生活中感受哲学的存在与力量。

高二哲学课中，有一节内容是《量变与质变》。这部分内容应该说如

① 北京市基础教育课程教材实验监控与评价工作组征文一等奖。

果讲好的话会对学生的生活有着十分重要的作用。如何使学生在生活中感受量变的重要性，使学生从中受到启发、得到启示呢？我采用了如下几种方式。

一、亲身体验

我带领全班学生来到操场上，给大家布置了一个任务，那就是每人都要跑200米，在跑的过程中要记下自己在这200米中共跑了多少步？任务布置完后，大家似乎有点摸不着头脑，但还是饶有兴致地完成了任务。每个同学都有了答案，这时我又提问，“每个同学所跑的200米能否少一步？”大家都说：“当然不能。”“那如果这200米是我们每个人的人生呢？我们应该怎么办？”大家纷纷发表自己的看法，最后达成了共识，没有一步步的积累，就没有200米的完成；没有一天天的积累，就没有我们每个人的一生。

二、观察思考

要求大家观察水加热由液态变成气态的过程，并思考这个过程的重要性。在实际的操作中，由于大家已是高中生，已经具有了相应的自然科学知识，所以很容易就从自然科学角度分析说明了水加热由液态变成气态的过程，但却没有达到哲学的深度，这时我又进一步发问，“在现有的条件下，这个过程必须要这么长吗？少一分行吗？”“当然不行。”“可见水的形态的转化必须要有一个过程，那就是温度的不断积累。如果是我们每个人的人生，要想发生大的变化，我们应该怎么办？”大家这时开始畅想未来，设计人生，发言十分踊跃。

三、事例分析

我给学生讲述一个故事——《一片雪花的重量》。故事的内容大致是这样的。“告诉我一片雪花的重量。”一只知更鸟问一只野鸽。野鸽说：“微不足道。”“那么，让我来告诉你。”知更鸟说道：“我飞落到一棵冷杉的树枝上，紧挨着树干，这时下雪了，漂亮的雪花缓缓降落。我无事可做，于是就数起了飘落在我栖息的树枝上的雪花，确切的数字是141254。当又有一片你所讲的微不足道的雪花飘落在树枝上时，枝条折断了。”说完，知更鸟飞走了。鸽子沉思了一会儿，自言自语地说：“也许只差一个人的力量，和平就会来临了。”

讲完之后，我提问学生：“枝条折断的原因是一个时间点，还是一个时间段？说明了什么？”大家畅所欲言。

综上，由一小步的积累最终完成200米，温度的不断升高使水由液态变为气态，由雪花一片片的积累使枝条折断，看似毫不相关的三种现象，它们之中都蕴涵了什么道理呢？

由于学生的积极参与，答案很快揭晓，那就是：量变是质变的前提和必要准备，没有量变做准备，就不会有质变的发生，我们应该重视量的积累。结论得出后，学生们很明显地表现出一种成功的喜悦，这时，我又问：“你们在平时的生活中重视积累了吗？是怎么做的？结果怎样？”学生又开始积极讨论，纷纷讲述自己的亲身事例。有做得好的，也有没做好的；做得好的感受到了成功，没做好的也找到了失败的原因。不仅如此，最后，同学们还一致认为：量的积累过程也是考验一个人的毅力、决心和信念的过程。

教学到此，同学们已不自觉地把哲学知识融入了生活，更升华为一种价值观，并有了最初的情感体验。我相信，量的积累他们会牢记一生，更会践行一生。

以上的教学过程仅仅是哲学教学中的一个片段而已，但从这个片段中我又重新找到了哲学的意义，明确了哲学课教学的目的，同时也为自己在教学中提高学生哲学素质找到一点方法和途径。

首先，哲学课教学方式、方法的选用与其教学主旨紧密相关，从某种意义上讲，教学目的决定了教学方式。所以，要想使哲学课真正能够提高学生的哲学素质，就要先弄明白一个道理，那就是：“哲学的任务是什么？什么是哲学素质？”这在本文开篇已经提过，这里不再赘述。只有明确了方向，教学方式的选用才会适当。

其次，哲学教学应遵循从生活中来到生活中去的原则。很久以来，哲学似乎已经成为深奥晦涩的代名词，使学生望而生畏。其中的原因主要是由于现实教学生活中“成绩”这一指挥棒的作用，使哲学庸俗化，仅仅被当作是一种知识，而丧失了其应有的深刻性与智慧性，使知识僵化，与现实脱节。在教学中，许多教师更是急功近利，只注重知识的传授，而忽视了对学生的相应能力、素质的培养与提高。但同时哲学本身又是抽象的，所以使得本应深刻的哲学思想变成僵化的教条，本应与生活有着紧密联系的哲学却与生活远远地分离。

要想使哲学教学能深入学生之心，就必须做好“两头”的工作，即开头与收尾的工作。所谓“开头”，在教学中就是导入部分，要坚持“从生活中来”的原则，尽量选取学生日常生活中喜闻乐见的事例，以与学生年龄段特点相符或是更为他们关注的事例为最佳，再由教师引导学生思考事例背后更深层次的哲学道理。这样既消除了学生对哲学的陌生感，又增加了学生学习的兴趣。所谓“收尾”，在教学中就是小结部分。在日常教学中的小结我们往往重视了知识的系统性，而忽视了它的实效性或者说对学生生活的指导性，而这恰恰是哲学教学的一个非常重要的目的。所以在小结时教师应有针对性地提出学生生活中的相关问题或是思考的方向，有意识地培养学生的哲学思维，这也就是坚持了“到生活中去”的原则。

第三，哲学教学方式应更灵活化、多样化，应更加关注学生自身，让学生成为课堂的主体，成为积极的思考者、流畅的表达者、无畏的争辩者，最终成为生活的成功者。随着新课程改革的深入，授课模式已由过去的教师一言堂开始转变为以学生为课堂主体的模式。其实，对于哲学教学而言，它的教学目的是围绕学生的内心感悟而展开的，所以，哲学教学的课堂绝不是教师的讲堂，而应是学生的学堂，使学生学会思考、学会争辩、学会体悟、学会生活。也正因为如此，哲学教师所担当的角色应是学生的引导者，引导学生进入哲学的殿堂，余下的便是从旁点拨，而学生才是课堂真正的主角。鉴于此，哲学课的教学方式就应围绕学生进行设计，可以更加得灵活多样，采用诸如辩论、演讲的形式，给学生充分的思考和表达的机会，使学生与哲学不再遥远。

总而言之，要想使哲学能深入人心，使学生的哲学素质有所提高，作为教师，就必须千方百计地让哲学在“生活化”的同时不失其“深刻性”。当然，在实际的教学实践中我们会遇到很多绊脚石，有客观的，如学生的思想偏见、学校的教学环境、社会的教学环境等；也有主观的，如教师自身的专业知识水平有限、教师的能力不高等。但我相信，只要我们每一位教师都能秉持同样的信念，坚持不懈地努力，再加上社会的不断进步和对哲学共识的形成，我们的社会定会开出美丽的哲学思维之花。

教师是一盏明灯，照亮学生智慧的人生；教师是一副阶梯，帮助学生攀登更高的山峰。

做智慧型教师 培养学生“论证和探究问题”能力①

北京市航天中学 高 焱

一、直面困惑，深度思考

随着北京市高中政治新课程改革的逐步深入，高中政治教师的教学理念和教学方式在不断更新，在培养学生自主学习、合作学习、探究学习等各种学习方式方面积累了不少的经验，也取得了不少的成绩。但是，学习方式的转变并不意味着学生解题能力的提高。高中政治教师普遍感到困惑的是，新课程改革以来，政治高考试题的考查形式越来越灵活，单纯考试知识识记能力的试题比重越来越小，对学生分析问题、解决现实问题的能力要求越来越高。而从现实来看，许多学生的政治学习仍停留在机械背诵上，以致考试时“有货倒不出”或者生搬硬套、张冠李戴，写了很多却不得分，在很大程度上打击了学生学习政治的积极性。从近期丰台区课题组“论证和探究问题的能力”调查问卷结果及2012年丰台一模政治成绩分析来看，学生的解题能力不强尤其是“论证和探究问题”能力不强是影响学生考试成绩的重要因素。而这一能力，恰恰是高考要考查的能力之一。在《高考考试大纲》中对学生在“论证和探究问题”能力考查方面有详细的解读：

运用判断、归纳、演绎、比较、概括等方法论证问题；在论证中观点

① 本文获北京市第三届“智慧教师”教育教学研究成果征文三等奖。

明确、表述清晰、逻辑严谨；综合运用相关学科的原理和方法论证和探究问题，体现创新性思维。

所谓“论证”，是指用论据来证明论题的真实性的论述过程。所谓“探究”，是指对问题的研究和讨论。探究问题的过程，实际上是立论的过程，即对某问题提出自己的看法，表达自己的观点。论证和探究问题能力包括三个方面：一是根据有关信息，调动和运用相关知识和技能，发现或者提出体现科学精神和创新意识的问题。二是综合使用题目提供的信息、课堂学习或自主学习获得的知识、方法，提出比较必要的论据，论证和探究问题，得出合理的结论。三是能用顺畅的语言、清晰的层次、正确的逻辑关系表达出论证、探究的过程和结果。

由此可见，“论证和探究问题”的能力是较高层次的考核目标。如何顺应课程改革的新要求，在采用新教学方式过程中培养学生“论证和探究问题”的能力，是摆在我们每一位高中政治教师面前的新课题，而这一课题的有效解决又为学生提高高考政治解题能力、提升高考成绩起着重要的作用。

二、分析问题，把握脉搏

学生要想提高“论证和探究问题”的能力必须学会在答题时能提出科学、有创新意识的问题；能运用批判、借鉴、引用、比较等方式，对有关现象、问题进行论证并具备迁移能力、创新能力、组织能力、表达能力、展示能力。结合丰台区市课题组“论证和探究问题能力”调查问卷结果及2012年丰台一模政治成绩分析结果来看，学生以上能力明显有很大的欠缺，这些能力的不足集中表现在以下几个方面：

（一）知识间点、面结合不够，缺少创新性思路，综合探究能力不强

例：2012 丰台区一模文综 40－(4)

请结合材料，运用文化生活知识，为更好地推动中国电影产业的发展出谋划策。(10 分)

高三学生答案	参考答案
①继承传统，对待中华文化要取其精华、去其糟粕、批判继承、古为今用，面向世界、博采众长。中国电影产业发展要反映中华民族历史情感和人文精神。 ②吸收借鉴其他民族文化中积极成分，要做到以我为主、为我所用，推动中国电影产业发展，可以借鉴进口大片的制作、营销经验。 ③文化发展的重要途径是创新，我国电影产业的发展要创新电影内容、传播手段，提高科技创新能力，增强基础设施建设。 ④充分发挥人民群众的力量，电影产业的发展要满足市场的需求，满足观众的文化需求。	①立足社会实践，这是推动电影产业发展的根本途径。 ②加强对外文化交流与合作，面向世界，博采众长，吸收其他国家电影产业优秀成果。 ③继承中华民族优秀传统文化，在电影内容上推陈出新，革故鼎新。④满足人民群众日益增长的精神文化需求，电影内容要反映人民需要。 ⑤在内容形式、传播手段和体制机制上，推动中国电影产业积极创新，营造有利于出精品、出人才、出效益的环境。 ⑥繁荣电影文化市场，完善基础设施，增强中国电影产业的国际竞争力。

从这一学生组织的答案看，学生在获取和解读信息能力，调动和运用知识能力方面较强，但是答的知识点不全，没有从根本上去“出谋划策”，不能提出创新性思路。这暴露出学生在复习知识时没能从整体上把握点、面之间的关系，在调取知识时不是走知识体系，而是只有材料中明显的几个点；没有把握文化产业发展的最新精神，所以答题时思路狭窄，漏答知识点，导致相对容易的题也没能得满分。

（二）理论和实际“两张皮”，缺少综合使用题目提供信息的能力

例：2012 年丰台区一模文综 40 -（4）

请结合材料，运用文化生活知识，为更好地推动中国电影产业的发展出谋划策。（10 分）

高三学生答案
（4）政府应引导发展文化产业，营造良好文化产业发展环境。积极进行创作，继承传统，推陈出新，面向世界，博采众长。进行文化创新，立足于社会实践，重视人民群众在文化创作上的主体作用。发展大众文化，满足人民群众的精神需求。 （只有知识点，没有材料）
（4）文化软实力在文化竞争中的地位越来越重要。大力发展电影产业调整，提高自主创新能力。大力宣传电影文化。中国电影需要更加结合群众，结合生活。加强管理，大力扶持文化产业。（只有材料，没有知识点）

第一位学生的答案知识点较全，如能联系上材料还能得4分，这4分对于高三学生来说，可以说是举足轻重的；第二位学生的答案只有材料和空话、套话，没有相应的知识点，写了很多，浪费了宝贵的时间，却不得分。

（三）逻辑关系混乱，专业术语不强，表达能力欠缺

例：2012 丰台区一模文综 40 -（4）

请结合材料，运用文化生活知识，为更好地推动中国电影产业的发展出谋划策。（10分）

高三学生答案
（4）提高创新能力，依靠科技进步和科学管理等手段形成自己有利的竞争优势。利用文化传播、大众传媒等手段宣传，树立良好的企业形象，树立正确的经营战略
（4）文化作为一种精神力量，在人们认识和改造生活的过程中转化为物质力量。综合国力越来越成为国家重要因素。优秀文化促进人的发展，落后文化阻碍人们发展

第一位学生答案从企业的角度来答，完全不清楚应用文化模块内容来答，"树立……经营战略"表现出专业术语不强，表达能力不够。第二位学生的答案从文化对社会的作用、综合国力的作用、人的作用来答，知识逻辑关系完全混乱，不清楚该怎么表达。

以上三个方面是学生在答题时暴露出的共性问题，这些问题如不能有效地解决，将是影响学生高考成绩的一大瓶颈。

三、反思教学，对症下药

学生暴露出的"论证和探究问题"能力不足，不仅是学生学习方面的问题，更有教师在教学方面需要反思之处。学生答题能力需要提高的问题，很大程度上在于教师对学生有意识地培养和训练习惯的养成，而这种意识和习惯的培养要贯彻在教师教学的始终。

（一）把答题能力培养渗透到每节课，加强探究性的设问

学生答题能力的培养尤其是论证和探究问题能力的培养，不是一朝一夕就能解决的，需要教师在教学中始终有对学生能力培养的意识，并把它渗透到教学的各个环节中。无论新课还是复习课，教师都要有意识地在学生的自主学习、合作学习、探究学习的不同环节中加强探究性问题的设置，让学生在不断提高获取和解读信息能力、调动和运用知识能力、描述和阐释事物能力的同时，提高论证和探究问题能力。

例如：2012年北京男子篮球"金隅队"首次获得CBA总冠军，这是

让全北京人都高兴的事情，也是中学生们都关注的事情，如果教师能在讲完“联系”的知识点后，给学生提出问题：用联系的观点分析北京金隅队获胜的原因？那么这一问题对学生来讲既能培养学生理论和实际联系的能力，又具有很强的探究性。学生必须把联系的含义、联系的普遍性、整体和部分的联系及系统优化的方法都用上并和实际结合才能比较完整、全面地回答这一问题。如果教师每节课都能把握好培养学生答题能力的良好契机，在每一个设问的设置上下工夫，让学生把论证和探究当成一种习惯，那么学生“论证和探究问题”能力想不提高都难。

（二）构建知识体系，注重学生动笔能力、逻辑思维能力的培养

文科综合能力测试考查的一定是学生对知识的整体和综合把握，高考试题考查单个知识点的题越来越少，选择题和非选择题都在文综中加大了比重。因此，教师在教学中要让学生学会构建知识体系，掌握知识间纵向和横向联系，把握政治、经济、文化和哲学之间的逻辑关系。学生头脑清楚才能有效调动和运用知识，才能在此基础上对知识进行迁移、整合并完整地表述。在此需要强调的是，知识体系的构建开始可以以教师为主导，但在复习和提高阶段，一定要让学生自己学会构建知识体系。

常言说得好，说起来容易做起来难，这句话用在学生身上也不例外。在对学生进行能力训练过程中，学生往往觉得说说就行了，但真要让他们下笔写出答案，很多学生就犯难了，觉得无从下笔，甚至有学生不敢下笔，怕下笔就出错，就等着老师给标准答案。而学生的知识迁移能力、组织能力、表达能力、论证探究能力等都要在学生写答案的过程中得以培养和提高，学生的各种问题也只有在写出答案后才能充分暴露出来。所以教师在教学中一定要加强对学生动笔的训练，多写多练，不能只是一味地赶所谓的教学进度而怕让学生写耽误时间，教师讲得越多，学生训练的机会就越少，学生的能力上不去，讲的越多，做的无用功越多，这恐怕是我们政治教师的通病，总想把所有的东西一股脑地给学生，岂不知学生没有经历过品尝美食的过程，只有吞咽的动作，他们哪会知道东西好不好吃呢？

每个人都具有起码的逻辑思维能力，但要把这一能力很好地运用到政治高考答题中来却需要教师对学生进行长期有意识的训练才能具备。逻辑能力说起来抽象，但实际培养过程中教师如果能让学生学会了解不同题型的不同要求，学会依据知识间的逻辑关系，养成使用专业术语的习惯，学生慢慢就会组织起顺畅、合理的答案。

主观题的设问有说明类、为什么、怎么办、认识类、意义类等不同题型，每种题型作答的逻辑要求都是不同的，教师要在平时的训练中让学生

掌握不同类型的题有不同的答题逻辑，要用不同的逻辑语言，比如，意义类题型就要先明确什么意义：比如经济意义、政治意义；主体是谁：比如国家、企业；性质分析：积极还是消极；常用句式：有利于、有助于、推动了、只有……才能……、增强了、促进了等。

（三）撰写小论文，在自我探究中提升“论证和探究能力”

“润物细无声”是我们每一位教师追求教学效果的最高境界。如果我们每一位政治教师在教学过程中少让学生死背知识点或背死知识点，多找些学生比较感兴趣又和时事紧密结合的热点问题，让学生运用所学政治知识撰写小论文，那么，对提升学生的答题能力尤其是学生的论证和探究问题的能力会有很大的帮助。

例如：2012 年的物价问题是每个人都会关注的话题，就物价上涨带来的影响站在不同的角度会有不同的分析，就这一问题可以让学生撰写“物价上涨利大于弊”或“物价上涨弊大于利”。在学生撰写论文过程中，学生要运用政治、经济、文化、哲学知识，要涉及国家、企业、百姓等不同主体，要从利和弊不同方面去辩证分析，要用论据证明论点等。学生还在不知不觉中运用批判、借鉴、引用、比较等方式，对有关现象、问题进行论证，而学生的迁移能力、创新能力、组织能力、表达能力、展示能力、论证和探究问题能力等都会在不知不觉中得到锻炼和提高，从而达到“润物细无声”的教学效果。

总之，要深化高中政治教学改革，领悟并贯彻新课程改革中的教学新理念、新精神，做智慧型教师，就必须直面困惑、分析问题，反思我们的教学。要真正把学生作为主体，真正还课堂给学生，课堂是教师的舞台，学生更是舞台的主角。教师既要转变传统的教学模式，又要注重对学生答题能力的培养，在探索更好、更有效的教学中进一步深化、完善高中政治教学改革，争做深化高中政治教学改革的领军人，做好学生攀登高考路上的登梯人！

爱是开启智慧的钥匙。

《生活与哲学》——价值观的导向作用[①]

北京市航天中学 艾洪凤

一、前端分析

（一）学习内容的位置分析

本单元是全书的终点，在一定意义上也可以说是全书的落脚点。而如何树立正确的价值观、实现人生价值，又是本课的核心。所以，本课学习的成效关系到整个课程学习的成效。故而本课内容的学习就显得尤为重要。

（二）学习者知识基础的分析

高二年级的学生已具备了价值判断和价值选择的能力，现实生活中，他们也总是以某种价值观来指导自己的行动的，但由于缺乏理论指导，所以盲目性大，甚至会出现错误的价值观，从而导致错误的行动，这种成长的需要，就使他们迫切需要这方面的理论，这就为本节课的教学奠定了很好的现实基础。虽然理论较难，但只要教学方法得当，就能使学生很好地理解理论知识，并能和现实建立密切的联系，从而有效地指导行动。

二、总体设计思想

建构主义理论认为：学生是学习的主体，是知识意义的主动建构者，教师则是这一过程的组织者、指导者、促进着，要充分发挥学生的能动性和创新精神，最终达到学生对当前知识的意义建构。根据这一理论，设计时要注重学生的主体地位，通过营造情境，激发学生的主体意识，注重培

① 中国教育学会中学德育专业委员会征文一等奖。

养学生的思维能力、协作交流能力和动手实践能力，努力创造一种“创设情境—引疑迁移—合作探究—意义建构”的课堂教学模式。

三、教学目标

（一）知识与技能

通过学习，学生能够通过事例分析理解价值、价值观概念；通过事例分析，能说明价值观对个人与社会的不同导向作用。通过对不同价值观及作用的比较，提高比较能力；培养学生利用多媒体课件、互联网收集、整理、运用资料分析问题、解决问题的能力，并通过小组合作，进一步提高学生的交流协作能力。

（二）过程与方法

运用网络环境自主—合作—探究，主动获取知识，提高能力。

（三）情感态度与价值观

通过学习，学生能分析不同的价值观，树立用正确价值观指导行动的思想。并通过对本课的探究性学习，逐渐塑造尊重他人、不断进取的良好品质，学会交流与分享，发展乐于合作的团队精神。

四、学习重点、难点

（一）重点

价值、价值观概念；人的价值以及如何评价一个人的价值；价值观对人的活动的重要作用。

（二）难点

价值、价值观概念；价值观对人的活动的重要作用。

五、教学过程

表1 教学过程

教学意图	教师活动	学生活动	媒体使用
1. 谈话导入，激发学生的兴趣和求知欲 2. 提示学生思维 3. 质疑，引发好奇 4. 向点明主题过渡 5. 进一步明确主题 6. 点题定纲	1. 讲：同学们都听过哪些让你感动的歌曲？ 2. 讲：老师这儿也有一首让我感动的歌曲，大家一起听一听，同时思考：你会想到谁？ 3. 讲：听到这首歌曲，同学们会想到那位歌手？ 4. 讲：看来，同学们对“爱心歌手”——丛飞，是比较熟悉的，下面就让我们重温一下“爱心大使”——丛飞爱心捐助的历程吧！ 5. 引导学生点击进入网页课件“爱心大使” 6. 总结：丛飞虽然年轻，但他却深谙“价值”的内涵，正是这种正确的价值观指导着他无私地奉献爱心。这节课我们就来研究“价值与价值观”	1. 思考老师提出的问题，并回答 2. 认真听歌曲，并思考 3. 争相回答 4. 学生思索、神会 5. 学生点击，收看视频	播放 VCD 歌曲：《愿你幸福》 网页课件一：“爱心大使”（视频）
1. 创设问题情境，质疑问难，引导学生思考，明确“价值”概念、人的价值在于创造价值 2. 提高学生坚持从个别到一般的科学思维方法及理论联系实际的自觉性，用以理解哲学问题	1. 指导学生点击进入网页课件“学习园地”，阅读资料，并思考资料中提出的问题 2. 点拨：哲学意义上的价值不同于具体事物的价值、具体领域的价值，它是指一事物对主体的积极意义，即一事物所具有的能够满足主体需要的属性和功能。人的价值在于创造价值，在于对社会的责任和贡献	1. 学生点击进入，边阅读，边思考 2. 领悟，并和教师一起总结概括	网页课件二：“学习园地”

续表

教学意图	教师活动	学生活动	媒体使用
谈话过渡到下一环节	现实生活中，人们总是同周围事物处在一种价值关系中，任何人都会对客观的价值关系进行这样那样的反应和评价，并形成各自不同的价值观，那么什么是价值观呢		
1. 充分利用互联网手段，促成生生互动，真正把课堂还给学生，体现学生是学习的主体 2. 师生互动，深入了解学生 3. 提高学生归纳概括能力，并通过“变式教学”法，培养其辨别能力 4. 引疑探究 5. 提供网络资源，学生网上自主学习 6. 培养学生从现象到本质的独立分析问题的能力 7. 检验反馈，巩固提高 8. 设疑点题，引发探究	1. 引导学生进入网上论坛，并通过列举个人实例来说明自己的观点 2. 关注论坛，并把学生的举例进行分类（正确、错误） 3. 引导学生归纳 4. 提出问题：价值观是由什么决定的？价值观形成后会不会发生变化？为什么 5. 指导学生点击网页课件：“人与自然”“抗震救灾”进行学习。要求学生认真分析资料，自己寻找问题答案 6. 教师及时掌握学生学习情况，并给予指导和帮助 7. 要求学生点击网页课件：“马克思的话”——忧心忡忡的穷人甚至对最美丽的景色——，并做答 8. 总结：不同的社会历史条件下，人们的价值观不同，不同的人对同一事物有不同的价值观。那么，不同的价值观有什么不同的作用呢	1. 学生进入论坛，发表观点，并通过自己的体验来说明价值观的内涵 2. 和老师交流、讨论 3. 在教师的引导下，进行归纳总结：价值观就是对事物价值的根本观点和总的方法。价值观有正确与错误之分 4. 学生思考 5. 学生认真浏览、阅读课件 6. 学生在任务驱动下进行网上自主学习，把问题的答案发布到网上：价值观是一种社会意识，对社会存在具有重大的反作用，对人们的行为具有重要的驱动、制约和导向作用 7. 学生点击进入，思考并回答	网上论坛 网页课件三：“人与自然” 网页课件四：“抗震救灾” 网页课件五：“马克思的话”

续表

教学意图	教师活动	学生活动	媒体使用
1. 训练“合作——探究”的能力 2. 启发、引导 3. 培养团队合作精神及协作能力 4. 落实教学目标，巩固学习效果 5. 迁移释疑。敞开心扉，理性看自我	1. 下面我们分组学习，同学自由组合。点击进入网页课件：“大象的命运”“和谐社会”“网络世界”“好公仆——牛玉儒”“永远的丰碑”。组内合作完成要求 2. 教师观察学生分析情况，并参与小组讨论 3. 教师适时点拨，确保交流的有序性以及学习目标的实现 4. 对学生的汇报、交流进行提炼：价值观对人们认识世界和改造世界的活动具有导向作用。价值观对人生道路的选择具有重要的导向作用 5. 回顾自己决定做某件事的过程，看看价值选择在其中起了什么作用	1. 在自由组合的基础上，小组内阅读、讨论、分析 2. 组内团结协作，抽象出价值观的导向作用 3. 各小组推荐本组的中心发言人，向全体同学汇报分析、讨论的结果（材料——理论） 4. 思考，和老师一起提炼 5. 学生思考，回答	网页课件六：“大象的命运” 网页课件七：“和谐社会” 网页课件八：“网络世界” 网页课件九：“好公仆——牛玉儒” 网页课件十：“永远的丰碑”
1. 理清思路 2. 总结升华，指出努力方向	1. 这节课我们学到了哪些知识 2. 讲：在人与自然的交往中，在社会生活的各个方面，凡是人们从事活动之处，价值观都具有普遍的显著的导向作用。我们一定要树立和坚持正确的价值观，发挥正确价值观的导向作用	1. 学生归纳总结 2. 思考，赞同	幻灯片展示知识结构

六、教学总结（形成性评价）

本节课学习的主要内容是关于价值与价值观的有关知识，这一学习主题理论性较强，学生平时接触少，真正理解有一定困难，而怎样让学生在有限的时间里弄懂理论知识，并且把理论知识与社会现实建立有效的联系，从而提高活动的自觉性是课堂教学需要解决的问题。因此，本节课在设计上坚持以建构主义学习观为指导，并且以现代信息技术网络、多媒体课件为基础，充分体现了以学生为主体的网络探究性学习。并且，通过局域网进行生生之间、师生之间的交流与合作，很好地实现了人机交互，极大激发了学生的学习兴趣，激活了学生思维，学生的主体参与意识强烈，从而提高了学生的综合能力、综合素质，提高了课堂效果，很好地实现了课程标准规定的三维教学目标。

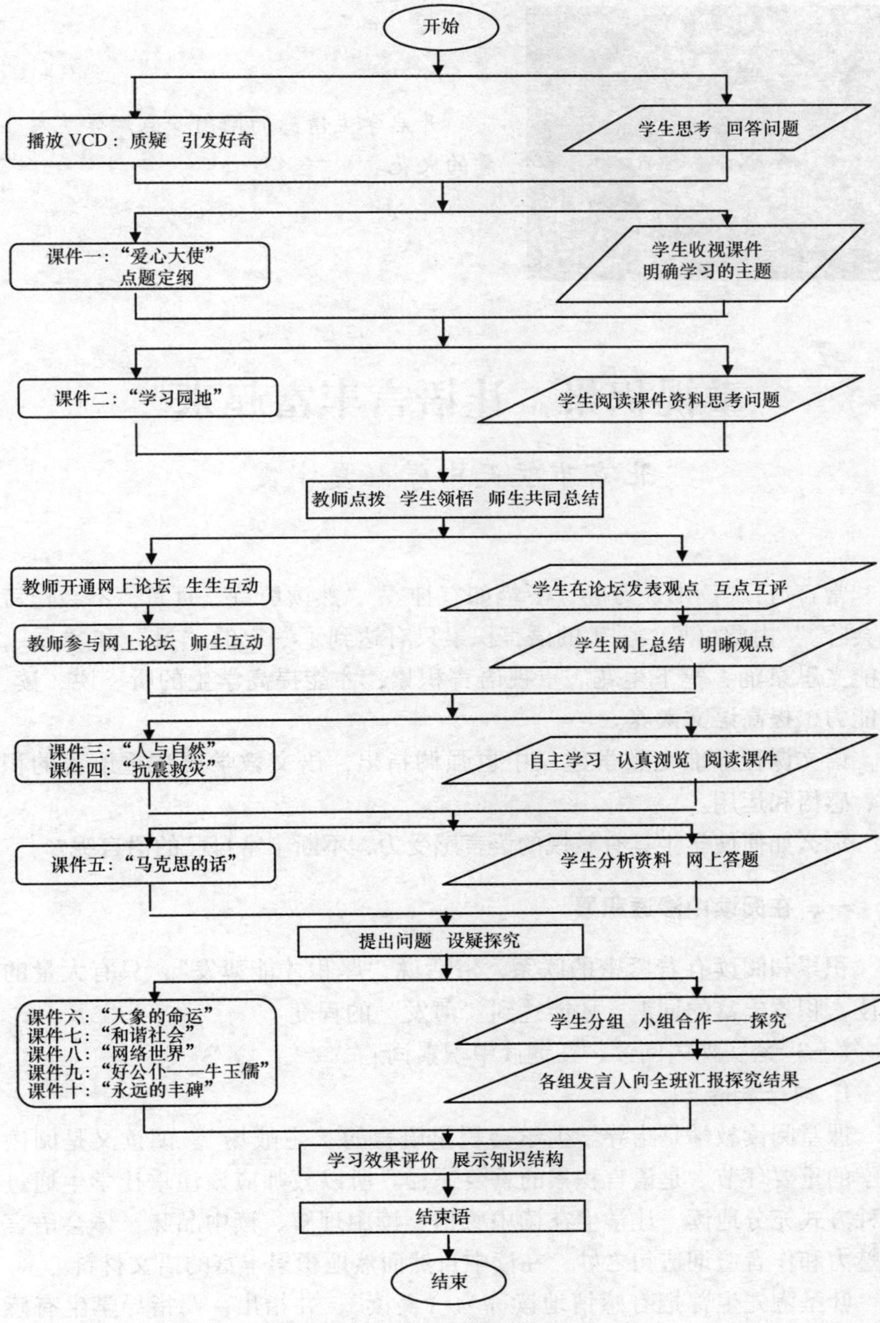
开始
播放 VCD：质疑 引发好奇
学生思考 回答问题
课件一："爱心大使"
点题定纲
学生收视课件
明确学习的主题
课件二："学习园地"
学生阅读课件资料思考问题
教师点拨 学生领悟 师生共同总结
教师开通网上论坛 生生互动
学生在论坛发表观点 互点互评
教师参与网上论坛 师生互动
学生网上总结 明晰观点
课件三："人与自然"
课件四："抗震救灾"
自主学习 认真浏览 阅读课件
课件五："马克思的话"
学生分析资料 网上答题
提出问题 设疑探究
课件六："大象的命运"
课件七："和谐社会"
课件八："网络世界"
课件九："好公仆——牛玉儒"
课件十："永远的丰碑"
学生分组 小组合作——探究
各组发言人向全班汇报探究结果
学习效果评价 展示知识结构
结束语
结束

图 1　教学设计流程图

开启学生情感的闸门，点燃学生智慧的火花。

重视积累　让语言丰富起来①

北京市航天中学　夏宇霞

常言道："读书破万卷，下笔如有神。""熟读唐诗三百首，不会作诗也会吟。"由此可见，学生的语言积累只有达到了一定的"量"和"质"，才能文思泉涌、笔下生花。重视语言积累，才能提高学生的听、说、读、写能力，提高语文素养。

语文课程标准在教学建议中也强调指出，语文教学要注重语言的积累、感悟和运用。

那么如何使学生具有敏锐的语言感受力，不断丰富自己的语言呢？

一、在阅读中渗透积累

积累和阅读有着紧密的联系，俗话说"厚积才能薄发"，只有大量的阅读，积累丰富的词汇，才能达到"薄发"的程度。

（一）落实课内阅读，在诵读中积累词汇

1. 朗读激情

课堂阅读教学是指导学生学会积累语言的"主战场"。朗读又是阅读教学的重要环节，是语言积累的重要途径。所以教师应该注重让学生通过各种方式充分地读，让学生在读中感悟、读中理解、读中品味，体会语言的魅力和作者遣词造句之妙，在读中自然而然地积累丰富的语文材料。

叶圣陶先生曾把有感情地读称为"美读"，并指出：要指导学生有感

① 本文获北京市基础教育课程教材改革实验工作领导小组征文二等奖。

情地朗读课文，在激昂处还他个激昂，在委婉处还他个委婉。所以，教师要注意引发学生在朗读中动情、生情，自然而然地主动积累语言。

2. 背诵记忆

巴金先生曾说：“读多了，读熟了，常常可以顺口背出来，也就慢慢地体会到它们的好处，也就慢慢地摸到文章的调子。”可见，广泛阅读，熟读成诵，是储备语言材料、培养语感、发展语言能力的一个必不可少的环节。

就现用的教材来看，不论意境优美的散文，还是含蓄隽永的诗歌，都是学生语言积累的优秀范文，我除了落实课本的背诵量，每课让学生还挑选妙语佳句、精彩片断让学生熟读成诵，并把增加的部分列入考核之列。久而久之，学生的语言积累就丰富了。

（二）抓好课外阅读，在博览中积累语言

著名语言学家吕叔湘先生曾说：“同志们可以回忆自己的学习过程，得之于老师课堂讲的占多少；得之于自己课外阅读的占多少。我回想自己大概是三七开吧；也就是说，70%得之于课外阅读。”可见，课外阅读对学生语文的重要性。

《语文课程标准》规定了7～9年级课外阅读总量不少于260万字。在教学建议中也提到“培养学生广泛的阅读兴趣，扩大阅读面，增加阅读量，提倡少做题，多读书，好读书，读好书，读整本的书。鼓励学生自主选择阅读材料”。

因此，我除了让学生积累课内的语言，还注意指导学生开展课外阅读，让学生从大量的课外阅读中汲取养料。

1. 创设读书环境

教师要在学生常规的校园生活中有意识地创设一种浓厚的读书氛围，让学生在良好的阅读氛围中受到熏陶和感染。我在教室里设立图书角，摆放学生爱读的课外书籍。走进教室，学生就会感受到浓浓的阅读氛围，学生课余可以随时在图书角上翻阅自己喜欢的图书，享受阅读的愉悦。

2. 推荐适合学生的课外读物

推荐课外读物是课外阅读指导中非常重要的一步，把它做好了，才能保证课外阅读内容的质量，使学生的阅读有良好的效果；才能推动课外阅读活动持续、深入地开展下去；也才能使教师的指导与检查得以统一进行。推荐课外读物我的做法是这样的：

（1）结合课堂教学选择推荐。以节选的文章为基点，向整篇（部）著作辐射，讲《白雪公主》就推荐《格林童话》；以课内阅读的名家作品带读，如讲《背影》时推荐学生读《朱自清散文集》中的《匆匆》《荷塘月色》等；也可推荐与课文体裁相同的读物。

（2）结合学生心理，推荐学生看时文。时文符合学生心理，贴近生活，学生易感兴趣，像《校园文学》；还推荐学生读报刊，如订阅《青年文摘》《语文报》等。

（3）结合活动推荐选材。根据学校、班级开展的某一项活动，可以给学生选择推荐有关的书籍，如班级搞成语竞猜活动，可以推荐学生读《成语故事》。

（4）结合重要的节日、纪念日选择推荐。如中秋节到来之际，推荐学生读关于“月”的故事、诗词、美文等，了解月的奥秘。读完以后可以举行“赏月”活动，看谁积累的多。

3. 给学生展示“才华”的机会

在大量的课外阅读中，学生增长了知识，开阔了眼界，掌握了许多精妙词句，他们就非常渴望自己的努力得到别人的肯定。所以，笔者给学生提供尽可能多的机会让他们展示“才华”。具体做法如下。

（1）让每周开设兴趣阅读课成为学生们表演的舞台。活动的形式多种多样，比如“诗句接力赛”“美文欣赏会”“朗诵擂台赛”等。

（2）在班级的黑板报中，专门开辟了“好书推荐”专栏，其中设有“采蜜集”和“知识角”等小栏目，发动学生把课外阅读中学业到的精词妙句摘抄上去，以互相交流学习。

如此一来，学生的阅读成绩获得了肯定的展示，在心理上产生了极大的满足感，从而更加激发了他们课外阅读的热情。

二、教给方法，提高积累效率

学生在课外阅读中往往存在“不得法”的问题，这就需要加强阅读方法的指导。让学生根据不同情况灵活运用不同方法进行阅读。

（一）读书要做到边读边思考

学生在阅读时，准备一支铅笔，养成边读边思考，边圈点勾画的习惯。将重点的词、句、精彩的段落标志做记号，进而理解内容，提高学生对作品的感知能力，这是很有必要的。

（二）指导写读书笔记

读书笔记是巩固知识、积累资料的需要。“眼过千遍，不如手过一遍。”把阅读所得随手记之，能加深记忆，促进理解，扩大积累。我让学生准备活页本作阅读本，以便归类。指导记录的方法：

1. 批注笔记。学生在阅读时使用教师设计的符号在书上作批注。如："～～～"表示重点词句，"——"表示优美词句等。

2. 提纲笔记。让学生把读过的文章写成内容提要，或是让学生把读过的文章理成结构提纲。

3. 摘录笔记。如：摘录词句、段落、小知识、名言、警句等。摘录时要忠于原文，注明出处。

4. 心得笔记。即读后感。要求可低些，写时只要抓住原文的要点，写出自己的感受、想法即可。

5. 评价笔记。可以对人物、事件、写作技巧进行评价，提高学生的思维表达能力。

指导学生在读书读报时，要求他们把看到的佳词佳句、精彩片段，及时摘录在自己的课外阅读本上。分类的形式不拘一格，学生可以根据自己的兴趣、爱好及特点采取不同的方式，尽量做到"百花齐放"。

（三）剪贴有价值的阅读资料

让学生剪报是一项极有意义的活动。首先，它是积累材料的好方法，可以丰富学生的写作题材，使学生作文时有话可说、有事可写；其次，它可提高课外阅读质量，在剪报时，每个学生将根据自己的兴趣有针对性地选择课外读物，经常这样做，加深了对阅读材料的印象，既拓宽了知识面，又培养了阅读能力；同时它能丰富课余生活，把学生的兴趣引到有益的课外阅读上来。我要求学生每人准备一本剪报本，收集剪下的内容，并画出你认为写得好、写得美的句子，或者在疑难处、精妙处做上批注。每个月小组交流，评选优秀剪报本和剪报员。

通过这些方法的指导和实践，学生的阅读兴趣和阅读习惯日渐养成，阅读速度快了，阅读范围广了，阅读能力提高了，阅读积累效率就会大大提高。

三、在生活中积累语言

《语文课程标准》明确指出：积累语言，要积累生活中获得的语言材料。

生活中，听人说讲的机会是最多的。无论在家还是在学校，或是在社会交往中，随时都可听人说话，而这些话语中不乏有可以积累的语言。尤其是群众的口语中存在着许多格言、俗语、警句和一些生动活泼的句子。许多知名作家都重视对生活语言的积累。著名作家孙犁，就从他妻子和母亲处学了不少语言，这些语言既传神又带有浓郁的地方色彩，对他的文学创作起了不小的作用。另外，电视、电影和网络也给我们带来丰富而鲜活的语言材料，这些都值得我们认真吸收。

因此，我让学生准备小本子，及时记录生活中的精彩语言。语言稍纵即逝，俗话说：“好记性不如烂笔头。”生活中一幕幕精彩的场面，一段段精妙无比的语句，只有学生及时记录下来，才能贮存于学生语言仓库中，一旦有一天要用，就有资料可查。而且还可以经常地拿出来复习，把它们转化为学生自己的语言储备。学生准备了小本子，随听随记，随见随记，这样，学生的语言储备一天天增多，作文、说话自然能够言有成物。

另外，让学生从各种媒体中积累语言，多去参观访问，扩大积累语言的生活范围。

“语言来源于生活，生活即语文。”教师的观念要更新，做到让学生跳出课堂、跳出书本，在鲜活的生活中积累语言。当今传播媒介已相当丰富，教师应教育学生通过多听广播、多看电视、多上网等多种先进手段积累语言。不仅如此，教师除让学生随时注意身边的生活，还应创造条件，帮助学生尽量扩大积累语言的生活范围。如带领学生参观访问，调查研究，从事科技活动，鼓励学生大量参加力所能及的活动，在活动中同人交谈，听人说话，以获得生活的语言积累。学生有了这些耳闻目睹、亲身实践，就能从中获得丰富的感性知识和语言积淀，有时甚至会有“踏破铁鞋无觅处，得来全不费工夫”的顿悟。

四、利用评价，落实语言积累

要想语言积累能够得到真正落实，主要通过形成性评价来检查。评价形式采用等级和评语相结合的方法。通过学生自评、小组互评、家长评和教师评的方式。设置三个等级：良好、中等、努力。

1. 家校互动

学生的课外阅读一般都在家中进行。一定要争取家长配合，督促、检查其子女的阅读。为此，我们专门设置了《学生周课外阅读计划表》（表1），争取家长的支持，教师再根据落实情况进行评价。

表1　学生周课外阅读计划表

<table>
<tr><td colspan="2">班级</td><td></td><td>姓名</td><td></td><td>制定日期</td><td></td></tr>
<tr><td colspan="2">课外阅读目标</td><td colspan="5"></td></tr>
<tr><td rowspan="2">计划阅读书目</td><td>报刊</td><td colspan="5"></td></tr>
<tr><td>书籍</td><td colspan="5"></td></tr>
<tr><td rowspan="2">计划阅读积累</td><td>优美词语</td><td colspan="5"></td></tr>
<tr><td>精彩语句片断</td><td colspan="5"></td></tr>
</table>

续表

班级		姓名		制定日期	
阅读时间安排					
阅读材料来源保证					
家长评价意见与监督措施					
教师评价与建议					
书目补充及更替					
备注					

2. 定期交流积累笔记

每天让同学互相检查评价积累笔记一次，指出优点和需要改进的地方（表2）。同学们经过交流，既扩大了阅读面，又相互学习，使自己的积累笔记从内容到形式越来越完善。老师也了解学生积累的内容、数量，并提出建议，明确努力方向。

表2　每日积累统计评价表

姓　名			组　别		时　间	
来源	报刊文章					
	书　　籍					
	生　　活					
阅读积累	优美词语					
	精彩语句片断					
自　我　评　价						
小　组　评　价						
教师综合评价						

学生积累语言的过程，是一个长期的、艰巨的过程，教师要不断开辟语言积累的途径，教给学生积累语言的方法，让学生乐于积累、学会积累，使他们采集到更多的原材料，建立一个属于自己的语言仓库，使学生在今后语言运用方面得心应手、游刃有余。只要持之以恒，学生的语言就会丰富起来。

一面诲人，一面是学，两件事并作一件事做，自利利他不可分。

从跬步和小流开始[①]

——谈语文基础知识的积累

北京市航天中学　王永红

语文学习在很大程度上要靠积累，没有这个积累的过程，往往学不好语文。教学中常会遇到这样的问题：有的知识学生已经明白了，但一到考试，学生还是拿不到分数。究其原因，是这些知识内容繁杂，只靠期末有限的时间难以复习全面，学生还存在漏洞，可谓“冰冻三尺，非一日之寒”。为了解决这个问题，笔者觉得语文基础知识的积累，工夫应该放在平时，不可忽视平时点点滴滴的积累，正所谓“不积跬步，无以至千里；不积小流，无以成江海”。而基础知识的积累可以借助课前5分钟小测验来完成。

一、小测验时间虽短，作用巨大

（一）形成学生的时间观念

小测验时间一般限制在5分钟左右，这就要求学生必须要有时间观念，

① 本文获中国教育学会中学语文教学专业委员会征文二等奖。

在限定时间内完成测试题，天长日久，便锻炼了学生的时间观念，提高了学生的答题速度，为正式考试时考生对答题时间的把握作好了准备。

一开始，学生可能不太适应，总是拖拉，不能在规定的时间内完成，班里总有几个爱磨蹭的学生，到了收测验本的时候，往往还没有完成试题的一半。这时候，即使学生没有写完也要督促学生按时交，没写完的部分按答不上来算，该怎么改错就怎么改。经过一段时间的督促，学生的答题速度都有不同程度的提高，成绩自然就比以前有进步，这时候，老师要及时表扬和鼓励进步大的学生，这对其他学生也是一个促进。

（二）增加复习语文的时间

长期以来，学生花在复习语文知识上的时间少之又少，只靠考前临时突击。而语文学科的基础知识需要提前背下，记住，如果只靠临时抱佛脚是不大管用的。在平时的小测验中，教师对学生复习加大了检查力度，把小测验合格的分数定在85分，错三处就算不合格，这样就迫使学生课后要认真复习，真正做到“温故”，这样才能在第二天的小测验中合格，这在无形中使学生重视了语文测验，也就不自觉地重视了对语文的复习。

为了提高学生对小测验的重视度，每次的测验成绩和当天的作业挂钩。每次小测验达到要求的作业减半，没有合格的学生要适量加一部分作业。当然这加的作业和第二天考试的内容是有紧密联系的，如果加的作业完成好，那必然就会在第二天考试中考出好成绩。考合格了，就可以享受减少作业的待遇，所以每天留多少作业，是动态的，要视情况而定，这在一定程度上鼓励了那些复习的学生，对不自觉的学生也形成了时时鞭策。

所以，笔者认为小测验是绝对有必要的，它可以提高学生的做题速度，同时也可以让教师及时了解学生是否已经掌握了知识点，如果发现落实出了问题，就可以及时补救，同时还能有效地督促学生复习。

二、课前检测好处多，检测什么有学问

（一）为什么要课前检测

学生关心自己能否过关，能否免一部分笔头作业，如果采取课后测验有时候会让学生分心于小测验而不能集中精神来听讲。测验完后，老师当天及时判出，让学生登记分数，学生在放学之前把错误改过来，课代表检查，真正能做到日日清。

（二）测验内容

测验内容就是前一天的家庭作业里面的内容，教师从中抽取出一些关键的基础知识进行检测，这样既能夯实基础，又督促学生用心写作业，一

举两得。时间长了，学生就能克服应付作业的毛病，养成好的学习习惯。

通过这样的积累，学生成绩必定逐步提高，对语文的学习兴趣也会越来越浓，他们体会到凭自己的努力，语文成绩会逐步进步的。所以，教学的艺术不仅在于传授本领，也在于激励、唤醒和鼓舞学生。

例如，在讲文言文的时候，每天可以把前一天所讲的句子翻译测验一下，达到巩固的目的。测验题目形式如下：

翻译下列句子及加点的词语。

（1）芳草鲜美，落英缤纷。

（2）渔人甚异之，复前行，欲穷其林。

教师把要测验的内容做成 PPT，每次播放一张幻灯片，这样能最大限度地节省时间。几节课下来，学生形成习惯，不用提具体的要求，只要 PPT 展示在面前，就知道要完成什么，操作起来很顺手，效率很高。如果第二天需要测验的问题比较多，那么，当天的作业就是把当天讲的语句翻译自测一遍，以备第二天课堂检测之用。

（三）抽取作业中的检测

对题目的筛选很有讲究。小测的内容应该是一些需要理解消化、能够促进语文基本技能提高的题目。今年开学伊始，笔者就把训练的能力点定在了上学期学生比较薄弱的“形成解释和提取信息”项目上，因为上一次的期末考试中，学生在这方面的得分情况最不乐观。刚刚讲完《桃花源记》第一段，笔者就在第二天的课前测验中设计了这样的题目：

（1）“渔人甚异之”中的“之”指代什么？（用原文来回答）

（2）概括第一段的内容。

以上题目主要是锻炼学生筛选信息的能力和概括的能力，问题需要稍微思考但不难回答。如此既激发了学生学习的兴趣，同时对学生能力的提升也有很大的好处。

（四）课前小测也可以是检查预习情况的一种形式

通过这类课前小测，可以让学生自觉地预习一些基础知识，运用好这些基础知识，对提高课堂效率会有很大的帮助。这类题目可以是对字音、字义的理解，也可以是诗歌背诵，还可以是对作者、作品、写作背景等的感知。笔者在讲授《想和做》时设计的课前小测题是这样的：

（1）下列词语中，有错别字的一组是（　　）。

A. 惯例　缘故　滔滔不绝

B. 脑筋　水禽　投机取巧

C. 效率　跟据　劳而无功

D. 葫芦　水瓢　成年累月

（2）选词填空。

能够苦干__________是好的，__________只顾埋着头，不肯动脑筋来想一想自己做的事，__________并不值得赞美。（诚然　固然　如果　但是　其实　所以）

这样的检测题既可夯实学生的基础知识，又可以督促学生进行预习，可谓一举两得。但课堂小测使教师工作量加大，需要教师反复筛选、查找题目。教师可以充分利用手头的练习册等资料，从中筛选出有价值的题目展示在投影上，或者干脆就利用现有的练习册，从中选几道题让学生做。

三、检测注重实效性，有些问题要注意

（一）要注重实效

小测多在课堂讲授或讲评订正之后检查巩固之用，可以出几个经典小题，最好包含易错的知识点。经常出错的知识点每隔一定时间再重复考查直至学生完全掌握。

（二）要及时批改

当日测验当日批改，对于少数人的错误不必费过多时间在课堂上讲解，可以面批面改，单独辅导，利用上课之前2～3分钟即可。有时可以让学生互换批改，这最好用课上时间，学生在老师监督下完成判分的工作，然后再换回来改错，大概用3～5分钟，但是这样学生纠错的积极性很高，测过后马上改错，还能及时对考得好的同学进行表扬鼓励，测验效率很高，是值得偶然试一试的。

（三）要有连续性

不能寄希望于一两次小测就让学生完全掌握知识点，这也不符合学习与遗忘的规律，掌握知识，需要持之以恒，通过不断地重复再现，将知识“连成串”“串成线”。无论是新课还是复习，小测都不失为一种好方法。

例如，笔者教的两个班，在改病句方面比较弱，做题经常错，以往考试之前突击进行的分块复习对“改病句”这个知识点的复习几乎没有效果。怎么办呢？笔者采取逐渐渗透的方法，在相当长的时间内，把病句的几个典型类型，融入平时的小测验。每天一题，让学生测验后，把测验本收上来，教师让学生对着投影讲一讲自己的答案。既“趁热打铁”把答案给了学生，让他们知道到底哪里做得不对，以便改正错误，又节省了下次测验的时间，不必在下次测验时重复纠正上次的错误，效率极高。每天，学生在完成测验的时候就能检验出自己上次听讲的效果，不断总结修改病

句的经验，水平得以稳步提高。

现在，人们生活的快节奏已经影响到学生的时间安排，学生在校的自主时间越来越少，不可能让老师们在课上做文章，来“磨”基础知识的熟练度，唯一的行之有效的方法是提高课堂效率，而每天课前的5分钟，积累起来，作用就不容小觑了。

通过实践，笔者认为，课堂小测验虽然看似不起眼，但是作用巨大，它是提高语文成绩的好方法。只要运用得当，不但可以及时解决知识点落实的问题，还可以解决学生课后对语文学科投入时间不足的问题。它不但使学生不着痕迹、点点滴滴地积累了语文基础知识，更重要的是，从学习习惯上训练了学生，让他们形成了按时复习语文基础知识的习惯。有了好的学习习惯，还愁学生学不好语文吗？

多读好书，多行正路，多做善事。

化难为易　化繁为简①

——浅谈高三课堂有效教学

北京市航天中学　卿平姣

学生，尤其是普通学校的学生，进入高三之后，才突然发觉自己学习压力之大，学习任务之重，学习时间之紧，学习方法之缺失，学习内容之无序……所有的一切，所有的问题，仿佛在转眼之间全部得以释放。如何缓解学生在高三期间的压力，帮助他们树立足够的信心，在短时间内理清知识的头绪，帮助他们提升成绩，让他们有足够的实力和毅力坚持到高考，并最终有丰硕的收获，这个难题摆在了高三教师的面前，而且刻不容缓！

一直有人说：在知识面前，是没有捷径可走的。所以才有“书山有路勤为径，学海无涯苦作舟”的说法。但是我认为，只要用心去思考，原有的诗句是完全可以进行改写的——“书山有路思为径，学海无涯巧作舟”。高三的学生所要面对的会考、期末考试、一模、二模以及高考，一次比一次重要，如果学生的成绩上升，他们会有更大的信心和勇气去面对高考，反之，则会挫败他们的积极性！这些考试的压力不仅仅是压在学生身上，同时也压在老师的身上！这让我想起《古兰经》里的一个经典故事：一位懂得搬山之术的大师给徒弟表演搬山大法时，说“山不过来，那么我就过去”，然后自己就站起来，走到对面的山上。既然考试压力是客观存在的，是无法改变的，那就改变我们自己，去积极应对，勤于思考，及时总结和

① 本文获北京市第三届“智慧教师”教育教学研究成果征文三等奖。

反思，总会找到一些捷径的。

一、关于会考词语复习

中国的词语瀚如烟海，但是为了降低难度，在会考中，还是圈定了其中一小部分的词语。依据《2012 北京市普通高中会考考试说明》，其中常见的二字词语共有 413 个、四字成语 441 个、短语 32 个。而这些内容在会考中所占的比重最多为 4 分。但是随着 2012 年开始的试卷结构改革，作文降为 40 分，就意味着基础知识升为 60 分。而对于我们这类基础本身就比较差的学生来说，这 4 分就显得尤为珍贵。如何化繁为简，化难为易，显得尤为迫切。对于二字词语，我们采用的是化整为零的方式，就是把 400 多个词语进行分解，变成词语小纸条，坚持每天进行检测，但是每天的数量不宜多，控制在 20 个左右。面对简单的注音，学生还是信心满满的，每天都能十分愉快地完成当天的学习任务，心情好了，学习效果自然不会差。小条收上来之后，教师应及时总结学生容易出错的词语，然后进行筛选，再把易错词语变成纸条继续练习，一轮之后，学生基本上已经掌握这些词语的音与形。

至于成语，方法就更是多种多样。因为成语的掌握，不仅是对会考有利，也有利于高考。因而对成语的要求更高一些，不仅仅是掌握字音字形，而且还应该掌握其特定的含义。只有化繁为简，化难为易，才能真正实现教学目标。所以，为了充分调动学生的学习积极性，我采用了以下一些方法。

增强成语的趣味性，对成语进行简单分类。为此，我布置了一些任务让学生分工去做。如按内容分类，找出词语表中含有数字的成语、含有身体各部位的成语、含有动物的成语、含有自然景物的词语、含有反义词的词语、含有同（近）义词的词语、含有否定词的成语、含有比喻的成语。如按形式分类，分别找出 AABB 型、AABC 型、ABCC 型、ABAC 型的成语。为了让学生更加理解我的想法，从而进一步明确应该怎么去做，我给学生做了一个示范。如：

含有数字的成语：彪炳千古、百无聊赖、沧海一粟、功亏一篑、南柯一梦……

含有身体各部位的成语：别出心裁、肺腑之言、刮目相看、汗流浃背、耳濡目染……

含有动物的成语：爱屋及乌、得鱼忘筌、凤毛麟角、狗尾续貂、汗马功劳 ……

含有自然景物的词语：叱咤风云、川流不息、翻云覆雨、风驰电掣、泾渭分明……

含有反义词的词语：藕断丝连、貌合神离、前倨后恭、明珠暗投、先斩后奏……

含有同（近）义词的词语：苦思冥想、惊涛骇浪、精疲力竭、安邦定国……

含有否定词的成语：乳臭未干、忸怩不安、民不聊生、莫衷一是、毋庸赘言……

含有比喻的成语：杳如黄鹤、心急如焚、虚怀若谷、惜墨如金、如鲠在喉……

AABB 型：兢兢业业……

AABC 型：面面相觑、咄咄逼人、比比皆是、惴惴不安、循循善诱、窃窃私语

ABCC 型：信誓旦旦、忧心忡忡、天网恢恢、气息奄奄……

ABAC 型：美轮美奂、不即不离、古香古色、可圈可点、尽善尽美、惟妙惟肖

2. 随机挑选 8～10 个成语，让学生编成小故事

如：精明强干、可圈可点、尽善尽美、兢兢业业、金碧辉煌、汗牛充栋、萍水相逢、锲而不舍、相敬如宾、美轮美奂、别出心裁

编成小故事：精明强干的小秦是一位追求尽善尽美的知名画家，尽管他画的风景画已被业内人士认为可圈可点，但他仍然锲而不舍的学习，正因如此，家中书籍可谓汗牛充栋。在一次出差的旅途中，与一位富商萍水相逢，在交谈中富商得知小秦的画家身份，请求小秦为他的别墅作一个装修设计，特点必须是金碧辉煌。小秦答应了富商的请求，回家之后马上开始办这件事情，与之相敬如宾的妻子见他如此兢兢业业，经常别出心裁为他烹制美食。在妻子的配合下，小琴的设计工作顺利完成。别墅装修完毕，富商惊呼别墅真是美轮美奂！

每次布置完作业后，我自己也编写一个小故事，与学生一起分享。在我的带动下，学生的学习兴趣提高了，而且在作业中我发现，这些成语在学生的笔下已经变得生机勃勃了！

3. 把常用的易错成语变成 7 字句；把意思相近或完全相反的词语放在一起进行比较，力争用最简要的语言来区分它们的含义。

如：一文不名指人穷，一文不值指物贱。

高山流水遇知音，行云流水文笔畅。

鱼目混珠次充好，鱼龙混杂好坏有。
侃侃而谈是褒义，夸夸其谈带贬义。
不胫而走消息快，不翼而飞物不见。
设身处地人未到，身临其境人已到。
舍本逐末有放弃，本末倒置指错位。
不胜其烦指很烦，不厌其烦指不烦。
不孚众望人失望，不负众望不失望。
……

通过反复地练习，一般的学生都基本上达到掌握成语的目标。会考之后学生说关于字音和成语，他们绝对有把握！看到他们脸上洋溢的笑容，我的内心也充满了幸福感。

二、关于病句的复习

因为学生的基础比较差，对于语法知识基本上没有什么概念，所以改病句是一件最令他们头疼的事情。有的同学甚至有过放弃这道题的想法。作为老师，替他们把知识化难为易是一种义不容辞的责任。虽说高考的病句类型只有6种：语序不当、成分残缺、成分赘余、结构混乱、表意不明、不合逻辑。但这都只是高度概括的理论知识而已，其中真正所包含的知识却无法统计！如何化繁为简、化难为易，也没有现成的经验，只能靠自己去摸索。帮助学生唯一的办法就是老师先下题海，然后总结其中的规律，再用到实践中进行检验，再将正确的内容交给学生。只有把繁琐的、复杂的内容进行简化，学生才能更加容易接受，从而逐渐克服畏难心理，只有做到容易题不丢分，难题尽可能得分，学生才有可能在高考中创造佳绩。

我通过对往年各区的期末试题、一模二模试题进行分析，找到了一些解决方法。

①并列词或短语：出现并列成分时往往有不同类事物并列在一起的语病。

②否定词：句子中会出现多重否定或有些不能与否定连用的特定词后加上否定。

③肯否回答：出现多个问句时要仔细考虑，不能单纯肯定或否定回答。

④数量词：注意数量词前后的修饰词，有可能产生成分赘余或表意不明的语病。

⑤指示代词：有时会出现指代不明的情形。

⑥介词：如果出现介词的话，极有可能导致句子没有主语。

⑦关联词：记住一个口诀：主语为单，关联词在后；主语成双，关联词在前。

当以上所有的方法还不能解决问题时，才使用最后一招。

⑧分析成分：是否存在成分残缺、赘余或者搭配不当的问题。

当我们用这些方法来指导学生做2012年的一模、二模试题时，我惊喜地发现学生的答题准确率有所提升。这就是化繁为简、化难为易的神奇效果。

如：1. 下列句子中，没有语病的一句是（　　）（2012 东城一模）

A. 一家心理卫生研究所对使用手机的人群进行抽样调查，结果显示超过50%的人有“手机依赖症”，总在期待自己能收到最新信息。（分析：看数量词）

D. 行业新标准的出台将加快大气污染防治工作的真正落实，煤电行业、钢铁行业、水泥行业以及工业生产都将成为减排重点监管对象。（分析：看并列成分）

2. 下列句子中，没有语病、语意明确的一句是（　　）（2012 海淀二模）

C. 作为国饮的茶叶，早已畅销海内外，然而在资本市场日益繁荣的今天，几万个茶企不抵一个英国立顿，谁能否认这不是国人的悲哀?（分析：看否定）

D. 不同的航空公司对乘客免费托运行李的额度有不同要求，有些航空公司规定，经济舱旅客每人可以免费托运两件重23千克的行李。（分析：看数量词）

3. 下列句子中，没有语病的一句是（　　）（2012 东城二模）

B. 为了更好地调动全体员工的工作积极性，公司管理层一定要做好考核员工的业绩（），对于成绩突出的和无私奉献的要给予适当的物质奖励。（分析：看句子成分）

C. 学会欣赏戏剧不易，能够创作一部优秀的戏剧作品更不易，小张对戏剧情有独钟，因此，他平时在这方面花了不少时间，做了很多努力。（分析：看指示代词）

D. 领导干部如果不能带头读书学习，那么个人会由于能力不足遭到淘汰，单位的学习风气难以形成，工作也会因为思想贫乏难有起色。（分析：看关联词）

4. 下列句子中，没有语病的一句是（　　）（2012 西城二模）

A. 由于朝鲜前最高领导人金正日逝世，使朝韩关系走向的问题再次成为人们关注的焦点，在国际社会中引起了不小的波动。(分析：看介词)

三、关于文学常识的复习

在文学常识的复习方面也是坚持化繁为简、化难为易的原则。文学常识的内容纯属识记，内容之枯燥，方法之单调，必然使学生产生厌烦心理。为了增加学生的学习兴趣，充分调动他们的积极性，叫他们编制顺口溜。如：想记住小说四大名著及其作者，我编的顺口溜是这样的：

三国罗列水（施）师，东吴孙权，西吴曹红。

解说：其中“三水西红”分别是指《三国演义》《水浒传》《西游记》《红楼梦》。

罗施吴曹分别是指罗贯中、施耐庵、吴承恩、曹雪芹。

东吴孙权仅仅是一个陪衬而已，东吴是与西吴相对应的，就为了好记。

在提到现代文学史上的几位文学大家时，我总是强调一句“郭老曹，鲁巴茅”，说多了，学生马上就记住我下面的内容是什么了，接下来就是逐个地回忆与他们相关的文学常识。而在外国文学常识方面，通过对试题的研究发现，虽然平时教学中所涉及的范围比较广泛，但实际上常考的也就是十来个。当我把这个所谓的发现告知学生时，他们有一种如释重负、茅塞顿开之感。原来只要用心去思考，文学常识也能够变得那么简单！这十来个人就是：西班牙的塞万提斯，英国的莎士比亚与狄更斯，法国的巴尔扎克、雨果和莫泊桑，美国的海明威与欧亨利，俄国的契诃夫与托尔斯泰。对照2012年的一模二模试题，这个经验还是很准的。

如：(2012年朝阳一模）考的是巴尔扎克：《老人与海》。

(2012海淀一模）考的是莎士比亚：《高老头》《人间喜剧》。

(2012石景山一模）考的是 莫泊桑：《漂亮朋友》《羊脂球》《项链》。

(2012西城二模）考的是欧·亨利：《警察与赞美诗》《羊脂球》。

(2012东城二模）考的是契诃夫：《装在套子里的人》。

……

以上内容也仅仅是自己在教学中关于有效教学的一点小小的心得而已。人都说“学海无涯”，其实在教学的道路上也同样没有终点。只要勤于思考、勤于总结、勤于开创、勤于实践，身为教师的你，不仅可以造就优秀的学生，也可以成就优秀的自己！

教师是火种，点燃学生心灵之光。

新课程改革下增强语文课堂教学有效性的思考[①]

——基于对学生课程资源的研究

北京市航天中学 孟繁岩

随着新一轮基础教育课程改革的逐步推进，在新理念指导下的语文课发生了很大变化，教学内容丰富多彩，教学形式多种多样，教学方式灵活多变，学生的学习兴趣也提高了……这样的变化也促使我们深入思考，课堂作为教学主阵地，它的实效性如何？学生得到充分发展了吗？

学生作为一个群体，我们要关注这个群体的发展，但每个人的家庭文化背景、生活环境、认知水平、情感态度和个性都不相同，加上受到各种因素的影响，使得每个人成为独一无二的个体。我们必须研究新课程的理念，如何把它真正转化为促进学生发展的实践。没有学生的真正发展，语文课程改革就是无效的改革。要想使学生获得全面而又富有个性的发展，就必须在教学时深入研究学生多方面的特点，把他们作为重要的课程资源来加以开发和利用，才能增强语文课堂教学的有效性，促进课堂教学功能的整体实现。

对学生资源的开发可以从多角度、多方面进行，笔者在教学实践中作了如下尝试与探索。

① 本文获北京市基础教育课程教材改革实验工作领导小组征文二等奖。

一、挖掘学生已有的生活经验

学生的经验既包括学生的心智发展状况、知识技能、学习习惯、学习方式等认知经验，也包括学生在生活经历中对事物产生的理解与体验。这些真实的生活体验在学生进入学校学习前已经存在，并在学校教学实施的过程中继续形成并积累。学生的生活体验也许既不清晰也不完善，但它是学校教学促成学生成长的坚实基础。陶行知指出："没有生活做中心的教育是死教育。"① 这就要求教师在教学设计与实施中把知识与学生生活经验相连，使生活与学习一体化。

在教学预设中要考虑学生所学内容与学生的生活有怎样的联系，哪些经验可以作为教学内容的铺垫，可以帮助学生更好地理解文本；哪些话语表达更接近学生的生活经验；等等，从而在学生与知识之间建立起一座桥梁。比如关于写秋景的作文，北京的学生很少会写到秋日的稻田与旷远的草原，但秋槐落蕊，秋蝉鸣叫，胡同里、大街上人们的状态，等等，却可以进入学生视野，因为在他们的人生经历中有如此熟悉、独特的都城景观。

课程实施的过程是动态生成的过程，未必按教师预先设定的一种思路教学，经常会出现超出教师预设方案之外的新问题、新情况，它随着教学环境、学习主体、学习方式的变化而变化，此时教师的机智处理会使学生资源产生不同的价值。教师可以学生认为有意义、有价值的问题为契机，以学生固有的生活经验为依托，灵活地进行调整，以满足学生学习需求，帮助他们建构新的知识经验。

案例 1：在与学生共同学习《勾践灭吴》（节选）一文中提到"将免者以告，公令医守之。生丈夫，二壶酒，一犬；生女子，二壶酒，一豚"。意即孕妇到了临产时，向官府报告，官府就派医生去看护。如果生男孩就赏两壶酒、一条狗；生女孩，就赏两壶酒、一头猪。有的学生思维具有较强的发散性，读到此处便问："老师，奖励的一犬是京巴还是藏獒？"这一问题提出后立刻引来哄笑，很多学生拿这一问题调侃，又提出了也可能是腊肠狗，课堂变得热闹起来。

可以说，中国古代尤其是春秋战国时期，狗的种类远不及现在的丰富，那么如何把这一看似荒谬的问题与文本内容结合，引发学生思考，使其对文中内容有更深层次的理解？这时就需要调动学生在生活中积累的知

① 陶行知．陶行知全集：第 2 卷［M］．长沙：湖南教育出版社，1985：289.

识与经验。北京人对动物很爱护，尤其对狗更是喜爱，晨练和傍晚时，很多地方都能看见人与狗为伴的身影，因此学生对狗颇为熟悉。我利用这一常见的生活现象，假设狗种类的丰富性是可能的，引导学生针对他们所提出各种类型的狗从体形上作比较，再与生女孩者奖励一豚相比，哪个奖励应该重一些？因为冷兵器时代人口的多少从某种意义上说就代表了国力的强弱。勾践为了复国，在吴国忍辱负重，回国后为增强国力，大力奖励生育，发展人口，而生育女子会得到更高的奖赏。学生明白了应该是体形较小的一种狗。学生认为是什么类型的狗并不重要，重要的是要抓住这一契机，唤醒学生鲜活的生活记忆，激发学习兴趣，活跃学生思维。这样，可使学生课程资源与教学内容、教学目标产生良性互动，使他们对文本有更多的领悟与认识，课堂才有活力，教学质量才能提高。

二、抓住学生在思考中产生的认知冲突

学生的认知心理原来处于平衡状态。当他与周围环境交互作用时，会产生各种各样的问题、困难及认知差异，这些差异与原有的认知结构产生矛盾，运用原有的知识经验和方法无法对此进行解决，他便会产生要求平衡的心理需求，想知道产生矛盾的原因并试图寻找问题答案。这时，教师要抓住这样的“认知冲突”资源，调整教学内容与节奏，调动学生的学习积极性，适当引领，让学生在解决冲突中得到发展。

案例2：在学习《罗密欧与朱丽叶》时，问及学生读后感时，学生说表述太直白了，比如罗密欧的语言“啊，我死了！——”“瞧你的最后一眼吧！手臂，做你最后一次的拥抱吧！嘴唇，啊！你呼吸的门户，用一个合法的吻……”这样的作品怎么会成为经典呢？学生读的中国作品居多，这样的语言与他们读过的作品有很大差异。但这一问题如果能够解决好，可以让学生获得很多新认识。

无论中外文学，爱情永远都是作品中永恒的话题。我让学生找一篇我们中国类似的文学作品作比，看能探讨出哪些内容。学生选择了《梁山伯与祝英台》，并搜集了这两篇文章的相关资料。学生通过比较找到了一个共同点：歌颂了至死不渝的忠贞爱情。这只是在文本内容上的比较，学生原来的问题立足于语言表达这一点上，我就引导学生对二者在语言所表达的情感上作比较，学生也很快比较出东方表达“爱”的方式很含蓄，而西方“爱”的表达方式很直率。我又启发学生思考为何会产生这样的现象，并将问题引向作品产生的时代。学生搜集关于文艺复兴的资料，明白了这种直率的表达“爱”的方式，是文艺复兴时期西方新兴的资产阶级为摆脱宗教“禁欲主义”和封建伦理道德的束缚，追求“个性解放”“爱情自由”的“人文主义”价值观念在艺术创作中的具体体现。而《梁山伯与祝英台》是在中国封建礼教的桎梏下，男女爱情必然以含蓄示爱的表达方式表现出来。学生也进而明白了爱情表达上的含蓄与直率是由社会发展和价值观决定的，它左右着民族文化的表达方式。

当所学内容与学生已有知识结构产生差异时，抓住这样的资源，及时点拨与启发，激活学生思维，提高学生思考与解决问题的能力。

三、捕捉学生独特的思维方式

班集体中的每个学生性格、兴趣、个性、思维方式各异，面对同一问题，他们会以不同的视角、方式去观察、思考、理解，在提出富有个性见解的同时也试图寻求他人的认同与理解。根据个体发展的差异与独特性，新课程改革强调关注学生个体差异，尊重学生的独特体验。这就需要教师对学生的不同思维方式给予宽容、尊重、发掘与引导，适时抓住这样的课程资源，使课堂成为学生展现个性的成长场域。

案例 3：在学习《林教头风雪山神庙》一文时，有的学生读文细致并敢于质疑。其中有学生提出，作者在写作时出现了漏洞。因为从文章描述的地理位置来看，沧州城东15 里有草料场，草料场东三二里有市井，草料场和市井中间有一座山神庙。陆谦、差拔等人放火后本应回天王堂或沧洲，但几人却径直来到这庙前说了一番让人恶心的话。而且后文几人在庙前的谈话中也并未示意他们有来庙前观看火势的计划。本应回目的地却来到庙前，与实际背道而驰。这个构思太牵强了。这时立刻有学生反驳，指出陆谦等人随机改变行程也是合理的，如果不这样设计就不会有林冲山神庙杀敌这一情节了。课堂上两派各自陈述自己的观点。

从学生提出的问题来看，敢于质疑经典文章并能给出理由是很好的现象，只是此时对文本的理解只知其表，未就其里，恰可以抓住两方的观点把学生对文本的理解引向深入。于是我沿着第二组的观点提出：“作者是有意为之还是他真的犯了常识上的错误？他们难道不可以按原路返回，而后林冲追杀他们吗?”我让学生针对这一问题进行讨论。讨论后学生认为作者这样安排是有自己的意图，如果让林冲后追杀他们，情节就不紧凑，也不如现在的精彩。作者这样安排反显得巧妙，林冲偷听后方知这些人的阴谋，于是怒火中烧，挑抢杀敌，被敌人逼上梁山，我们也看到了他的英勇形象。文学作品要高于生活，不一定按生活实际去写，它是经过加工后写成的。学生能认识到这一点说明他们已经想得很深刻了。的确，如果文学作品用纯现实的观点来赏析，那么文学作品便没有它独特的价值了。文艺作品不是对生活的实录，艺术的真实不应该拘泥于生活的真实，不应该成为对现实中的人物和事件的僵硬刻板的提取和模拟，而是要根据作家和读者理解的需要，进行加工与提炼。作者的这一构思恰好塑造了林冲这一典型形象，并有力地反映了官逼民反这一主题。

课堂上对不同思维方式的包容点燃了学生的思维火花，促使他们质疑、思考、碰撞，在碰撞中学生的思维和智力经受真正的挑战，在他们深入思考的时候，打开洞察事物的视阈，使他们走进了文学审美的天地。

四、利用学生思考问题时产生的误识

学生的误识指的是学生在认知过程中的偏差或失误。在课堂教学的师生互动中，学生产生误识的情况时有发生，学生就是在不断产生错误与不断纠正错误中获得正确的认识的。波普尔曾指出：“如果不敢去碰几乎不可避免错误的那种困难问题，那就不会有知识的增长。”① 每一次误识都是新认识的增长点。此时，教师不要立即否定学生，也不要把自己的思想强加给学生，而是把学生的“错误”作为讨论、探究的素材，激发兴趣，鼓励他们积极参与，展开师生间、生生间的对话，促进教学互动，让他们自己去发现和纠正错误。如果教师善于把学生的误识作为重要的课程资源加以开发和利用，学生就会有更大的发展机会与空间。

案例 4：一位教师在教授《项链》一课时，一同学在回答“玛蒂尔德悲剧产生的原因是什么”这一问题时说，就是因为她运气不好，把项链给丢掉了。而且还在文章里找到作者的一句议论之语：“人生是多么奇怪，多么变幻无常啊，极细小的一件事可以败坏你，也可以成全你。”面对这样的认识，这位老师并没有以“对”与“不对”给学生下结论，也没有回避这一问题，而是做巧妙地牵引和点拨：玛蒂尔德的悲剧若是源自“极细小的一件事”，那这件事能不能避免呢？学生想想说“不能避免”。这样顺着思考下去，让他理解了偶然事件中的必然性，追求虚荣是当时整个社会的风尚，从她自身看，她追求虚荣的性格执著不变，因此她的悲剧有其必然性。

教师利用学生对文本的误识机智地加以引导，既保护了学生的积极性，又维护了学生的自尊。同时，通过巧妙联系课文，纠正了他对文本的误读、偏误、消极的人生观，也牵引学生往更深层次思考。

---

① NealA. Glasgow，Cathy D. Hicks. 成功教师全攻略：91 条以研究为基础的课堂策略［M］. 梁丽娜，译. 北京：中国轻工业出版社，2008：197.

对学生的研究远不止这几方面，能够帮助提高课堂教学效率可利用的课程资源其实就在我们身边：学生的兴趣、思维差异、相互交流中产生的多样化的探索成果，学生在课堂上的情感、行为变化，学生的信息资源，等等，都可作为重要的课程资源进入教师的视野。关键是我们要善于观察与捕捉，将这些课程资源加以转化与利用，增强课堂活力，促进学生更好地发展。

每天辛苦地工作应该不为做个教书匠，而要做个智慧型的语文老师，要“为了使学生更聪明”而教书。

对新时期语文课程文言文教学内容的思考①

北京市航天中学　李　兰

文言文教学一直是我们语文教师在教学中面临的难题。大多数学生认为文言文晦涩难懂、枯燥无味，在现实生活中应用又不广泛，因此一些同学错误地认为学文言文无用，反正考试不会再写文言文，知道一点词句就可以了，故而采取消极的态度对待文言文的学习。

从教师教学角度看，也存在着以下一些误区：

一、一味强调标准答案

强调知识接受，注重把文章的细节讲深讲透，生怕有一点遗漏。教师在教学过程中的“权威意识”尤其突出，依赖于教参的统一要求使教学活动极为机械，丧失了主体的独创性和自主性。于是文言文上课除了串讲、背诵、默写外，便是不断地做题、订正、再做题、再订正。由于迷信标准答案，学生主动学习没有了，探究更谈不上。学生学文言文也就舍本逐末，完全依赖书下注释和文言翻译参考书，遇难字不查工具书。认真的学生上课听老师讲解，然后逐句写下来，古文课变成听写课；不认真的学生干脆拿着翻译书，背背应付考试罢了。结果是，教师教得吃力，学生学得疲劳，课堂上死气沉沉，教学质量难以提高。

---

① 本文获北京市第三届“智慧教师”教育教学研究成果征文二等奖。

二、一味强调文言语法

教学中过分强调语法，对于初中文言文基础薄弱、连顺利读一篇文言小故事都困难的学生而言，无异于一篇血肉丰满的文章被肢解的支离破碎。这种文言文教学模式，遏制了学生的创新精神和创造力，令中国传统文化的名篇沦为学生难以接受、甚至拒绝接受的“残羹冷炙”。在老师的“指导”下，强力“探索”一个虚词十几个不同用法，倒装句有几种形式，宾语前置有几种条件，结果是学生越学越糊涂，将文言文学习视为畏途。

例如：陶渊明的《归去来兮辞》是一篇经典的辞赋，代表了山水田园诗派的最高成就，富有抒情的浪漫气息，很像诗，押韵和句式都比较自由。这样的美文出现在《北京市普通高中会考语文考试说明》的文言文考查篇目中，四道考试题中，有三道都是关于文言语法的。这就使得语文教师在讲解该文时不得不进行逐句甚至逐字的“肢解”，去强调一些重要的文言实词的含义，带领学生总结文中“之”“而”“以”等文言虚词的多种用法，甚至做到逐字逐句的翻译。如，将文中“云无心以出岫，鸟倦飞而知还”译为“白云无意中从山峰中出来，小鸟飞累了就知道回巢”，完全破坏了原文语言的田园般的诗意，割断了学生对优美文字的想象力。

三、一味强调反复练习

在会考高考复习中，这种现象很凸显。由于做大量练习，自然减少阅读量。教师只是把所谓“重点篇目”反复分析、肢解、背诵，设计出各种练习，然后将重点词语选出来，根据不同意项，列出不同例句，叫学生死背加点词词义。这种脱离了具体语境的死记硬背，既枯燥乏味，又没有效率。

如，在高三的语文会考复习中，文言文考查的篇目是固定的，题目基本上也是《会考说明》上的原题。学生只要把每个题的答案背熟，通过调整选项、稍稍改变题型等方式反复练习，就可以拿到满分。至于古人那丰富的情感、颇具个性的写作风格、值得细细品味的语句……完全不需要弄明白。这样拿到的满分难道真的意味着学生的文言文阅读能力就达到了高中毕业的水平吗？或者说，学了12年语文的学生，只要背熟几个文言文题的答案，从反复练习中拿到了满分，就证明他领会了我们古人的文化精髓了吗？显然，这不是我们语文教学中愿意看到的结果。

中学语文文言的教学终极目标是什么？新课改的理念表达得很清楚：自主、合作、探究。使学生借助基本的工具书理解浅显的文言文。说白了就是培养学生的语感，培养学生的一种独立思考、合作、探究的能力，并从文言中扬弃死的东西，借鉴吸收新的东西，从而使我国的传统文化得到继承和发展。具体到教学上，我想可以从这几个方面进行尝试。

（一）引导学生自己读注释，查工具书和其他资料

教师的讲解必须引导学生读注释，凡是有注释的地方不一定要逐字讲解，以培养学生自主阅读、独立思考的习惯。新课标中提出要帮助学生树立自主意识，特别要重视探究的学习方式，读书是自己的事，要靠自己去解决学习中的困难。提倡自读注释是一种起码的要求。

例如，在讲《滕王阁序》时，文中涉及大量的典故，其中许多典故都能帮助学生深入领会作者王勃内在的思想情感。但有的典故书下注释比较简单，这时就可以引导学生自己去查找典故的更为详细的资料。如，文中有一句“有怀投笔，慕宗悫之长风”，书下只有简单的注释“投笔，指投笔从军，这里用班超投笔从戎的典故；宗悫，南朝宋人，少年时很有抱负，说‘愿乘长风破万里浪’”。在这里就可以启发学生去寻找更多有关班超和宗悫的典故，帮助学生进一步理解王勃虽有志愿投笔从军，却不受重用，只能空空羡慕能一展宏图的宗悫的内心的失落与苦闷。

（二）从简易入手，由浅入深，引导学生扩大阅读面

读书要从简易入手才能逐步深入。本来一篇故事很精彩的文言文，偏要学生脱离故事去研究一个个词的词性、用法、句式，生动活泼的文章变成了一个个支离破碎的知识点，还有什么味？阅读本是一件快乐的事情，结果成了一件苦差事。尤其是对于文言文基础比较薄弱的学生，不一定非要从课本中的文言文入手，循序渐进地学。教师完全可以在课外补充一些故事性强的短小、简易的文言文引导学生上手，培养阅读的兴趣。

例如，在讲《老子五章》第二章时，为了帮助学生理解老子的“矛盾是对立统一，相互转化”的哲学思想，仅仅疏通原文“天下皆知美之为美，斯恶矣；皆知善之为善，斯不善已。故有无相生，难易相成，长短相形，高下相倾，音声相和，前后相随。”是远远不够的，这只会让学生对抽象的哲学思想理解起来更加得抽象和晦涩。倒不如借助西汉·刘安的《淮南子·人间训》中“塞翁失马”的一段简易文言文，帮助学生在轻松的故事中顿悟抽象的哲学思想。

四、在合作中学习

成立文言文学习小组，每个小组承担一篇课文甚至一个文言语段的任务，每个小组有一个学习组长，尝试自己当老师，实行师生角色互换。还

可以要求每个组员必须都有任务，避免遗漏一个。教师作为合作学习的调控者和促进者，要及时发现学生在合作学习中出现的问题并进行调控。如，当小组讨论问题偏离主题时，要及时地将学生引导回正题；当发现某些学生在小组学习中存在语言霸权倾向时，要进行制止，并鼓励其他学生积极发表意见，尤其是关注文言文基础薄弱的学生的参与程度。

在学习任务的完成有难度时，教师还可以深入到合作学习小组内部，参与其中的学习、合作、交流，做个平等的参与者，从而缩短师生间的距离，建立轻松和谐的课堂教学氛围。

例如，在教授《晋灵公不君》时，为了能在一节课内完成对文中众多的人物形象的把握，体会儒家提倡的“忠孝仁义信”和“君君臣臣”的思想，我将学生分为6个学习小组，每个小组确立一个人物形象进行小组合作学习，探讨该形象的特点，然后全班交流学习。原本昏昏欲睡的课堂一下子就活跃了起来，甚至探讨钽麑形象的小组还为他是否忠君产生分歧，争得面红耳赤。而对于董狐这个人物形象的把握，小组里的学生讨论停滞在了董狐为何要歪曲事实，写下“赵盾弑君”，而《左传》还赞他是一个“古之良史”。我知道他们遇到了一个坎儿，于是参与了这一小组的讨论，提示学生《左传》是为解释《春秋》而作，而《春秋》是孔子修订的，体现的是儒家的思想。有学生马上就联想到曾经讲过的儒家的“君君臣臣父父子子”的思想，继而能对这个难题做出合理的解释：按照当时礼法，赵盾作为正卿，应该带兵讨伐弑君的贼子，但他没有，因而他未尽到一个臣子该尽的职责。董狐这样写就是按照礼法来写，体现的正是史学家一种可贵的秉笔直书的传统。在这样的讨论中，学生不仅思维活动了起来，还能从发现问题到解决问题的过程中获得满足感、成就感，自然也就喜欢上文言文课了。

原来的文言文课堂学生无精打采，是我们教学的主导思想存在问题，我们没有把“学生的主体”放在第一位，不是从“学生的发展为本”进行教学的。苏霍姆林斯基说：“让学生体验到一种自己在亲身参与掌握知识的情感，乃是唤起少年特有的对知识的兴趣的重要条件。”把方法教给学生，让学生自己运用学来的方法，通过合作学习去解决阅读中遇到的问题，让他们自己去充分体验享受每一次小小的成功的喜悦，这时他们对学习兴趣大增，一个个跃跃欲试，因而也就不再视学习文言文为难题，老师也可从滔滔不绝的讲述，成效却甚微的尴尬境况下解脱出来，提高学生阅读文言文能力的目标，也就可以落在了实处。

三尺讲台耕耘，一片真心育人。

由课堂教学的失败想到的①

北京市航天中学　李会霞

“老师，这个娃娃怎么会动？刚落地的娃娃不会这样！”接着便是一阵快乐的笑声。我一惊，再一看我的课件，可不是吗，投影上的图片是一个正在欢快跳跃的小孩。我这才意识到我的课件出错了。

这是我在讲《春》的最后三个比喻句“春天像刚落地的娃娃，从头里脚是新的，它生长着。春天像小姑娘，花枝招展的，笑着，走着。春天像健壮的青年，有铁一般的胳膊和腰脚，领着我们上前去。”时出现的问题。为了形象生动，我分别用了三个插图：会动的娃娃、穿着花裙的小姑娘、跑动的青年男子。其实这样做有必要吗？难道学生不知道这些人是什么样吗？无论我找出什么样的图片都有可能给学生一种定势，或者是一种错误的引导，解决不了其他问题，只不过添些热闹罢了，倒不如引导学生抓住文中的修饰词语“刚落地”“花枝招展”“健壮”“铁一般”等去理解春天的“新”“美”“力”。

这不由得又使我想起另外一件事。

---

① 本文获北京市第三届“智慧教师”教育教学研究成果征文二等奖。

首次讲解《诺曼底号遇难记》时，我制作的课件没有背景音乐，课后我总觉得学生感情没有被激发起来，对于船长的最后选择与船沉没抱有一种无动于衷的态度。为了使这种局面有所改变，我再次讲船长殉难部分时就配上《英雄的黎明》的音乐，果然奏效。随着音乐的播放，刚才还活跃的课堂一下子安静下来，同学们表情严肃地盯着看哈尔威船长的图片。下课了，班里的几名学生纷纷跑过来问我课上播放的音乐是什么，课件可不可以拷下来。看到学生喜欢这种形式，我就在课前也给学生播放，目的是让这首音乐再起一个作用，那就是上课伊始就把学生带入一种悲壮的气氛之中。于是我便不假思索地如法炮制了，但是结果却让我大失所望：课前的音乐效果出现了，课中的作用却消失了。当哈尔威船长殉职的画面随着音乐出现时，学生表情平静，震撼之感全无。

为何会有这样的反差？是学生问题，还是老师问题？我陷入迷茫之中。我反复考虑这两次课的安排，突然醒悟：这不是学生问题，而是我的课件安排出了问题。因为学生已经在课前听完了这首曲子，刚被这首曲子震撼过，我在讲课中再重复播放，学生的新鲜感已没有，不可能在短时间内被同一首曲震撼两次，所以学生的情绪才会非常平静，音乐失去了作用，成为了多余的附属品。

怎么办？怎样使课件起到很好的作用？考虑再三，我决定再找另外一首音乐试试。记得我在看《士兵突击》时，其中的背景音乐《征服天堂》很令我感动，每次听它自己的心灵都受到震撼。我便把它放到课件里，作为课前的音乐播放。

这次真的成功了。上课前 1 分钟，一曲低沉、庄严、雄伟、充满了一种慑人力量、震撼人心的《征服天堂》的音乐响起，大家在不知不觉中很快进入到课堂的氛围之中，为授课奠定了感情基调。在讲解船长殉职时，伴着悲壮、激昂的音乐以及我充满激情的朗诵，学生的心灵都被震撼了。课堂上一片肃静，大家神色庄重，紧紧注视着前面的投影片，在音乐声中默默地盯着画面上一身黑色着装的船长。我知道：音乐的作用达到了。

由此我悟出一个道理：多媒体就是一把双刃剑，使用它时一定要慎重，用得巧可以使你的课锦上添花，反之就是画蛇添足。

回想自己的教学经历，对此深有体会。

前几年，多媒体刚刚兴起时，对于多媒体的使用是一片叫好声。学校为了鼓励教师使用多媒体，要求上公开课必须使用它，否则要扣分，也不管你的授课内容是否适合用多媒体。于是多媒体滥用现象非常严重，有的一节课下来，屏幕就出现了一幅画和课题。这几年，又有人提出语文课根本就不需要多媒体，语文教学就是文本教学，不能脱离文本搞那些花里胡哨的东西。

其实这两种看法未免有些片面。任何事物都有它的两面性，多媒体也是如此。

一、多媒体教学的益处

（一）创设情境，激发兴趣

“知之者不如好之者，好之者不如乐之者”。学习兴趣是学生学习活动中的一种自觉能动的心理状态，是学生主动学习、积极思维、探索知识的内在动力。语文教学中，只有激发学生的兴趣，他们才能乐于接受所学知识。实践表明：能调动情感的事往往能引起学生的兴趣，而人的情感往往在一定的情境中才能产生。多媒体是创设情境的最佳途径。它不仅能有效地调动学生的好奇心，激发学生的学习兴趣，还有助于学生加深对课文的理解。多媒体的特点是图文声并茂，能向学生提供形象生动的动感画面，打动人心的音乐背景，能把学生带进所需的学习环境，从而为课堂教学营造一种浓厚的学习氛围，以此拨动学生的心弦，荡起思维的火花，使学生以最佳状态投入学习。如我在讲《听潮》的时候，开头就播放了大海风平浪静、波涛汹涌的画面以及海水涨潮时的音乐声，使学生身临其境，然后再读课文，品读文字。学生的激情和兴趣一下子就被激发出来。

（二）直观具体，解决疑难

语文教材中，有些内容比较枯燥、抽象，难以理解，尤其是说明文和文言文。在教学中，可以适时利用多媒体将课文中抽象的内容、教学的重难点化难为易，以最大限度地调动学生的感官去感知知识，从而增强语文教学的直观性、形象性和生动性，为释疑解难创设巧妙的突破口。学生在学习说明文《中国石拱桥》时就遇到这样的问题。一是现在孩子很少见到石拱桥，头脑中没有石拱桥的具体形象；二是作者在介绍赵州桥的结构时学生也感觉很抽象，特别是提到“28 道拱圈”时更难理解。因此我就播放了一些石拱桥的图片和赵州桥的外形及结构介绍的图片，学生的问题就很容易解决了。

（三）激发情感，产生共鸣

语文学科具有非常显明的情感性，凡是优秀的文学作品，无不是作者情感的流露。在语文教学中，老师一定要让学生充分感知文章中的情感，理解作者所要表达的感情。每篇文章的感情基调是不一样的，但是学生学习文章前的情绪一般情况下却是稳定的、一样的。如《春》和《背影》的基调一个是明快的，一个就是深沉的。试想如果让学生带着欢乐的心情去学习《诺曼底号遇难记》和《周总理你在哪里》等文章结果会如何。在这里，教师就可以借助多媒体来解决此问题。我在讲《诺曼底号遇难记》时，在课前播放《征服天堂》、在讲船长殉职部分时播放《英雄的黎明》及画面目的就在于此。

（四）加大容量，提高效率

利用多媒体，可节省大量的板书时间，把更多的精力放在启发、点拨、解决疑难问题以及听说读写的训练上。有的课文板书可以事先制成投影片，随教学进度逐步拉开，这样可节约出一些时间，使课堂教学节奏快、密度大。教师通过多媒体课件的制作，对教学内容作一些补充，例如作家生平、作品背景的介绍，以及教学内容涉及的众多相关资料。《差不多先生》《诺曼底号遇难记》的写作背景，就可以课前让学生预习查找资料，然后在课上以投影形式播放出来。

在语文的复习课、练习课中，多媒体的作用也是不可低估的。在复习课中，我们可以利用多媒体出示相关复习知识的多种链接，将它们列为图表的形式，在这上面显示一些相关的比较内容，有助于学生获得直观性的理解和加强记忆。例如对文学常识和古诗词常识的复习，还可以将各个复习内容制成相关的图片，从中找到它们的联系点，让学生进行比较，加深印象，达到最佳的复习记忆效果。课堂上可以进行大量的基础知识训练，而且效果反馈快，学生及时得到练习的反馈，使正确率和知识准确率更高。

二、多媒体教学的弊端

（一）重视画面，轻视文字

语文课首先面对的应是文字，是文字连缀成的文章。可是，在利用多媒体的语文课堂上，教师往往忽视了语文基础知识的教学。其表现之一就是不重视字词教学，而忙于展示那些精美的画面。出现字词内容，也只是出示张幻灯片，打出字音、字形一闪而过。

（二）重视录音，忽视范读

在课文的朗读环节上，一些老师认为现成的朗读录音很好用，一上课就播放朗读录音，也不管朗读的效果如何，课堂上很少能听到教师的范读、学生的诵读，取而代之的是有音乐伴奏、有画面流动的“音画”。其实合适的朗读示范录音的播放是无可厚非的，但是决不能过多。诵读是语文教学最基本、最常见、最有效的方法。学生通过读来触摸文字，熟悉课文，学习语言，在读的过程中体会用词的准确，感受语言的魅力，进而才能对语言敏感起来。诵读过程中对节奏、声调、语气的揣摩，就是一个将作品的情感逐步明朗的过程，也是一个调整自我情感逐步接近作品情感的过程。教师也可以在听读学生的朗读中发现问题，从而解决问题。实际上学生对朗读课文的兴趣是很浓的，老师绝对不能剥夺他们朗读的权利，打击其学习的积极性。

（三）重视课件，忽略文本

语文教学是目的，多媒体是手段，手段是为目的服务的，如果让课件主宰课堂，主宰学生，而忽略文本的存在，那就本末倒置了。课件中的画面再优美，声音再悦耳，它也只不过是授课老师对文本的理解。“一千个读者就有一千个哈姆雷特”，怎么能用一个人心中的“哈姆雷特”来代替学生心中的“哈姆雷特”。如果我们简单地用声音、图像手段来代替、省略或缩短学生的阅读过程，看起来似乎是给了学生阅读的便捷，其实是剥夺了他们进行阅读再创造的机会，扼杀了他们这方面的才能，这是得不偿失的。如果不是建立在学生对文本的深入解读、领悟的基础上，这一学习过程非但没有促进学生语文能力的提升，反而从另一方面折断了学生想象的翅膀。

（四）当作唯一，轻视其他

既然课件能提高效率，有部分教师就把多媒体技术看成提高教学效果的灵丹妙药，无形中丢弃了传统的教学手段，教师板书逐渐被计算机投影所代替。实际上精湛的板书可以调整教学活动的节奏，灵活多变，与教学语言交替或配合使用，可使学生的学习活动劳逸结合，有效地引领着教学活动的进程。尤其是语文老师一手漂亮的汉字，还直接影响到学生学习语文的兴趣、动机、情感。因此，一节课中，往往需要用到多种方法和手段，并注意优化组合。

总而言之，世上没有一种事物能够完美无缺，用多媒体辅助语文教学也不例外。它就是一把双刃剑，我们一定要谨慎使用才行。绝不能无原则地追求表面的热闹，而忽视了使用这种手段的必要性和合理性。否则不但起不到雪中送炭、锦上添花的作用，反而会得不偿失、事倍功半、画蛇添足。

为了学生，请慎用多媒体这把双刃剑吧！这就是我从课堂教学的失败中想到的。

用“勤”来鞭策自己，用“钻”来提高业务，同“爱”来呵护幼苗，用“心”来体验学生。

强化十种意识　提高复习实效[①]

北京市航天中学　赖卫平

谈到初三语文的复习，的确是一件繁复的工作。但其内容归其根本，主要还是三大板块：基础知识、阅读、作文。笔者以为可以在十种意识上给予强化，以提高语文教学的实效。

一、强化宏观把握的意识

语文的知识点庞杂而又琐碎，所以很需要一个系统的计划和安排。复习之初，教师就需要把知识点、能力点，带着学生一起全面、系统地规整一下，不仅教师心中有数，学生也需要明悉。比如可以带着学生通过完成中考说明中的题型示例，了解考查的基础知识点：字音、字形、字义、词语运用、选词填空、关联词语、病句、修辞、标点、定位选句、排序、文常、仿句等；了解考查的题型、内容及分值；通过附录，了解考查的词语范围、古诗文默写范围、文言文阅读理解的考查篇目以及文常、名著阅读的范围等等，这些在复习之前就要让学生了然于心。当然，综合性学习、现代文阅读的核心能力也要让学生明白：如整体感知、提取信息、理解文意、概括要点、形成解释、鉴赏评价。这样做可以减少复习的盲目性、随意性、拖沓等，教师在复习之初做好规划，想好复习策略；学生对于今后复习什么内容，需要在什么方面下工夫也目标明确、有的放矢。这样师生都带着明确的目标进行复习，效果才会明显。

---

①本文获北京市第三届“智慧教师”教育教学研究成果征文三等奖。

在基础知识方面，除了常规的各知识点复习外，要注重强化三个意识。

（一）音、形、义一体的意识

我们中国的汉字，都是音形义的结合体，但很多学生在长期的字词学习中往往是三者脱节的。在教学中可以强化这一点。在生字的复习中，除了由面及点（点就是易错常考的字）外，可以先要求学生会读，特别是易错易误读的字音，如“惩罚、炽热、笨拙、庇护、避讳…”等，学生的读音完全无误后，再要求学生会正确书写拼音，当然这时候可以先重点讲解拼音规则。有了读熟的基础，学生的字音题的正确率会得到很大的提高。有时字音的识记上，形声字往往要结合着声旁来记，如果是多音字，则强调字音与字义的关系。如“处”字的两个读音：当念“chǔ”时，主要作动词，有居住、交往、处置、惩罚等意义，所组成的词如处理、处置、处罚等；当念“chù”时，主要是作名词，表示处所、部门、部分等，所组的词如处所、教务处、好处等。在字形的教学中，可以带学生做一些形似字的比较，有意识地让学生结合着形旁，也就是字义来辨析，将汉字最重要的“表意”功能与其音形结合为一体加以分析。例如：班门弄斧的“斧”与破釜沉舟的“釜”，完璧归赵的“璧”、断壁残垣的“壁”、左膀右臂的“臂”。又或者和文言中的词语联系一起记忆，如静影沉璧中的“璧”；又如再接再厉的“厉”和勉励的“励”，等等。在平时课文学习中，遇见生字，我和学生会经常做一些联想记忆似的归纳练习，如熬、遨、傲、獒、敖，通过辨形、组词，明确偏旁与字义的关系等方式，让学生真正掌握这个字，不仅强化学生对“字是音形义的结合体”的理解，同时也复习积累了更多的字，巩固了学生的字词基础。词语、成语复习时要有由字义再到词义的意识，也需要强调对字义的理解。这样的词语复习，学生记得牢、不易错，也会自如运用。

（二）先理解再识记、运用的意识

在中考中，词语、成语一般会考查字形和在句中的使用，但要能够辨别正误、使用恰当，理解是前提。所以，易错的、不易理解的成语，可以让学生先理解字义、词义再造句，这样的效果会明显一些。如“莫名其妙”“明察秋毫”“两全其美”等词，易错的“名、毫、其”各字，如果理解了意思，也就不易写错了。另外，复习中可以带着学生把中考说明中的成语和俗语做一些归纳，意思相近的、词义运用范围不同、易混的，进行比较教学，通过造句，强化理解、运用。当然默写，也是如此。默写前，可以把易错的字、词讲一下，这些都是根据以往学生易错的地方而讲，当然，这也需要老师之前有易错字的记录。讲解时重点是讲清字的意思、诗句的意思，理解了再默，不能只是一遍又一遍的机械式默写。学生默写出错的地方往往是学生反复默反复错的，而且常出错的地方一般就是学生没有理解的地方。所以让学生弄懂意思再记忆才是有效的记忆。这也是字词、句教学的根本。凡是需要识记的知识，首先要建立在理解的基础上。

（三）归纳整理的意识

从复习之初，就可以要求学生在复习过程中不断总结自己历次测试、月考、期中、期末等考试中出错的地方，将所有的错题进行分类归纳，如字音、字形、病句、文常、默写、文学常识、名著知识等等，做好标记，并找出错误的原因，总结出规律性的东西，以此作为个人的复习要点；有些全班性共同的易错点，老师可以汇集在一起，在全班多次反复地强调，突出重点、突破难点。在复习中，学生养成了归纳整理的习惯，将会事半功倍。

二、阅读教学中，可以强化四种意识

（一）审题意识

做阅读分析题时，把题审好，弄清题意，明确了答题方向，答题也就成功了一半。现代文阅读的核心是提取信息，其实审题干也是如此，要找出题干中的提示信息，抓住关键词语，明确本题是考查整体感知的，还是考查段落内容思路、语句含义作用、文章写法或者主旨，等等，让答题有一个大致方向，避免南辕北辙，所答非所问；审题干，还要圈定答题方向，即试题形成答案的语段或句子，这是保证答案准确的前提条件，找到答题方向后，再对这部分语段进行精读，通过找到与题干相照应的语句，从而很快找出答案；另外还要挖掘题干中所隐含的信息，从中得到启示，找到答题的突破口。总之，“审题”是一个极其重要的环节，题目审透了，我们去定位或解题时的针对性就非常强，而不至于陷于盲目之中。在复习中应该重视对学生审题意识的培养，进行审题训练，可以带着学生一个词一个词地挖掘信息，找出已知，求未知，这有点像做数学应用题的感觉。当然在审题干时，必须要求学生对提示性的重要词语做出标记；检查学生的审题效果时，也可以让学生复述题干内容，从而发现学生审题是否抓住了关键信息，有没有找到答题方向，以便更好地指导。

（二）文本意识

阅读训练中，强调要从文本中寻找答案，以文解文。现代文阅读主要考查的是理解文章重要词语、句子的含义，筛选、提取、整合文章的信息，理解文章的内容要点和作者的观点，鉴赏文章的表达技巧。可以说文章中词语的含义、文章的内容、作者的观点，都是从具体的文本而来，每一个问题都是针对具体的段落或者全篇而设置的，解答时一定要将题目回归到文本上来才对。所以阅读训练中，强调抓关键语句，进行圈画，答题时也要求学生要有文本依据，尽量用文中词句解答。只要强化了文本意识，学生答题的正确率就会有所提高。

（三）文体意识

阅读训练中，一般可以按照文体进行分类复习。首先让学生明确，各种文体在中考中所考查的知识点、能力点、解题思路、答题表述都不尽相同，每种文体的阅读方法、关注点也不同。在复习中，可以带着学生归纳总结一些文体知识，了解近几年中考常考的题型、内容，然后再用典型题例进行训练。

（四）自我能力强化训练的意识

学生是有着个性差异的个体，其阅读能力的强弱点也各不相同。有些共性的问题可以在班里一起强化训练，如概括能力、迁移能力等；有些学生自己的能力弱项就需要个别训练了。可以在每次试卷讲评中，让学生把自己的失分点做一个统计，借此让每一位学生明确自己的弱点，自觉地进行强化训练。这样的训练才是有针对性的、有效的训练。

三、作文教学中，主要强化两种意识

（一）构思意识

构思在整个写作过程中是重要的一环，意在笔先。作文的构思除了训练选材、立意外，还可以要求学生在写作前根据文章中心对材料的详略进行明确地安排，如哪里详写，详写什么，这样可以表现出什么中心，考虑周全了，再动笔。这样一则可以避免中心的不明确，二则也避免写作中思路的不连贯。许多学生在写作文前只是匆匆审题，选取了一个材料后，略想一下要表现的中心，就开始了写作，结果往往因详略不当而导致中心的不突出，而且边写边想，语句也不流畅。所以只有树立了构思意识，作文才会中心明确。

（二）仿写、变题意识

我们的学生一般在写作时最大的困惑就是无材料可写，要解决这个问题，一方面可以帮学生归纳可写的素材，整理三年来所写的文章；另一方面，可以让学生多看优秀范文。其目的一是感受写作技巧；二是从他人的作品中找出自己喜欢的，适合自己风格的，和自己生活、认识程度贴近的，或也曾发生过、但被自己忽略了的材料；并且从结构、语言、形式、内容、立意、技巧等方面去仿写，开阔视野，以期提高。复习后期，也可以带学生做一些变题练习。如变写作顺序，变详略部分，变开头结尾，变人称人物，变主题落点……

当然，在复习中强化这些意识，我们应该关注实效，根据当年的中考说明和学生的实际情况灵活应用，真正优化课堂复习的教学，提高复习的效果。

教学是一门思维的艺术，教师每天都在演奏着不同的旋律。

论初中语文教学创新提问设计[①]

北京市航天中学　车英红

古人曰：“善问者如攻坚木，先其易者，后其节目，及其久也，相说以解。不善问者反此。”现代著名教育家陶行知先生也是非常重视提问的方法，他曾在一首诗中这样写道：“我有一位好朋友，曾把万事指导我，你若想问真姓名，名字不同都姓何：何事、何做、何人、何如、何时、何地、何去。还有一个西洋派，姓名颠倒叫几何。若向八贤常请教，虽是笨人不会错。”由此可见，从古到今，都是非常注重提问技巧的。作为传播人类知识的教师，更应学会如何适时地去问。恰当的课堂提问是教学的重要手段，它不但能巩固知识，及时反馈教学信息，而且能激励学生积极参与教学活动，启迪学生思维，发展学生的心智技能和口头表达能力，促进学生认知结构的进一步优化。

一般的课堂教学中教学过程的延伸是靠提问来进行支撑的。但也正是在一般的课堂教学中，出现在学生面前的是大量的“问”。过多、过细、过浅、过滥的提问使教学过程平淡无味，一篇篇精美的课文，在课堂上、教学中被提问肢解着，提问与答问代替了美读、美听和美析。所以，阅读教学中关于“主问题”的设计创新就成了摆在每一位初中语文教师面前的新课题。

---

① 本文获北京市第三届“智慧教师”教育教学研究成果征文二等奖。

一、什么是阅读教学中的“主问题”

阅读教学中的“主问题”，是相对于课堂教学中那些零碎的、肤浅的、学生活动时间短暂的应答式提问而言的，它是指对课文阅读教学过程能起主导作用和支撑作用，能从整体参与性上引发学生思考、讨论、理解、品析和创造的重要的提问或问题。

与课堂教学中一般的“碎问”相比，“主问题”有着自己的鲜明的特点：

（1）“主问题”是经过概括、提炼出来的，是教师精细阅读课文与精心思考教学的思想结晶，是一种可以引动整体性阅读的教学问题，课题上常见的“是”或“不是”之类的简单回答在它面前无能为力。

（2）“主问题”在教学中出现的顺序是经过认真考虑的，一节课中出现的几个重要的“主问题”，其出现的先后是一种科学有序的安排，它们各自在教学的一定过程中发挥自己的作用，不具有一般提问的随意性。

（3）“主问题”对课文内容和教学过程都有着内在的牵引力，每一个问题都能构成课堂上一个教学活动的“板块”，它不会在教学中像随口问答的问题那样转瞬即逝。

所以，“主问题”是阅读教学中立意高远的有质量的课堂教学问题，是深层次课堂活动的引爆点、牵引机和黏合剂，在教学中显现着“以一当十”的力量，具有“一问能抵许多问”的艺术效果。

二、设计研究“主问题”有什么教改意义

要知道如何在教学实际中应用“主问题”的设计，就得首先知道“主问题”研究的教改意义。“主问题”出现在课文的阅读教学中，有三个极为重要的作用。一是大量减少无效提问、无谓提问和无用提问，节省出一定量的课堂教学时间。二是能“一线串珠”整体地带动对课文的理解品读。三是由于要解决问题而形成学生长时间的深层次的课堂学习活动。由于一般性提问的量大大减少，课堂学习活动将以学生的读、写、说、思为主要成分来构成课堂气氛，因此显得生动活泼。

由上述“主问题”的重要作用，我们可以说，“主问题”最大的教改意义就是改变课堂教学“碎问碎答”的流弊，将谈话式、答问式和讲析式的教学引向以学生课内活动为主的整体性阅读教学。因此，在阅读教学中用“主问题”来牵动对课文的整体阅读，用“主问题”来架构学生的课中活动，用“主问题”来制约课堂上无序的、零碎的和频繁的问答，能有效地克服目前语文阅读教学中肢解课文、一讲到底、零敲碎打等种种弊端，

遏制教师的过多讲析，真正让学生成为课堂有序学习活动的主体，让那些令人耳目一新的课型与课堂教学结构脱颖而出。

三、如何进行“主问题”的创新设计

在教学实际中进行“主问题”的创新设计有两个方面的含义：一是指对教材的悉心研读，以设计出精妙的教学“主问题”。二是指在课堂教学过程中对“主问题”进行科学应用。下面重点谈谈第二个方面的问题。

一般来说，“主问题”的设计与应用有如下三个方面的基本规律：

（1）在课文教学的初读阶段，往往用一两个“主问题”牵动对全篇课文的深刻理解，从而提高学生品读课文的质量，凝聚学生的阅读注意，加深学生思考的层次。

（2）在课文教学的进行阶段，往往用一两个“主问题”形成课堂教学的重要活动板块，形成明晰的课堂教学思路，形成生动活泼的学生呈主体性参与的教学局面。

（3）在课文教学的深化阶段，往往用精粹的“主问题”激发思考，引发讨论，深化理解，强化创造，形成波澜，酿造课堂教学的高潮。

如：我在设计《周庄水韵》这篇课文时，用三个问题体现课文教学的三个阶段。

（1）第1~3自然段是文章的第一部分，概括介绍了作者对周庄的整体印象，文中哪句话能够概括这三个自然段的主要内容？再从这三个自然段中找出依据。

同学们经过热烈地讨论，大家一致认为，能够概括这三个自然段的主要内容的是第三段的最后一句：“一个外乡人来到周庄，印象最深的莫过于这里的水，以及一切和水连在一起的事物。”接着同学们又纷纷找出了“这里的水，以及一切和水连在一起的事物”的依据：“木橹，倒影在水中的石桥、楼屋、树影、云彩、飞鸟，木船、河道、桥孔，桥上行人、船上乘客，大宅后院、泊船池塘……”

（2）通读4~6段，将作者三次游览周庄的时间、游览环境、人物、描写角度、整体印象及景物特征填入一张表格之中。这样设计可以提高学生精细化、专业化的文学学习能力及从文本中找寻答案的好习惯。同时形成生动活泼的学生呈主体性参与的教学局面。如表1所示：

表1 三次游览周庄详表

	时间	游览环境	人物	描写角度	整体印象	景物特征
第一次	仲春	雨雾	我	视觉	朦胧	水墨画
第二次	冬天	小雪	我	视觉听觉	黑白交织	版画
第三次	春夜	举办旅游节	我 船娘 当地农民	视觉听觉 人的活动	繁华 热闹	神奇的 童话

(3) 如果说作者为我们介绍了三个不同风格的周庄，你最喜欢哪一个？为什么？这是一道拓展式题，学生可以自由发言，各抒己见。

同学们都跃跃欲试地抢答，有的说："我很喜欢作者第一次游周庄的画面，因为它体现了水乡本色，给人一种神秘、朦胧、质朴的美感。"有的说："我更喜欢作者第二次游周庄的画面，因为它除了给人一种视觉上一种色彩对比强烈的美之外，还使人仿佛听到了胜于江南丝竹的天籁之音的美。"还有的说："我更喜欢作者第三次游周庄的画面，因为它除了给人一种水乡美之外，更重要的是描写出了一种现代文化的繁华、奇妙、欢乐的美景，令人向往。"……

"主问题"的设计与创新，好像是一个细节问题、一个局部问题，也好像是一个技巧问题。其实不然，它是一个关系到课堂教学结构改革、课型创新和提问创新的重要问题，是一个关系到简化教学头绪、提高教学效率的重要问题，它呈现出课文整体阅读教学与提问设计的重要关系。像这样以"主问题"来带动整篇课文阅读教学的方式，有着明显的优点。第一，重在让学生占有时间，解决问题，真正把培养学生的阅读能力放到了课堂教学的重要地位。在教师的调控下，课文由学生读准、读顺、读美，课文学习的内容让学生讲出来、析出来、品出来。不仅训练了学生认读、理解、质疑、辨析、综合、鉴赏等各种层次的阅读能力和勾画、摘录、归纳、比较、点评等各个方面的阅读技巧和技能，而且让学生在课堂上活跃起来，让他们充分体会到语文学习中的求索感、创造感、成功感，语文与人的教育、语文与人的气质培养于是有了一片美丽的良田沃土。第二，重在教师改变角色，由以讲析为主改变到以艺术设计、艺术调控、艺术指导、艺术点拨为主，首先就要做到能够艺术地、创新地设计"主问题"。这就有利于教师素质的提高，教师在研究教材、找准线索以及考虑如何指导学生阅读，尤其是自己如何精要讲析的过程中促进了教学思想的转变和教学能力的长进。第三，提问精粹，"主问题"突出，课堂教学中师生双方的活动角色发生重大变化，有利于形成"读、问、议、讲""提示、阅读、讨论、评析”等生动活泼的立体式双向交流的课堂教学结构，从而增大课堂教学容量，提高课堂教学效率。

总之，进行“主问题”式的阅读教学，虽然比教师已经习惯了的讲析式教学要难得多，但从学生全面发展的角度看，这样的课要好得多、美得多、有价值得多。

用真诚的心关爱每一个学生，尊重每一个学生，在给他们知识的同时，给他们自信、快乐和勇气！

通过对笔记的监控来提高学生数学能力的探究[①]

北京市航天中学　赵　伟

一、问题的提出

在数学教学过程当中，绝大多数教师都会要求学生准备一个课堂笔记本，但是教师对于学生笔记本使用方面的研究较少，在笔记本的运用当中，对它的要求、检查与监督等不是很到位，加之学生的惰性心理，笔记本的使用情况不是很理想，没有起到它应有的作用。其实学生如果能很好地记笔记、用笔记，对于他们学好数学这门课是有巨大帮助的。

二、研究对象与方法

（一）研究对象

笔者任教的两个班，2006 届高一（1）班（36 人）和高一（2）班（36 人），1 班为实验班，2 班为对照班。（注：在 1 班已去掉两名入学时数

① 本文获北京市第三届“智慧教师”教育教学研究成果征文一等奖。

学分数较高的学生，2班已去掉一名入学时数学分数较低的学生，这样两个对照组人数相等，入学平均分相当，可比较性强）

（二）研究方法

文献资料法、问卷调查法、对比法、访谈法。

三、研究过程概述

（一）大力推广学生笔记阶段（2006.09~2007.07）

在这期间由于学生没有良好的记笔记习惯，教师要不断教授学生如何记好预习笔记、听课笔记、课后笔记及单元笔记；同时由于这期间学生个别考试不如预期，加之个别学生的反对，此时是笔者最犹豫最彷徨的时期，但研究并未因此中断，具体做法如下。

1. 教师切记不要操之过急，记好笔记，用好笔记的要求对于学生而言是很高的

虽说都已上高中，但我校学生学习的随意性比较强，多数学生不具备独立整理笔记的能力，更不要说习惯了。所以指导学生记笔记需要从最基础抓起，具体做法如下：①要求笔记必须具备四个部分：预习笔记、听课笔记、课后笔记及单元笔记。②抄写笔记，要求书写整齐，字迹工整，由于记听课笔记时间上有局限性，会与听课或思考问题相矛盾，学生要以听、思为主，抄笔记为辅，笔者在讲课时会适当留给学生整理笔记的时间，下课也不会立刻擦掉板书或关掉投影仪，适当给学生留出思考和整理的时间，但不要影响下一节课。③在学生基本具备抄写笔记能力的基础上，再对他们提出更高的要求，如预习笔记要记有疑问点，教学的重、难点等，除要记有以上几点外，课堂笔记一定要记教师重点讲解的部分，标明尚未听懂或有疑问的地方，记自己理解与教师讲解有偏差的地方，记教师解题的技巧等，此时一定要杜绝学生的全盘照抄行为。④课堂笔记由于记录比较仓促，难免有遗漏、书写不规范等等，让学生学会在课后进行整理，这时学生必须用自己的话来做笔记，不再只是要求简单的拼与抄，还要求把课堂练习或作业中做错的题在笔记中改正，即找错、析错、改错，才能避免再次出错。

2. 加强对学生笔记的有效监督

对学生提出各种要求很容易，但要想达到预期效果，必须要有完善系统的监督过程，而且这种监督过程不能前紧后松，要持之以恒。笔者的做法如下：①定期检查制度：在周五早上必须同作业一同上交，即使星期五不能例行检查，也要提前或稍后补上，即使知道没有时间看也一定要求学

生上交；而在上数学课之前一定要发到学生手中，以便学生在课堂上使用，决不能有数学课上笔记发不下来的情况发生，不能给学生偷懒或找借口的机会。②不定期检查制度：教师根据自己的时间择机进行全班检查或个别抽查。③家长监督制度：笔记如同家庭作业一样要有家长的签字，以此做到学校有教师监督，家里有家长督促，不给学生偷懒的机会，笔者用笔记检查评语的方式架起了与家长沟通的桥梁。④教师总结与表扬制度：每次检查的结果都要及时进行公布，表扬笔记优秀者，并让其他学生欣赏，对于完成不好的学生，要求他们及时补全、补齐。

（二）收获阶段（2007.09～2008.07）

由于学生已经基本养成了记笔记与用笔记的习惯，学生能主动参与到教学之中，上课积极回答问题，并提示与帮助后进生完成课堂上应该完成的任务，课堂上已经基本做到气氛活跃、思维活跃；教师在授课上讲的少了，提问与点评的多了，正好适合了数学课程标准中的学生为主体、教师为主导角色的要求，学生已基本成为课堂上的主人，学习数学的兴趣不断地提高，成绩也渐渐地有了提升。

四、研究结果

（一）学生养成了记笔记用笔记的良好习惯，并把记笔记，整理笔记当成每一天的例行任务来完成。（表1）

表1　实验后两个班级笔记统计情况对比表

	实验班	对照班
预习笔记完成情况	35	11
课堂笔记完成情况	35	22
课后笔记完成情况	32	5
单元笔记完成情况	31	3

注：两个班级对于笔记的要求完全一致，只是在检查的力度上有区别。

（二）改变了学生参与课堂的形式，提高学生的学习兴趣

在数学课程标准中，要求教师改变学生以往的被动学习状态，让学生变被动为主动参与教学，但是在实际教学过程中，由于教师、学生以及环境等诸多原因，多数学生还是被动地参与教学，学生的自身潜能发挥不出来。但是通过对学生笔记的严格要求，加强规范并给予及时监督，多数学生慢慢对数学产生了兴趣，上课积极思考问题，积极发言，并敢于与同学、教师讨论问题，学生学习数学的自信心有了极大提高。（图1）

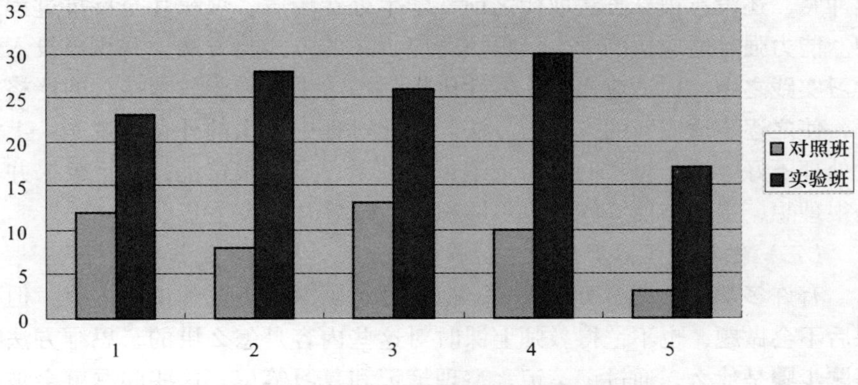

图 1　实验的两个班级数学学习状况标状图

注：1. 上课时能够积极主动回答问题人数。
2. 认为在学习数学上相比初中有进步学生人数。
3. 语文、数学与英语中最喜欢数学的人数。
4. 对数学学习感觉到入门的学生人数。
5. 认为学习数学让其找到了自信的人数。

（三）考试成绩的显著提高

从表 2、表 3 可以看出，学生的考试成绩显著提高。

表 2　实验初期两个班级数学习成绩对比表

	06 至 07 上期中	06 至 07 上期末	06 至 07 下期中	06 至 07 下期末
对照班	71.12	62.22	71.09	70.54
实验班	70.03	63.89	75.67	78.09

表 3　实验后期两个班级数学成绩对比表

	07 至 08 上期中	07 至 08 上期末	07 至 08 下期中	07 至 08 下期末
对照班	68.98	70.76	72.21	
实验班	76.42	80.07	83.07	

注：表中为平均成绩。由于文理科分班原因，样本由 36 个改为 26 个，以此来保证前后的一致性。

五、分析与讨论

（一）为何在前两次考试中两个班级成绩几乎无差别？

每个学生都有自己固有的学习方法或学习习惯，而且这种学习方法或学习习惯都具有相对的稳定性，当这些学习方法或学习习惯与新的方法发生冲突，还没有被新方法取代之前，学生处在矛盾、烦躁甚至反抗过程之中。能力强且适应快的学生，很快适应了新的方式与方法，并积极投入到学习实践之中，而适应慢的、惰性比较强的学生就需要教师持久的严格监督，使之逐步适应新的方式与方法。在此过程中学生的外在表现是：上课时处理不好听课、思考问题与记笔记的关系，显得很忙乱；笔记效果并不是很理想，提出与回答问题也不够积极，成绩也不够理想。

（二）做笔记可以促使学生听课更加认真，提高课堂效率

有许多学生上课时听得很懂，似乎理解了课堂上教师讲的内容，但下课后不会做题，也不记得教师上课时对这些内容是怎么讲的，思维方法和解题步骤是什么，通过记笔记、整理笔记和复习笔记，这些问题就会被一一解决。另外课上如果只是听教师讲，只动脑不动手，某些自制力不是很强的学生极易犯困，做笔记某种程度可以督促他们上课不睡觉。有效地记笔记不仅可以积攒学习资料，而且可以帮助学生集中精力听课，预防开小差，提高了课堂效率。

（三）重视课后对课堂笔记的再整理、再加工过程

学生对于预习笔记和课堂笔记一般比较重视，执行的也比较好，但课后整理笔记就需要教师的严格监督了。由于课后学生有充裕的时间，课又是刚刚上完，整理笔记使课堂场景在学生的脑子里得到再现，这对于学生记住教师的总结，浓缩一堂课的内容，找出重点及各部分的联系，掌握基本概念、公理、定理，寻找问题、找到规律，融会贯通课堂内容都很有作用。更为重要的是，规范且条理清晰的笔记对学生今后提高复习效率具有极大的帮助。通过课后对于课堂笔记的整理、再加工过程，学生的笔记基本规范，在知识积累多了之后，学习效果逐渐显现出来了。

（四）记笔记为学生构建知识发挥了重要作用

记笔记、整理笔记及复习笔记的方法，正好符合学生的认知规律，养成良好的记笔记习惯，是培养学生构建知识技能的重要实践活动。笔记将新知识与旧知识有机联系到一起，并以系统的方式将它们组织起来，使学生理解掌握所学的新知识，并以此为出发点构建自己的知识体系，可见笔记是构建知识体系的索引系统。构建知识体系最为重要的一环，是将所学知识抽取出一个骨架性的知识结构，以此作为学习或复习的导向系统。构建知识体系另一个层面的操作方法是，列出某一方面内容的主要概念、规律等重要知识线索，将内容变为这种概要性的知识点，会使有关知识、规律的掌握变得更为容易，它可以作为一个检索系统，帮助学生组织数学中浩如烟海的内容，使其变得更容易记忆。记笔记的过程，就是这种抽取、

构建知识体系的实际操作过程，也是学生学习如何选择、重组、提取知识结构的技能训练过程。笔记是学生学习体验的基础。可以说，体验是新课程改革的一个重要概念，只有在充分体验后，才能加深对知识概念、规律的理解掌握，提高应用知识的能力，强化情感体验。学生记笔记的过程，也是学生参与知识发生、发展和应用的过程，在参与中把握住知识的要点、能力的生长点和思维发展点，便于学生明确哪些知识是自己明确和系统化了的，哪些知识是不尽明白、也没系统化的，再现知识形成过程和问题解决的思维过程，培养学生提出问题的能力，促进学生学会学习。学生不仅要学习知识，还要通过自己的方式把它们转变成新的知识，笔记便于学生体验如何选择正确学习方法，学会对自己的学习方法、策略、过程进行评价及监控，以优化自己的学习过程和学习策略。课堂教学不可能让每个学生都做到学习效率最大化，而记笔记可让不同层次的学生，以笔记为基础，做到课内外相结合，教与学两方面相结合，把课上不懂的弄懂、不清楚的弄清楚、不系统的系统化，从而激发学生自主学习的动机，构建自主学习的机制、情境，促进全体学生的发展。

六、结论与建议

1. 通过对笔记的监控来提高学生数学能力，让学生养成终生学习的习惯是可行的。

2. 提高了学生发现问题、提出问题、解决问题以及综合思维的能力。

3. 在对学生笔记的要求上，一定要严格监管并持之以恒。

4. 通过对笔记的监控来提高数学能力的方法，对于其他学科也具有指导意义。

5. 本次试验的不足之处是样本人数较少，过程中由于文理分科，实验对象发生变动，时间也较短（还不足两年)，如果是完整的高中三年就较为理想了。

只有幸福快乐的教师才能教出幸福快乐的学生。

新课程改革背景下课堂有效教学的审视与探索①

北京市航天中学　高洪文

一、"有效教学"的概念

有效课堂教学是指能够引导学生进行有效学习的课堂教学，即能够促进符号所代表的新知识与学习者认知结构中已有的适当观念之间建立起非人为的实质性联系的课堂教学。有效教学的核心就是教学的效益，即什么样的教学是有效的。所谓"有效"，主要是指通过教师一段时间的教学之后，学生所获得的具体的进步或发展。也就是说，学生有无进步与发展是教学有没有效益的唯一指标。教学有没有效益，并不是指教师有没有教完内容或教得认真不认真，而是指学生有没有学到知识或学得好不好。如果学生不想学或者学了没有收获，即使教师教得再辛苦，也是无效或者低效

① 本文获北京市第四届"京研杯"教育教学研究成果征文一等奖。

教学。所以，有效教学理念主要关注学生的进步或发展、关注教学效益、关注可测性或量化，如要求教师有时间与效益的观念，教学目标尽可能明确与具体，以便于检验教师的工作效益等。

二、新课程改革背景下对课堂有效教学的再审视

下面以“数学课堂教学”为例，从初中数学课堂中出现的问题来具体分析新课程改革背景下的课堂教学所存在的弊病，并对教学有效性缺失的主要表征进行反思，从而重新审视新课程背景下的课堂有效教学。

（一）新课程改革背景下的课堂教学存在的常见弊病

1. 刻意追求课堂形式的“活泼”，而忽略了课堂教学的实质，过分地强调形式而忽视了内容

这个弊病主要体现在课堂提问和课堂小组合作学习中，症状通常包括：①合作主题的形式化。通常有两种表现：主题比较简单，无需学生之间相互讨论，课堂讨论只是浪费教学时间的“过场”而已；主题比较复杂，确实需要学生共同解决，但由于学生缺乏足够的思考时间，也难以达到效果。②学生合作的形式化。合作学习的背后是只“作”不“合”、只“议”不“思”、只“说”不“听”，学生大多“各自为政”，有的学生搞“一言堂”，多数学生一言不发。③教师指导的形式化。一旦学生进入了合作学习这一环节，有的教师要么倒背双手、鹤立鸡群般踱来踱去，要么象征性地在这一组插一句，那一组提一句，看似很忙，很关注，实际上大多在摆样子，并没有投入到合作学习的过程中。这样的合作学习，学生没有认真思考，没有思维撞击的火花，没有意见交融淌出的源头活水，合作学习仍流于形式。

2. 创设与学习无关的课堂教学情境，整个课堂“现实背景”泛滥

课堂教学情境是为更好地进行数学学习活动而创设的，任何与学习无关的情境都是不必要的，否则只会干扰正常的学习活动，让学生眼花缭乱，兴奋之余忽略了数学的思考。

课堂教学情境的创设应有助于兴趣的激发，如在“过三点的圆”一课教学中，教师提出成语“破镜重圆”，给出破了的镜子的残片，让学生设计一种方案，把圆镜的图形完整画出，让“破镜重圆”。这些引入能激发学生求知的欲望。可是现在很多教师太注意教学情境，从引入到最后的深化拓展，问题情境贯穿整个课堂，有些教师为了把整节课串联而弄个背景，强加题目，学生学习的目的只是解题，而不是学知识了。

3. 对教学方法的选择，盲目崇尚新异

现在很多教师上课很少使用讲授法，其实，没有教师进行系统地整

理，学生对知识的掌握是肤浅的，教学方法也只是表面，难以运用到实践中去，对学生各方面能力的培养也是无益的。讲授法的主要作用在于引导学生在尽可能短的时间内，获得尽可能多的知识和技能，它并不必然导致学习过程的枯燥与机械，尤其是在班级授课制的条件下更有其存在的合理性和必要性。关键在于教师要善于根据不同的学习内容，依据学生的心理特征，灵活变通地运用教学的方式，让学生主动而又愉快地学习。

4. 学生主体意识缺乏，学习效率低下

就学生而言，存在着学习行为的被动化问题。学生对自己的学习行为缺少自主控制，学习材料靠学校来提供、学习目标靠老师来确定、学习任务靠老师来安排、学习行为靠老师来督促、学习过程靠老师来调控、学习结果靠考试来评价。这导致学生缺乏个性意识，不能自觉培养和发展自己的特长；缺乏参与意识，课堂中往往局限于被动听讲和记录，缺少自主探究和积极思考；缺乏问题意识，仅仅把学习看成是解决问题的过程，未能看到学习其实还是一个不断提出新问题的过程，让学习止于解决问题，而不是让学习起于提出新问题；缺乏合作意识，学习过程中遇到问题往往仅靠自己的冥思苦想，生生合作、生师合作的形式并不多见，多方对话的情形也不常见；缺乏情感意识，忽略学习过程中的情感体验和人格培养；缺乏反馈意识，不能自觉地、多元地反馈交流自己的学习信息，如此等等，不胜枚举，浅于学、苦于学、倦于学、厌于学的现象普遍存在。

5. 不顾学生的反映与思维，按自己完美的设计进行

很多教师在上课中经常碰到学生并不是按教师的设计思路进行学习，学生的回答常常出乎教师意料，如果按学生的思维进行，课堂设计将被打破。很多老师的处理是先把问题放一放，下课再一起探讨，原因一是时间不允许，二是老师还没有反应过来，三是实在舍不得自己原来“完美”的设计，这种“冷冻”处理其实大大挫伤学生的积极性，同时违背建构主义理论的问题解决原则。

（二）对有效性缺失的主要表征的反思

由于上述新课程改革背景下课堂教学中出现的弊病，课堂教学的有效性缺失当然也就不可避免，课堂教学的最终结果往往导致课程目标的表面达成，这种表面达成现象的最终结果是产生出高分低能的所谓人才。因此，必须对有效性缺失的主要表征进行反思，从而探索新课堂改革背景下如何进行有效优质的课堂教学。

反思一：“ 合作学习 ”是《义务教育数学课程标准》所大力倡导的学习方式。然而，就具体的教学活动而言，合作不应该是一种顺从，而是一

种相互认同、相互接纳的过程。合作要以独立思考为基础，要因材施教。不同的学习内容有不同的合作方式和合作时机，有的内容需要自主探索而不需要合作，而当学习活动中产生不同意见时、研究结果多样时、独立思考困难时、解决策略不同时、需要分工操作时等，则是合作学习的好时机。同时，学生合作还需要注重方法的引导和训练。

针对小组合作学习中存在的不良症状，教师需要“对症下药”，以真正发挥小组合作的应有功效。首先要注重合作前的独立思考；其次要关注合作中的启发引导，小组合作学习不是学生参与，教师旁观，而是教师和学生的共同参与；最后是合作后的归纳总结。对于学生没有理解透彻，不能达成共识的问题，教师应进一步加以阐释，点明主题；同时教师应对学生不同的观点进行归纳总结，这时教师的语言应点到为止，力求严谨、平实而具有延伸性，以促进学生提纲挈领地领会问题的主旨。

反思二：课堂情境创设有两个目的，一是让学生的注意力从五花八门的课间活动中集中起来，二是为课堂新知识的掌握提供载体，课堂教学情境的创设应遵循自然、贴切，有助于兴趣的激发、思维的展开和学习潜能开发的原则。另外，教师还要学会适时抓住教学中的重要信息进行教学情境的再创造，而不是在课堂进行情境的重现。我们在强调多种教学方法的同时，一定要防止出现新的问题，即反掉了老传统，形成了新传统。

反思三：各种教学方法具有互补的特点，而且在实现教育目标方面都有着自己的特殊的作用。课堂教学中并没有一成不变的所谓最好的方法，随着课堂教学目标的多元化，当前教学方法改革的一个重要趋势是努力建构多样化、最优化的体系。教学中要坚持以启发作为指导思想，坚持各种教学方法的有机结合，综合、灵活地运用教学方法，做到“教学有法，但无定法”，以取得最优化的教学效果。

反思四：鼓励学生发表自己独特的观点和见解，允许进行不同的“解读”，赋予其“思维漫步”之自由，使学生感受到学习的乐趣，获得一种自我价值实现的体验，从而不断地实现自我超越，提升生命价值和意义，焕发出生命的活力。

反思五：课堂必须以学生为主，当教师的设计与学生的思维相冲突时，以保护学生的积极性为主，只有学生对数学真正产生了兴趣，学生现有的思维与教师提出的问题真正发生认知的冲突，才真正产生了效果。

三、提高课堂教学有效性的几点探索

以上对新课程改革背景下的课堂教学的有效性进行了重新审视，下面用“初中数学课堂教学案例片段的分析”方法来探索如何提高课堂教学的有效性。

1. 注重全员参与，全面激发学生学习的积极性

有效的课堂最重要的是每个学生都积极参与，评价一节课是好还是坏，是有效还是无效的，首要前提是学生是否一直参与学习。如果学生的课堂积极性没有调动起来，课设计得不管多完整、多好，也是低效或者说是无效的。

下面看一个扇形统计图的课堂案例片段：

教师调查班级 11 月份生日的同学个数，随着《生日快乐歌》响起，提议通过这节课全班同学一起过个集体生日，然后出现蛋糕。学生沉浸在亲情友情之中。

教师提出问题：如何来平均分蛋糕。学生积极尝试，最后得出结论：①要经过圆心，②要按圆心角度数分。教师引导学生知道圆心角的度数为所占的比例乘以 360°。

引入设计说明：①从学生感兴趣的生日引入，激发学生的兴趣，调节课堂气氛，同时无形中让学生受到亲情友情教育。②通过分蛋糕，分解了本节课的难点，画扇形统计图时，根据各部分所占比例计算圆心角度数。③同时为下面的调查埋下伏笔。

看完这个片段与作者的设计说明，可以想象上课时的氛围。事实上，这节课很成功，上课时学生都精神饱满，笑声充满着课堂，达到了教学目的。

2. 根据教学目标与学生实际大胆合理进行教材处理

课堂教学是否有效，在于教学目标是否真正落实，落实的关键在于对教材的深刻理解，对教材的精心设计。每个学校是不同的，每个班级的学生也不一样，教材也只是提供一个素材，教师要根据自己学生的实际情况大胆处理教材，创造性地开发教材，使用教材，挖掘教材。

如某节课要解决的问题是：

例 1：如图 1 所示，有一个长方体形的房间，地面为边长 4 米的正方形，房间高 3 米。一只蜘蛛在 A 处，一只苍蝇在 B 处。

(1) 试问，蜘蛛去抓苍蝇需要爬行的最短路程是多少？

(2) 若苍蝇在 C 处，则最短路程是多少？

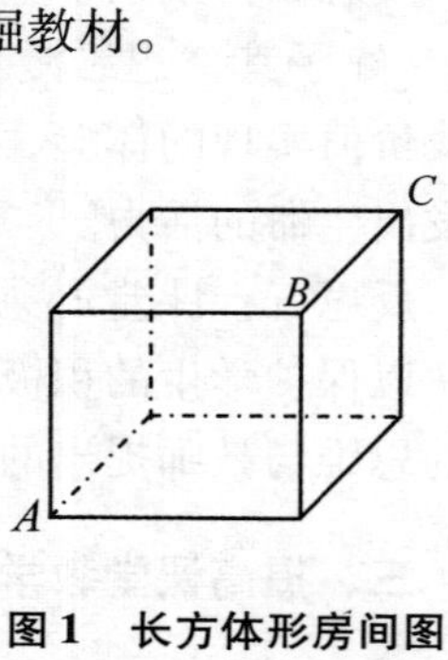

图 1　长方体形房间图

变化问题是：在一个长、宽、高分别为 5

米、4 米、3 米的长方体房间内，一只蜘蛛在 A 处，一只苍蝇在 C 处，试问，蜘蛛去捉苍蝇需要爬行的最短路程是多少？

例 2：包装盒如图 2 所示，为了生产这种包装盒，需要先画出展开图纸样。

（1）如图 2 给出的三种纸样，它们都正确吗？

（2）从已知正确的纸样中选出一种，标注上尺寸。

（3）利用你所选的一种纸样，求出包装盒的侧面积和表面积（侧面积与两个底面积的和）。

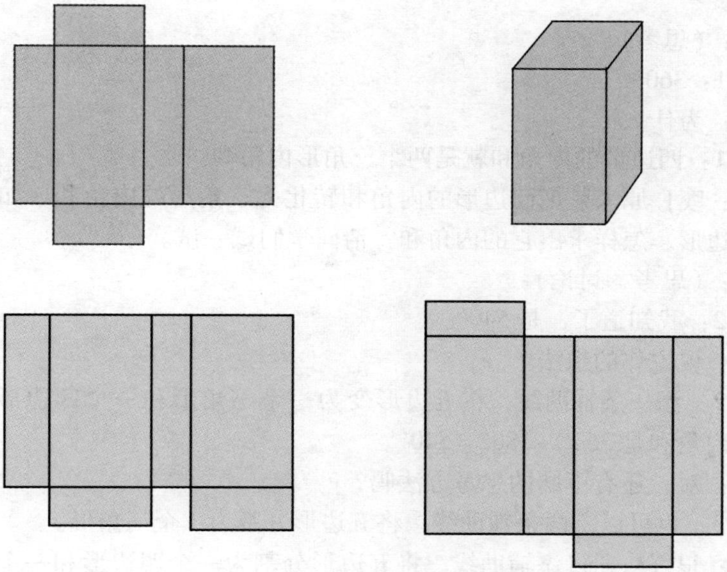

图 2　长方体包装盒侧面展开图

课上老师没有将问题解决彻底，只能把问题留在课外让学生去探究，课上的问题不解决，那么学生就无法在课外去探索。

笔者听完课后觉得遗憾，这节课内容这么多，是不是应该删掉些内容，如对例 2 的中的问题（2）、（3）是否可以大胆删去，虽然教科书中对标尺寸有要求，但是否可以不放在这节课，还有侧面积与表面积与这节课联系并不是很紧密，是否都可以删去。

笔者认为：要使课堂有效，必须大胆合理对教材进行处理。

3. *注重培养学生的思维能力，并在知识传授的同时渗透德育、美育*

在数学教学中存在着三种思维活动：①数学家的思维活动（它出现在教材中）；②数学老师的思维活动；③学生的思维活动。其中教师在教学过程中起着主导作用，协调着这三种活动，使学生的学习思维过程与数学家的思维过程同步，并逐步使其思维结构与数学家相似。为了了解体会数学家真实的思维过程，需要教师引导学生模拟数学家的思维过程，带领学生“似真性”地发现，让学生体会到寻求真理的喜悦。思维是数学的本质，数学课体现数学思想，培养数学思维，那样的数学课才是有效的。

请看多边形内角和公式发现的教学片断：

师：我们知道三角形内角和是180°，边数是3，如果我们以三角形的一边再画一个三角形，就得到一个四边形ABCD，请问这四边形的内角和是多少度？

生：（思考）

生1：360°

师：为什么？

生1：四边形的内角和就是两个三角形内角和。

师：噢！原来是把四边形的内角和转化为三角形的内角和，如果给你一个五边形，怎样求出它的内角和？请同学们试一试。

生：（思考，讨论）

生2：我知道了，是540°。

师：说说你的想法。

生2：添一条辅助线，将五边形变为一个三角形和一个四边形，那么五边形内角和是360°+180°=540°。

师：对，还有不同的思考方法吗？

生3：也可以添两条辅助线，将五边形分割为3个三角形。

师：很好！通过添辅助线，将五边形分割为一个四边形和一个三角形或分割为三个三角形，从而将五边形的内角和转化为已知的四边形或三角形的内角和，这是数学中常用的数学思想——化归思想。（教师一边讲，一边有意识地列表，见表1）

表1　多边形内角和与边数关系表

多边形	多边形边数	多边形内角和（°）	分割三角形个数
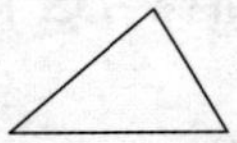	3	180	1

续表

多边形	多边形边数	多边形内角和（°）	分割三角形个数
	4	360	2
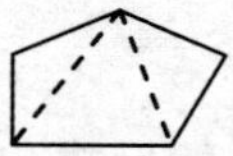	5	540	3
	n	?	?

师：不同的多边形，它的内角和也不同，你知道多边形内角和是随着哪个量变化而变化的吗？

生：多边形的边数。

师：对！下面请同学们猜想n边形的内角（画出n边形 $A_1A_2\cdots\cdots A_n$，见表1）

经过学生思考，讨论，得出猜想结论：n边形的内角和是（n－2）180°。经过学生自己发现的公式，无论在思想感情上，还是在学习兴趣上，都要比教师直接给出公式再加以证明更富有吸引力。

有了猜想的结论，证明猜想的正确性就成了学生自发的需要。于是教师趁热打铁，先请学生画一个七边形验证，在验证的基础上，又请学生对猜想的公式进行合理的说明（用不同的分割方法；从n边形的一个顶点或内一点或边上一点出发，连结各个顶点）。

从特殊到一般，从猜想到验证，从验证到证明，是个数学化的过程，是记住这个公式的课堂有效，还是探索公式的课堂有效，也许在做题目的过程中看不出，但后者让学生更加聪明。有效的课堂不仅仅是对知识的掌握、运用，更是素质的培养，如质疑精神、创新精神、科学精神、人文精神，这些德育渗透对人的一生都有用，这样的课堂当然是有效的。

再来看一个扇形统计图的案例片段，这个片段在新课教学的开始：

进行一个调查并填写“父母是否为你过生日情况调查表”

表2　父母是否为你过生日情况调查表

过生日频率	每年	经常	偶尔	从不	总计
人数					

指定一个学生为记录员，并进行统计，其他同学通过举手提供调查信息。把采集的数据输入数据表，形成扇形统计图，并根据图形回答：

（1）经常过生日的占百分之几？你知道有多少人吗？

（2）哪种最多？哪种最少？最多的是最少的几倍？

（3）表示经常过生日的扇形的圆心角是多少度？你是怎样计算的？

学生观察、思考，老师介绍扇形统计图的特点。

还有一个片段是在课的最后：

通过一项活动“我来设计”让学生主动参与到设计中，然后提出问题：我们班36名同学，如果想对同学“是否记住父母亲生日”来进行调查，如何完成扇形统计图？

通过学生反馈，记录员统计，完成统计表（表3）：

表3　学生是否知道父母亲生日情况调查表

情况	都知道	知道一个	不知道	总计
人数				

同时提出问题：请根据上面的信息画出扇形统计图。然后根据图中得到的信息，写出两条结论，或者设计两个问题，请你旁边的同学来回答。看谁图画得精致，题目出得最好。

然后通过成果发布会，让同学们展示自己的成果，让他们体会到成功感。

最后，教师把“学生是否记住父母生日情况统计图”与“学生过生日情况统计图”放在一起比较。让学生比较图形，同时受到一种感恩教育和亲情教育。笔者认为，这样的设计是匠心独具的，这样的教学是真正有效的，教师在传授知识的同时自然地渗透了德育教育，在教学的同时也起到育人的作用。

4. 注重课堂上学生的纠错分析

在介绍学好数学的经验时，很多优秀学生都特别强调了纠错分析，建立纠错本。这是课外的事情，那课内该如何对待学生出现的各种问题与错误呢？有效的课堂应能很好地解决学生提出的问题，分析学生错误的根源。学生的错误有多种，有些是阅读题目时审题不清，有些是数学思想方法上的问题，有些是学生的知识在迁移中遇到了困难，有些是概念不清、知识混淆，有些是理解上的偏差、思维上的定式等等。当学生出现了这些错误后，老师应该与学生一起来探索，分析产生错误的前因后果，并且对学生易错的题目进行改编。使学生加深对题目的理解。

聚焦课堂，让课堂真正有效，需要不断地研究与探索，课堂是教育教学中永恒的课题。只有真正以学生为本，以学生的全面发展为本，不断提高教师自身的素质，课堂教学的有效性才会不断提高，学生与教师才会不断发展与成长。

选择了教师这个职业，我非常自豪。我坚信智慧与爱心必能浇灌出知识之花，孕育出桃李之果。

新课程改革下做好初高中数学衔接的必要性及策略[①]

北京市航天中学　邱荣荣

新教材融进了近现代数学内容，精简整合了传统高中数学内容。与旧教材相比，教学内容增多，教材明显变厚，教材的难度有所降低，高中新课程的课时数还将减少。但高考选拔人才的水准不能降低，与义务教育初中阶段的课程相比，教学容量和教学难度大为提高。如何依据新教材，按照高中学生的个性特点和认知结构，设计出指导学生高效率学习的有效方法，以使学生适应新教材，顺利完成初高中数学衔接学习，培养学生的自学、探索和创新能力，体现高中数学课程标准的原则精神，这个问题已经十分紧迫地摆在我们面前。现结合人教 A 版教材，在实施过程中出现的问题和应对策略与大家进行探讨。

一、新课程改革下做好初高中衔接的必要性

（一）初、高中学生的对比

开展过高中数学课程标准实验教学的教师都有这样的感觉：这届学生比历届学生都要“随意”，都要“会说”，课堂气氛很活跃，但心算、口算、笔算的能力相当差，这是初中新课标实施的结果（表 1）。

① 本文获北京市第三届“智慧教师”教育教学研究成果征文二等奖。

表1　本届学生与历届学生的几点对比

对比	本届学生	历届学生
课堂气氛	个人参与表现能力强，敢于相互交流，发表不同的观点、看法，课堂气氛相当活跃	相互交流讨论能力不如本届学生，在教师启发下会发表看法，课堂气氛要看教师的调节水平
运算能力	心算、口算、笔算能力弱，对计算器有依赖感，操作相当熟练，一些常用值没记忆	心算、口算、笔算能力强，计算器操作不是很熟练，对一些常用值有记忆的习惯
动手能力	动手能力强，掌握三视图，熟悉图形与变换（轴对称，平移，中心对称，旋转）	远远不如本届学生
心理素质	有强烈的表现欲望，但容易受挫折，计算器的依赖让学生失去对心算、口算、笔算的信心，始终有一种“不用计算器验证，心里不踏实”的感觉，影响着学习考试的情绪	心理素质较好，对自己的心算、口算、笔算能力很有自信，不依赖计算器

（二）初、高中教材内容的对比

目前，“九年制义务教育”新课程改革教材，对教学内容作了较大程度的压缩和删减，教材叙述方法比较简单，语言通俗易懂，直观性、趣味性强，结论容易记忆，学生易于掌握（表2）。虽然“九年制义务教育”课程标准倡导“不同的学生在学习上得到不同的发展”，但是家长的愿望、升学的压力，学校之间、班级之间的竞争，驱使初中数学教学普遍执行的是义务教育数学课程标准的基本要求，即“义务教育数学课程标准中明确规定的要求”，有的甚至在执行中考必考的要求。初中数学教学淡化了为学生的升学而应做的准备，初中教学中的“讨论式”教学法、“自学式”教学法等多种体现学生自主学习、自我探索的方法的开展，导致课堂教学密度小、规范性差。

表2　义务教育数学课程标准下初中教材的特点和优势

改革继承	体现了义务教育数学课程标准的改革理念，继承传统教材重视基础的优点，基础知识、基本技能、基本思想方法都落到实处，重视学生的基本活动体验的积累
内容结构	教材内容生活化、情景化，丰富多彩，富有趣味性，不失数学逻辑结构的严谨性和科学性，结构合理、科学高效，符合学生的认知规律，教师易教，学生易学，几何内容编排有特色

续表

发展闪光	有效地吸纳了国际上成功经验，充分运用数轴的作用，设置“合作学习”“探究活动”“设计题”等栏目，可以充分挖掘学生的潜力，可以和高中新课程教学在模式上接轨

初、高中教材比较后可以发现，初中数学教材内容相对具体，多为常量；而高中数学内容抽象，多研究变量，不仅注重计算，还注重理论分析，抽象思维和空间想象水平明显提高，知识难度加大，且习题类型多，解题技巧灵活多变，计算繁冗复杂，体现了“起点高、难度大、容量多”的特点。由于近几年教材内容的调整，初、高中教材都降低了难度，但相比之下，初中降低的幅度大，而高中由于受高考的限制，教师都不敢降低课程的难度，造成了高中数学的实际难度并没有降低，反而加大了初、高中教材内容的难度差距。

（三）初、高中数学思维方式的对比

初中数学知识逻辑关系比较少，运算要求不多，近年来对二次函数的要求也在降低，一般不作为中考压轴题，从数学思想方法看，高中数学所追求的重要的数学思想方法，在初中数学学习中没有初步的体现。高中强调数学能力和数学思想的运用，其中对运算能力、逻辑推理能力和分析问题、解决问题的能力都有很高的要求。对于数学思想方法，特别是数形结合思想、函数与方程的思想、分类讨论思想在高一上学期的学习中即有很高的要求。例如解决 $ax^2+4x+6>0$ 这样简单的不等式时，首先要讨论 a 是否为零，如果不为零，还要讨论 a 是正数还是负数，这需要学生有分类讨论的思想意识。学习不等式时，需要方程、函数、不等式的思想，尤其是函数 $y=ax^2+bx+c$（$a\neq0$）与一元二次方程 $ax^2+bx+c=0$（$a\neq0$）和二次不等式 $ax^2+bx+c>0$（或 <0）（$a\neq0$）之间的关系，需要有统一的认识才能迅速地分析、解决问题。高中数学有很多代数证明，这也是初中时很少遇到的，这类问题要求学生有较强的分析能力，比如：证明 $f(x)=ax^2+bx+c$（$a\neq0$）是偶函数的充要条件是 $b=0$，这需要学生首先分清一个函数是偶函数需满足什么条件，其次需要有数形结合的思想，从二次函数出发来解决问题。

（四）初、高中教学特点的对比

初、高中数学教学的不同特点随着新课程改革的不断深入，其差异越来越显著，初中教学带有明显的“义务制”教育色彩，而高中学习则侧重应用能力，并面向三年后的高考选拔。这就使初、高中两个阶段的教育特点呈现出了较大的差异。高中的数学加强了数学思想与方法的学习，尤其是函数与方程的思想、分类讨论的思想、数形结合的思想。初中新课程改革后，初中课堂教学模式一般为“创设情境—提出问题—探究问题—反思问题—解决问题—训练提高”，特别重视问题情境的创设，从实际情境引入数学知识，更加关注学生对知识的探索过程和切身体验。教师由单纯的知识传递者转变为学生学习数学的组织者、引导者和合作者，给学生提供成果展示的机会，培养学生的交流能力及学习数学的自信心。

（五）初、高中学习方式的对比

在初中，数学学习更多的是一种模仿式的学习。考试时，学生只要记准概念、公式及教师所讲例题类型，一般均可“对号入座”取得好成绩。到高中，由于内容多、时间少，教师不可能把知识应用形式和题型讲全讲细，只能选讲一些具有典型性的题目，以落实“三基”培养能力。因此，高中数学学习要求学生勤于思考，善于归纳总结规律，掌握数学的思想方法，做到举一反三、触类旁通。然而，刚入学的高一新生，往往继续沿用初中学习方法，受初中学习定式的影响，对于一些有固定操作程序的题目还能勉强应付，而对于那些没有固定套路、需要发散性思维才能解决的问题就束手无策了。

综上可以看出，新课程改革下做好初、高中衔接是非常必要的。

二、新课程改革下做好初高中数学衔接的思想策略

结合本校学生的实际情况，为很好落实初、高中数学衔接，有以下一些具体做法：

（一）心理状态的衔接

初中学生活泼好动，在生理、心理等各方面都比较单纯，社会、学校、家庭都还把他们当未成年人。因此，教师必须在高一刚开学就告诉学生：面对新环境、新教材、新同学、新教师、新集体，必然有一个适应的过程，学生要做好充分的思想准备，认清自己所处的环境。而教师应做好下面四项工作：一是给学生讲清高一数学在整个中学数学中所占的位置和作用；二是结合实例，采取与初中对比的方法，给学生讲清高中数学内容体系特点和课堂教学特点；三是结合实例给学生讲明初、高中数学在学习方法上存在的本质区别，并向学生介绍一些优秀的学习方法；四是请高年级学生谈体会讲感受，引导学生少走弯路，尽快适应高中学习。

（二）教学内容的衔接

初中教材语言叙述比较通俗易懂，带有直观性、趣味性，而高中教材叙述比较严谨，抽象思维水平陡然提高，知识难度迅速增大，重理论、重

逻辑推理。新课程改革下高中教材所表现的是经过逻辑加工的严密的演绎体系，表现为“概念—定理（或性质、公式）—范例”组成的纯数学系统，往往看不到概念的形成，公式、定理的发现过程，解题的探索过程，只看到完善的结论，新教材在适合学生阅读上作了大幅度的改革。鉴于此，我们对新教材必须进行较深的挖掘。

高中新教材打破了原来分科安排内容（代数、立体几何、解析几何）的编写体系，安排知识顺序时注意处理与初中数学的衔接，符合逻辑的基本规则，在深浅上注意坡度的设计，工具性内容靠前安排，相关内容适当集中。这些特点更加符合高中学生的年龄特征和认知规律，更适合学生的自主学习和课前预习，也有利于教师展开素质教育。

高中新教材突出了数学与实际问题的联系，意在培养学生的数学应用意识。在教材编排上，章前图的设计为了说明数学来源于实际，章前引言从实际问题导出，阅读材料很多是介绍数学模型及应用方法，习题也适当地增加了联系实际的题目，所有这些都是为了创设联系实际问题的氛围，培养应用数学的意识。

教师在使用了高中新教材后，应该进一步结合新教材的教学实践，进行更加具体、深入细致的研究，使学生较快适应高中新教材的学习，教师更快适应新教材的教学。

（三）教学方法的衔接

由于初中教材的内容较少且比较简单，课堂教学中多为教师讲，学生听，接着学生练习，每节课中学生围绕一两种题型进行反复训练，“举三反一”。因此，课容量小，进度慢，对重、难点内容均有充足时间反复强调，对各类习题的解法，教师有时间进行举例示范，学生也有足够时间进行巩固。而到高中，由于知识点增多，灵活性加大，使课时减少，课容量增大，进度加快，对重、难点内容没有更多的时间强调，对各类型题也不可能讲全讲细和巩固强化，只能教会学生尽量做到“举一反三”。在教学上，要优化课堂设计，做好初高中教学方法的衔接，具体做法如下。

1. 立足于大纲和教材，尊重学生实际，实行层次教学

在教学中，应从高一学生实际出发，采取“低起点、小梯度、多训练、分层次”的方法，将教学目标分解成若干递进层次逐层落实；在速度上，放慢起始进度，逐步加快教学节奏，在知识导入上多由实例和已知引入。在知识落实上，先落实“死”课本，后变通延伸，“用活”课本；在难点知识讲解上，从学生理解和掌握的实际出发，对教材作必要层次处理和知识铺垫，并对知识的理解要点和应用注意点作必要总结及举例说明。

2. 重视新旧知识的联系与区别，建立知识网络

初、高中数学有很多衔接知识点，如函数概念、平面几何与立体几何相关知识等，到高中，有些内容加深了，有的研究范围扩大了，有些在初中成立的结论到高中可能不成立。因此，在讲授新知识时，教师应有意引导学生联系旧知识，复习旧知识，特别注重对那些易错易混的知识加以分析、比较和区别。这样可达到温故知新、温故而探新的效果。

3. 重视展示知识的形成过程和方法探索过程，培养学生自学能力

高中数学较初中教学抽象，应用灵活，这就要求学生对知识理解要透，应用要活，不能只停留在对知识结论的死记硬背上，这就要求教师应向学生展示新知识和新解法的产生背景、形成和探索过程，不仅使学生掌握知识和方法的本质，提高应用的灵活性，而且还使学生学会质疑和解疑的思想方法，促进创造性思维能力的提高。

（四）学习方法的衔接

初中的课堂，教师讲得细，类型归纳得全，练习得熟，考试时，学生只要记准概念、公式及教师所讲例题类型，一般均可“对号入座”取得好成绩。因此，学生习惯于“围着教师转”，不注重独立思考和对规律的归纳总结。

进入高中以后，学习密度、难度及作业量猛增，极易形成被动的学习态度，必须让学生意识到重新调整自己的学习方法的必要性。由此，在学习中做到：知其然，更知其所以然；明其理，还产生自己的想法；知一点，恍然大悟，懂得一片；能创造性地提出新思路、新见解、新问题、新结论。正如课程标准里所说：既要关注学生数学学习的结果，也要关注他们数学学习的过程；既要关注学生数学学习的水平，也要关注他们在数学活动中所表现出来的情感态度和变化。

总之，只要我们充分了解学生的实际，通过入学教育提高学生对初、高中衔接重要性的认识，增强学生的紧迫感，消除松懈情绪，正视教材及学生两方面存在的问题，善于从实际出发，提高学生克服困难的勇气，最大限度地激发学生学习的积极性，就一定能使学生尽快适应高中数学的学习。

教师，不仅用自己的学识育人，更重要的是以自己的德育人。

论在课堂教学中协作互动的必要性[①]

北京市航天中学 钱 洵

现代社会是竞争与协作互动的社会，善于竞争和协作互动是人们取得事业成功的基础。有观点认为：一个职业人士的成功 75% 靠协作互动，25% 靠天才和能力。因此从小培养学生的协作互动，不仅是时代的需要，也是素质教育的需要，更是人可持续发展的需要。

课堂是实施素质教育的主渠道，课堂教学是学校教育活动的基本组织形式，是传授知识、培养能力、全面提高学生素质的主要途径。新课程改革不仅把教学过程看成教师忠实地执行课程计划的过程，而且看成教与学的协作互动。因此加强课堂上的协作互动，使学生真正成为课堂教学的主人，这是现代数学教学的趋势。为此，在数学课堂上应充分让学生“动”起来。即让学生的个性表露出来，思维活跃起来，这将会极大地提高课堂教学效率。

那么什么是在课堂教学中的协作互动？为什么要进行协作互动呢？下面就谈谈笔者在教学中的一些体会。

一、什么是在课堂教学中的协作互动

（一）定义

课堂教学中的协作互动是指学生在教师指导下，通过师生之间、生生之间的相互交流、相互沟通、相互启发、相互补充、相互协作、共同发展

① 本文获北京市数学学会论文评比二等奖。

的互动过程，是师生共同开发课程、丰富课程的过程。

（二）与传统教学模式的区别

在长期的教育教学实践中，“传授—接受”教学模式经过几代人的总结，已日臻完善。这种模式对学生快速获取知识确有优势，但它的缺点是导致学生缺乏自主学习的能力和创新能力。从培养学生全面素质来看，这是非常不利的。

新课程改革将教师与学生之间原有的“权威—服从”关系逐渐变成了“指导—参与”的关系。教师不能仅是一个传道、授业、解惑者，而且要充当“促进者”、“咨询者”、“顾问”、“合作者”、“引导者”和“参与者”等多种角色，教师不再把自己视作“管理者”“监督者”，而是“合作者”。教师成了后台“导演”，学生成了前台“演员”，师生共同合作“一台戏”，学生成了“戏”的主角，教师走到幕后或成了配角，学生真正成了学习的主人。

新课程改革强调，教学过程是师生交往、共同发展的互动过程。教师应处理好传授知识与培养能力的关系，注重培养学生的独立性和自主性，引导学生质疑、调查、探究，在实践中学习，使学习成为在教师指导下主动的、富有个性的过程。教师应尊重学生的人格，关注个体差异，满足不同需要，在教学过程中创设民主和谐的课堂教学氛围，使学生主动参与，勤于动脑，善于发言，激发学生的学习积极性，培养学生掌握和运用知识的态度和能力，使每个学生都得到充分的发展。

二、课堂教学中的协作互动的功能

（一）形成了一个广泛的学习共同体，促进了知识的建构

社会建构主义认为，知识不仅仅是个体在与物理环境的相互作用中建构起来的，社会性的相互作用同样重要，甚至更加重要。社会建构主义的先驱维果茨基认为，人的高级心理机能的发展是社会性相互作用内化的结果，“个人的认知结构是在社会交互作用中形成的，发展正是将外部的、存在于主体间的东西转变为或内化为内在的、为个人所特有的东西的过程”。因此，知识是活动、情境和文化的产物，是学习者相互对话与协商的产物。社会建构主义认为协作互动可以加速个体的知识建构，这是因为，每一个学习者都有自己的经验世界，个体在与环境的相互作用中建构的认知结构因人而异，有的较全面，有的较片面，有的较深刻，有的则完全错误。因此，通过个体与他人的沟通、合作与交流，可以集智取长，共同提高。换句话说，通过协作学习，形成一个广泛的学习共同体，就能为

知识建构提供丰富的资源和积极的支持，从而加速个人对知识的意义建构。①

如在“某些立体图形的展开图（一）”的教学中，笔者首先要求学生将事先准备好的5个棱长为5厘米的纸制立方体拿出来，四位同学一组，动手进行操作。教学过程：①探索正方体的展开图，沿着某些棱展开；②小组长负责搜集整理本组的不同的展开图；③在活动的同时，将不同类型的表面展开图贴到黑板上；④观察有没有相同的图形；⑤得到11种不同的表面展开图；⑥通过几何画板的正方体的展开图动画演示，让学生明确11种展开图的方式；⑦寻找展开图的规律。在整个教学活动中，学生的兴趣非常高，积极动手操作，积极思考，达成共识。从教学效果看，学生的知识掌握得很牢固，达到了本节课的教学目标。

（二）突出了学生的主体地位，激发了学生的积极性和创造性

《全日制义务教育数学课程标准》要求：有效的数学学习活动不能单纯地依赖模仿与记忆，动手实践、自主探索与合作交流是学生学习数学的重要方式。

通过课堂上的协作互动，全体学生有了充分的参与机会与权利，学生的自主性和参与性大大提高。学生在亲身体验和探索中认识数学，解决问题，理解和掌握基本的数学知识、技能和方法，逐步形成善于倾听与质疑、乐于探究与合作、勤于动手、努力求知的积极态度，产生积极情感，激发了探索、创新的欲望。

（三）提升了学生的思考能力，培养了学生发现问题和解决问题的能力

课堂上的协作互动通常围绕一个需要解决的实际问题展开。在教学的过程中，教师引导和鼓励学生自主地发现和提出问题，设计解决问题的方案，收集和分析资料，调查研究，得出结论并进行成果交流活动。通过以上手段引导学生应用已有的知识与经验，学习和掌握一些科学的研究方法，培养发现问题和解决问题的能力。

笔者在“二次函数应用”的其中一节课中，让学生研究单向隧道的问题：隧道顶是抛物线的一部分，给了隧道顶的跨度、最高处到地面的距离、两侧墙高、卡车的宽度、卡车载物后最高点到隧道顶面对应的点的距离，问卡车载物后限高是多少。首先引导学生分析，让学生逐步意识到要解决这个问题，必须要建立平面直角坐标系。紧接着给充分的时间分小组讨论，让学生经历建立平面直角坐标系的过程，初步感受坐标法的意义和

---

① 袁维新．教学交往：一个现代教学的新理念．中小学教育，2003（7）．

作用。其间教师参与到其中，起到咨询者、顾问、促进者的作用。然后全班交流，让师生共同惊喜的是，学生建立了五种不同的平面坐标系的方法，再通过讨论确定了最简单易行的方法。这时有学生提出：如果是双向隧道，会怎么样呢？于是学生继续探究。

（四）提高了学生的自我意识，促进了学生社会化程度

学生的自我意识主要是通过他人对自己看法的内化和与他人进行比较、判断的过程而逐渐形成的。中小学生正处于自我意识形成和发展阶段，协作互动中的任务分担与成果共享、相互交流与相互评价、相互帮助与相互借鉴，使学生在体验被他人接受、信任和认同的过程中发现自身的价值，这就为学生自我意识的发展、社会化程度的提高提供了充分的条件。良好的协作互动关系有助于增强自信。在协作互动过程中，学生认真、踏实地探究，实事求是地获得结论，养成严谨、求实的科学态度和不断追求的进取精神，磨炼不怕吃苦、勇于克服困难的意志品质，增强了学生的社会适应能力。他们也能在协作互动中学会面对他人的反应，学会提出想法和接受意见，学会相互合作和解决矛盾，表现出对人宽厚、有气量、不计小隙、能宽容异见，从而提高他们适应他人或社会的技能。[①]

（五）提高了合作互助意识和团队精神，形成了学习与交往的合作技能

合作的意识和能力，是现代人所应具备的基本素质。希望与人互动，摆脱孤独与寂寞，希望参与群体活动，从而获得归属感，是人的心理本能。在努力创设有利于人际沟通与合作的教育环境中，通过协作互动，师生之间、生生之间得到了心灵的沟通、感情的寄托，拉近了彼此的距离，联系了彼此的情感，同时学生学会了交流和分享研究的信息、创意及成果，彼此之间相互尊重、相互理解、相互信任、互爱互助，发展了乐于合作的团队精神。

在“二次函数复习”的第一课时，笔者大胆地设计了以知识竞赛的形式来复习。这种做法往往容易流于形式，课上热热闹闹，实际上只是会的同学在抢答，不会的同学照样不会。为了避免这种现象的发生，在抢答题中，笔者的设计是：先小组讨论，在确保小组每人都会的情况下抢答，教师可挑组内的任何一位同学作答。各小组积极响应，每组都在积极思考、讨论，同时互相讲解，气氛热烈，且又收到实效，充分体现了合作互助的团队精神。

在协作互动中，学生对学习内容不但要自我解读、自我理解，而且要

---

① 孟万金．协作互动——资源整合的教育力量．上海：华东师范大学出版社，2004：109．

学会表述、学会倾听、学会询问、学会赞扬、学会支持、学会说服和学会采纳等。因此，协作互动不仅能够满足学生学习和交往的需要，更有助于形成学生学习和交往的技能，促进学生学习能力和生活能力的发展。正因为这样，协作互动体现了教育的时代意义，即为学生在未来社会中能自由地享受生活和建设生活奠定了基础。

总之，课堂教学中的协作互动不仅强调了学生认知方面的发展，更强调了学生学习过程中的情感发展，真正体现了教育的教育功能、发展功能，因此在课堂教学中协作互动是十分必要的。但是在实施过程中要注意不要盲目地进行协作互动，要遵守民主平等、尊重差异的原则，要把握“自主”与“自流”、“放开”与“放任”的界限，要把教师的“善教”（找准切入点、点击兴奋点、寻求发散点、形成整合点）与学生的“乐学”（立足主体性、发挥能动性、富于批判性、展现创造性）结合起来，这才能使协作互动真正地融入初中数学课堂的教学。

用“勤”来鞭策自己，用“钻”来提高业务，用“心”来体验学生。

新课程标准下数学问题情境的创设研究[①]

北京市航天中学　蒋晓玲

新课程标准指出：“数学教学要紧密联系学生的生活实际，从学生的生活经验和已有的知识出发，创设有助于学生自主学习的问题情境。”教育家罗杰斯说过，真实的问题情境和活动是最能引起态度和个性的学习方式。“问题—情境”是数学课程标准倡导的教学模式。问题情境是当已有知识不能解决新问题时出现的一种心理状态，它包含两层含义：首先要有“问题”，即数学问题，是指学生个体与已有的认知产生矛盾冲突，还不能正确理解或者不能正确解答的状态；其次是“情境”，即数学知识产生或应用的具体环境，这种环境可以是真实的生活环境、虚拟的社会环境、经验性的想象环境、抽象的数学环境等。在问题和情境的关系中，“问题”是核心，“情境”是辅助。数学情境是学生掌握知识、形成能力、发展心理品质的重要源泉。一个好的数学问题情境，能诱发学生思维的积极性，引起学生更多的联想，也容易调动学生已有的知识、经验、感受和兴趣，从而自主地参与知识的获取过程、问题的解决过程。教师应深入学习课程标准和教学大纲，刻苦钻研教材，了解学生知识基础，就教学内容设计出富有趣味性、探索性、适应性和开放性的情境性问题，将学生置身于问题情境中，使学生产生好奇心，从而激发学生的学习兴趣和求知欲望，使学生积极主动地研究、探索数学。下面结合笔者的教学工作实践谈谈这方面的认识，以期抛砖引玉。

---

① 本文获北京市第三届“智慧教师”教育教学研究成果征文二等奖。

一、创设问题情境的主要方式

（一）根据数学故事创设情境

在讲授等比数列的前 n 项和公式时，笔者设计如下情境：古印度太子西拉谟非常喜欢国际象棋，他要奖赏发明者，答应满足发明者的任何要求。发明者提出一个“非常简单”的要求——用麦粒来填棋盘，第一格放 1 粒，第二个格放 2 粒，第三个格放 4 粒，以后每个格放的粒数是上一格的两倍，直到放满 64 个格子。区区几粒麦子，这有何难，太子允许请求。但在计算应给发明者的麦粒数时，才发现象棋盘的方格虽然只有 64 格，但即使拿出全国的粮食，也兑现不了他对发明者的诺言。太子应给发明者多少麦粒？这个问题极大地激发了学生的兴趣，学生认真听讲，积极思考答案。

又如，讲“极限”时，教师以解析庄子的“一尺之棰，日取其半，万世不竭”的观点来提升课堂气氛，调动学生学习极限的兴趣；学习“等差数列求和公式”时，可以讲述数学王子高斯从 1 加到 100 的故事，也可引用南北朝《张丘建算经》中“今有女不善织，日减功迟，初日织五尺，末日织一尺，计织三十日，问共织几何?”来创设情境，这样以故事创设情境。当学生听得如痴如醉时，书归正传，把学生欣然带进“数列王国”。

（二）根据数学史话创设情境

数学学习的过程，也是数学史高度浓缩、展现的过程。教师可结合教学内容，讲述数学史上的数学思想、方法，某些数学概念的产生背景，讲述数学家们坚忍不拔的意志和为科学勇于献身的精神，激发学生的学习兴趣，唤起学生立志成才，报效祖国的热情。

如在“概率”一章的起始课，笔者详细介绍了概率论产生的历史：数学家卡当参加赌博游戏，掷骰子时作出的预言和卡当的论著《机会性游戏手册》；梅勒提出的“分赌注”的故事，数学家帕斯卡、费马和惠更斯如何解决这个问题；关于概率论最早的一部著作《论赌博中的计算》，此外还介绍了“一个数学家 = 10 个师”的故事由来。这些引起学生极大的兴趣，纷纷积极地参与到课堂讨论中来。

通过相应数学知识背景及情境的展示，每个学生都感受到这种精神力量，进而激发起探索真理的欲望，最终以各种各样的形式投身到探索活动中去。

（三）根据实际问题创设情境

在教学中，教师应努力为学生营造实际生活中的问题情境，在浓厚的生活气息中使每个学生感到数学学习是“有用的”。例如在讲面面垂直的定义和判定时，可问学生“为什么教室的门无论开多大角度都始终与地面保持垂直?”这样从视觉上给予刺激，调动学生兴趣，让学生在直观观察中发现真理，使学生积极主动地思考其成因。

又如在“均值不等式”一节的教学中，设计下面的情境，引导学生从中发现关于均值不等式的定理及推论。

问题1：某商店在节前进行商品降价酬宾销售活动，拟分两次降价。有三种降价方案：甲方案是第一次打 p 折销售，第二次打 q 折销售；乙方案是第一次打 q 折销售，第二次打 p 折销售；丙方案是两次都打 $\frac{p+q}{2}$ 折销售，问哪一种方案降价较多?

问题2：现有一台天平两臂之长略有差异，其他均精确，有人认为，要用它称量物体的重量，只需将物体放在左、右两个托盘中各称一次，再将称量结果相加后除以2就是物体的真实重量。你认为这种说法对不对?如果不对，你能否找到一种用这台天平称量物体重量的正确方法?

以上两个应用问题，贴近生活，让学生产生浓厚的兴趣，学生通过审题、分析、讨论，可解决两个实际问题，从中得到均值不等式的知识。在课堂教学中，为学生提供接触实际，应用数学知识解决实际问题的机会，可激发学习兴趣，培养学生的创新意识。

（四）根据教材上的章头图、引言和例题、习题创设情境

在起始课教学中，教师应充分挖掘教材章头图和引言的内涵，利用所给材料设置相应的问题情境，使学生初步了解学习这一章知识的必要性，激发学生强烈的求知欲与浓厚的学习兴趣。

在解题教学中，应加强对习题背景的揭示，使学生的兴奋点完全沉浸在题目的情境中，教师还可鼓励学生对一些题目进行情境的转换，调动学生思维的积极性。在学习排列组合时，笔者给出一道高考题：同室4人各写一张贺卡，先集中起来，然后每人从中拿一张别人送出的贺卡，则4张贺卡所有的不同的分配方式有（　　）。

（A）6种　　（B）9种　　（C）11种　　（D）23种

笔者指出该题目的古典背景，它源于著名的数学家贝努利提出的错装信封问题：贝努利一天晚上给几位朋友写信，准备次日寄出。结果在装信封的时候由于疏忽出现了笑话——几封信竟无一对号入座。这一古典模型的提出极大地激活了学生的思维，因为这一问题情境与他们的生活实在太近了，甚至就曾经发生在本人身上。学生怀着极大的兴趣去思索问题，同时也鼓励学生进行问题情境的转换。学生提出了许多生动的模型且贴近生

活：4 个干部进行职务轮换，4 名学生换座位，等等。问题情境的创设及转换对于学生的发展是很有益处的。

二、根据数学实验创设情境

数学实验是为了探究数学知识、检验数学结论而进行的某种操作或思维活动。

让学生动手进行实验可以为学生提供一个真实而完整的问题情境，激发学生学习的积极性和主动性，体现“以学生发展为本”的教学理念。

例如在椭圆概念的教学过程中，可创设如下的教学情境：

（一）实验，获得感性认识

要求学生用事先准备的两个小图钉和一条长度为定长的细绳，将细绳的两端固定，用铅笔把细绳拉紧，使笔尖在纸上慢慢移动，画得图形为椭圆。

（二）提出问题，观察思考讨论

问题 1：椭圆上的点有何特征？

问题 2：当细线的长等于两定点之间的距离时，其轨迹是什么？

问题 3：当细线的长小于两定点之间的距离时，其轨迹是什么？

问题 4：你能归纳出椭圆的定义吗？

然后揭示本质，给出定义。

通过学生亲自动手实验、讨论，从被动学习变成主动参与，使学生亲历数学建构过程。结合“问题”，促使学生自主探索，合作交流，培养了学生的探索精神，使学生获得成功的体验，加深了对概念的理解。

三、创设问题情境应遵循的原则

（一）问题情境应具有动力性，有利于提高学生思维层次

问题情境应具有推动学生思维活动和产生新知识的动力，在提出问题、分析问题和解决问题的过程中自然地引出新知识，培养学生的思维能力。

（二）问题情境应具有适度性

创设的问题不能太简单也不能太难，应使问题位于学生思维的“最近发展区”，能产生“愤”与“悱”的意境。问题情境的创设要符合学生一般认知规律、身心发展规律，使学生“跳一跳，就能摘到桃子”。

（三）问题情境应具有趣味性

创设的问题若能生动有趣，则可充分调动学生的学习兴趣，促进学生

有效学习。

（四）问题情境应具有实践性

创设的问题要贴近学生的生活，从实践中引出所研究的理论，并用理论去解决实际问题。

（五）问题情境应具有开放性

将问题设计成开放性的数学问题，就能引发学生思维的开放性，诱使学生自觉地运用已有的知识去思考探索未知，拓宽学生的视野，激发学生的创造热情，培养学生的创新能力。而且，开放性的问题情境也有助于形成生动活泼的课堂教学氛围和新型的师生关系。

（六）创设的问题应少而精

课堂教学中，教师创设的问题要少而精，问题多就会繁乱，少而精则能突出教学的重点。

总之，笔者在教学实践中深深体会到，通过为学生创设问题情境，使学生在具体、生动、形象的问题情境以及浓厚的生活气息中感受到数学的巨大魅力，激发了学生的学习兴趣，变被动学习为积极主动探索，把“要我学”变成“我要学”，从而促进学生有效学习，提高课堂教学效率。

我们的教育目的是为了学生的发展，为了学生的希望，而不是让他们沉浸在过去失败的阴影里，成为体制的牺牲品。

转变思想才能促进发展①

北京市航天中学　郝丽霞

2009 年 8 月教育部出台《中小学班主任工作规定》（以下简称《规定》），明确了班主任教师应当把授课和班主任工作都作为主业。现在中小学生心理特点已发生明显变化，班主任的作用显得越来越重要。《规定》中要求班主任应全面了解班级内每一个学生，深入分析学生思想、心理、学习、生活状况，关心爱护全体学生，平等对待每一个学生，尊重学生人格。这将对促进班主任工作的专业化发展起到极大推动作用。

作为一线教师和一线班主任，以及长期和批量"差生"打交道的教师，笔者更是深知教育者的艰难。当下，问题学生是个世界性的共同课题，教师没有理由不去平等地对待一切学生的问题和一切问题学生。从孩子的一生来看，教育肯定是"万能"的，没有教育肯定是万万不能的。

"差生"会永远"差"吗？班主任的"专业"要"专"在哪里？通过多年班主任工作的摸索、积累，特别是近几年连续做班主任工作，笔者有了更多的体会和感悟。

一、班主任工作的现状堪忧

（一）班主任工作虽然辛苦，可结果却常常事倍功半

班主任工作复杂、艰辛、繁忙，需要耐心、细致、认真、负责地工

① 本文获北京市第三届"智慧教师"教育教学研究成果征文三等奖。

作。然而，结果常常收效甚微，教育效果不佳，甚至事与愿违。

班主任如果把大量的时间精力放在“管理”上，天天忙忙碌碌，会弄得学生痛苦，自己更是心力交瘁，因此相对于学科教学的专业性而言，班主任的专业性更是堪忧。如果说，学科教学还有一点师承的话，那么班主任教育就更多的靠经验。

（二）班主任工作止于抓成绩，忽视思想教育的重要性

“以学风促班风”“成绩是硬道理”，这些耳熟能详的口号反映出班主任工作最真实的一面。“用一把尺子去量学生”的应试教育导致只抓成绩不顾其他的班主任因成绩突出被列为“先进”甚至被表彰、提拔。他们的班主任工作真的“优秀”吗？

教育是根本，教学是中心，离开了教学活动班主任就失去了存在的理由，但是，教学并不是班主任的唯一工作，除了成绩，学生的心灵也在成长，或许无法量化，但在未来社会中却更加重要。

（三）学生厌学普遍从厌师开始

高中生因渴望成熟，对自己评价不当，常常以批判的态度对待成年人，造成师生之间的对立，一味反抗老师的权威，过高地估计自己，一旦老师对其评价不足，就会认为老师对他有偏见，出现心理紧张及内心反抗情绪，这种不良情绪一般都会反馈到学习态度上，“老师对我不好，我就不想学”“老师，您是不是对我有意见啊”这样的话经常会从学生的嘴里说出来。

二、解决问题的措施和途径

（一）班主任思想的转变

1. 思想影响态度，师生是发展的共同体

弥勒佛之所以能够“开口便笑”，是因为他的“大肚能容”。反思一下，我们为什么容不下那些“差生”？是否因为我们的“肚量”不够大？我们站在海滩边，看大海波涛汹涌，一浪高过一浪，可是当我们乘上飞机在高空俯视大海时，却是水平如镜，“凌空乃知海波平”。当我们生活中的烦恼如同巨浪一样不断地向我们袭来的时候，反思一下，是否因为我们的高度不够呢？

班主任是平凡的工作，日日简单重复，枯燥乏味。学生真正需要的是什么？成长。教师应该怎样做才能帮助学生更好地成长？教师应重新审视自己的工作，不要让消极成为常态，不要总在学生的旁边甚至是对面“指手画脚”，将宝贵的时间、精力用于互相折腾，甚至折磨。

在平凡中感知不平凡，在简单中构筑自己的梦想。教育不是牺牲，而是享受；教育不是重复，而是创造；教育不是谋生的手段，而是学生成长的需要。

2. 坚持正面引导是师生的共同需要

苏霍姆林斯基说，当孩子们意识到你在教育他的时候，教育的作用就已经失去了。从学生角度，太多的说教已经导致“审美疲劳”，由于从小到大不断被人重复说教，学生已经产生“抗体”。更多的未成年人选择了对立，用叛逆的心理抵抗语言暴力。

成长是生命的生长和发展，有其自然的规律。孩子们在成长过程中都是有“问题”的，不能总是盯着学生的缺点，要善于发现“问题学生”的优点。总是盯着“黑点”，整个世界都将是黑暗的，并且阻断了孩子发展的路。

作为一名高中生，学生不会不知道哪些该做，哪些不该做，什么是错的，什么才是对的，但是为什么却总是“屡教不改”？教师要把工作的着力点放在指导上，不要永远在对错的问题上纠缠，针对每名学生不同的状况，要帮他们分析怎样才能做到，真正达成师生共同期待的转变。

3. 注重学生的优点和长处，关注学生的情感诉求

苏格拉底说：“要想根除旷野里的杂草，方法只要一种，那就是在上面种庄稼。同样，要想铲除灵魂里的杂草，唯一的方法就是用美德去占据它。”

笔者曾经中途接手年级最差的班，该班不仅仅是有一群令学校政教处和德育副校长都挠头的“资深”差生，而且学生与老师对立情绪严重，甚至于发生身体上的碰撞、冲突。

笔者反复告诫自己不要与他们产生正面矛盾，充分发挥罗森塔尔效应，努力发现学生每一个细小的闪光点，“你进步很快，相信你能做得更好”“你做得很好”“太棒啦”，不要吝惜自己的表扬，学生可以仇视批评，但没人会抵挡肯定与欣赏。

一段时间后，我的工作有了成效。班级所有科目的成绩均节节攀升，不断创造出新的好成绩，直逼年级重点班；3 名同学在校首届“居里杯”化学竞赛中获特等奖；会考成绩有了很大提升，物理和生物会考及格率均为 97.37%；获得校运动会团体总分第一；区“情系奥运、文明礼仪伴我行”主题班会评比中获三等奖。这些成绩比笔者带的好班都更加突出。

这也使笔者惊喜地发现，只要教师转变思想，学生才可能转变行为，

每个教师都一直拥有着能让孩子们活得舒展的力量！

（二）促成任课教师思想的转变

班主任无疑是班级管理的核心，但任课教师的管理也非常重要，为了避免教育效果的抵消，班主任必须要与任课老师保持高度一致，以使任课老师更多、更好地了解到学生的情况。像在高二生物科目上先打开缺口的“战略部署”，就必须依托任课老师的力量。此举效果显著，使学生信心大大增强，也教会了学生如何与任课老师协作，以得到老师们更多、更好的帮助，从而使自己取得更大的进步。

（三）促成学生家长思想的转变

一个“问题学生”的背后往往有一个“问题家庭”，“问题家庭”中势必有“问题家长”，寄希望于“问题家长”参与教育，大多无法期待较好的结果，但成功的教育一定要借助于情感，只有真正抵及心灵，才会有效。

针对学生与家长之间存在的问题，笔者会经常安排面对面的三方会诊，从而提醒家长在家庭教育中需要关注的点，家长喋喋不休的提醒、乏味的说教无法从根本上解决问题；家长唠叨、学生不上进的恶性循环式的内耗拉锯战如何向最好、最有利于双方需求的方向转变，等等，这样家长更清楚如何与孩子进行良好的沟通，孩子也清楚了自己要如何做，从而不仅坚定了家长对于学校教育的信心，更促使家长与学校教育牵手，发挥出家庭教育不可替代的作用，更加有效地促进了学生的转变和成长。

著名特级教师夏青峰校长说，学校应该让师生“能够得到精神的愉悦而非痛苦，个性的发展而非压抑，胸怀的广阔而非狭隘，愿望的实现而非沮丧。因为学校不仅仅是个学习的场所，也不仅仅是为明天做准备的机构。人们的很多生命时光都是在学校里度过的，我们必须关注这段生命时光的质量，特别是生活的丰富性和精神的愉悦性”。

在当今时代，如果教师仍固守原有的经验与做法，把主要的希望寄托在“爱”上，缺乏科学精神和科学方法，缺乏专业水平的切实提高，应付日新月异的社会和新一代学生，难免捉襟见肘，疲于应付，力不从心。单纯的时间加汗水、苦干加实干、奉献加拼命的工作方式已经无法适应现实的教育工作的需要、时代的需要。

“成长”不仅仅是学生的成长，也包括教师的成长、家长的成长、学校的成长。在成长文化中，学生的成长当然是核心，但学生的成长必须有一个前提，这个前提就是教师的成长。学生的成长是第一位的，教师的成长当然也是第一位的；学生的成长离不开教师的成长，没有教师的成长也就没有学生的成长，只有教师自身先转变思想，学生才能有真正的改变和发展。

班主任专业化之路还很长，对于教育而言，最关键的是遵循教育规律，回到教育的原点，在教育的精神价值追求上多做探索。有成长，就有风雨、坎坷、成功、喜悦，甚至磨难、痛苦，这些都是成长的一部分，是属于生命的原生态的教育。教育，必须是一种生命的舒展！

用真情撒播智慧的种子，用真爱培育未来的希望。

让兴趣提高课堂效率[①]

——线段教学反思

北京市航天中学　刘惠玲

北京义务教育课程改革实验教材数学（北京版）第 13 册第四章是初中数学几何的起始章节，笔者对自己在新课程改革后前两轮的教学中对这一章内容的教学一直不满意，也不是很能领悟教材编写者的深层次意图，因此本学期特别为北京义务教育课程改革实验教材数学（北京版）第 13 册第四章第 4.7 节“线段”这节课作了精心设计。

一、教学初步设想

“简单的几何图形”这一章是初中几何的初始章节，在小学的学习中，学生对于几何图形的学习基本停留在感性认识的阶段，为了下学期更好更快地深入学习几何知识，需要对小学的知识加以整理，初步体会几何语言的应用。因此教材中对于这一章的安排主要是承上启下，是小学几何图形的感性认识与初中几何理论化的衔接。而“线段”这一节在本章处于比较重要的地位，是学生第一次真正接触到几何语言的一节课，又是属于概念介绍课，设计上有一定的难度。虽然笔者所教的班属于基础比较好的班，但考虑到以上因素，在设计上笔者特别注意了以下几点：①注重学生对几何图形的感性认识，与小学之间的知识联系，与实际生活的联系；②注重概念的引入与形成过程，让学生尽量多地参与到教学活动中来；③注重几

① 本文获北京市第三届“智慧教师”教育教学研究成果征文二等奖。

何语言的渗透，本节课虽不要求学生能掌握及应用几何语言，但一定要让学生尽可能多地感受几何语言，对其有较深刻的体会。整节课以基本概念教学为主，适当地渗透数学思想方法。

二、教学初步设计

表1　课堂教学设计表

<table>
<tr><td>课题</td><td colspan="4">4.7 线段</td></tr>
<tr><td>课型</td><td>新课</td><td>教学方法</td><td colspan="2">探索——发现模式</td></tr>
<tr><td>教学目标</td><td colspan="4">1. 了解线段的定义并能举出生活中实例说出其特征，了解线段的表示方法，并会正确表示
2. 理解两点之间线段最短的性质、两点间的距离，体会线段的性质在实际生活中的应用；激发学习数学的好奇心和求知欲，亲身体验数学知识来源于生活，又指导生活，感受数学带来的乐趣
3. 通过探索掌握数线段的方法，初步培养观察、分析、类比、概括的能力
4. 理解线段中点的定义，初步体会运用几何语言进行表述的能力</td></tr>
<tr><td>教学重点</td><td colspan="4">1. 线段的性质及实际生活中的应用
2. 线段中点的定义及几何语言表述</td></tr>
<tr><td>教学难点</td><td colspan="4">线段中点的定义及几何语言表述</td></tr>
<tr><td colspan="4">教学过程</td><td>设计意图</td></tr>
<tr><td colspan="4">环节1　知识类比，引入概念
由直线、射线引出线段
1. 线段的定义：直线上两个点和它们之间的部分叫线段，这两个点叫做线段的端点
2. 线段的表示方法：

(1) 可用表示端点的两个大写字母表示
如：线段 AB 或线段 BA
(2) 也可用一个小写字母表示
如：线段 a
利用多媒体展示紧绷的琴弦、人行横道等图片
请观察我们周围的物体，其中哪些可以看成线段？
猜一猜：
一天，小丑鱼和它的朋友在大海里游玩，碰到了凶恶的鲨鱼(*nick*)，小丑鱼和它的朋友为了逃到安全地带，有三条路可以选择，你猜它们将选择哪条路</td><td>通过直线、射线这两个几何图形引出线段，初步体会三者之间的区别
用实际生活中的实例加强学生的直观感知，加深对线段特点的理解
以学生熟知的内容为背景，让学生直观感受“两点之间，线段最短”的性质，激发学生的学习好奇心</td></tr>
</table>

续表

<table>
<tr><td>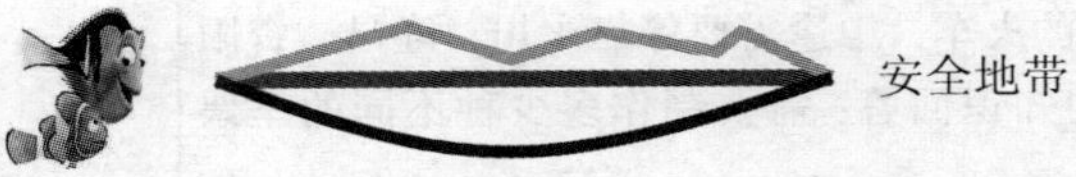

环节 2　感悟结论，联系实际
3. 线段的性质：在所有连结两点的线中，线段最短
简述为：两点之间，线段最短
4. 两点间的距离：连结两点的线段的长叫做两点间的距离
你能举出生活中运用“两点之间线段最短”的例子吗</td><td>通过实际问题的探讨体验数学知识在实际生活中的应用</td></tr>
<tr><td>（1）寻求最短路线
如图所示，直线 m 是一条平直的公路，A、B 是某公司的两个仓库，位于公路两旁，请在公路上找一点建一货物中转站 C，使 A、B 到 C 的距离和最小，请找出 C 的位置并说明理由
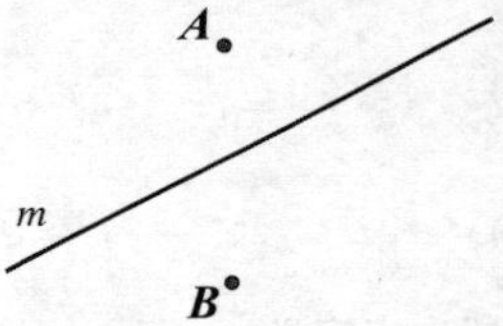
</td><td>培养学生对“两点之间线段最短”性质的应用意识</td></tr>
<tr><td>环节 3　探究方法，形成技能
数线段的方法
想一想：如下图，B、C 是线段 AD 上的两个点，图中共有多少条分别以 A、B、C、D 中的两点为端点的线段？分别用字母把它们表示出来

</td><td>学生总结数线段的方法，逐渐培养其解决问题的能力</td></tr>
<tr><td>上图共有 6 条线段，分别是：线段 AB、线段 AC、线段 AD、线段 BC、线段 BD、线段 CD
总结数线段的方法：从整条线段的一端数起，先顺次从一个端点 A 开始，另一个端点在 A 右边的线段，有线段 AB、线段 AC、线段 AD 三条线段；再从一个端点 B 开始，另一个端点在 B 右边的线段……依此类推
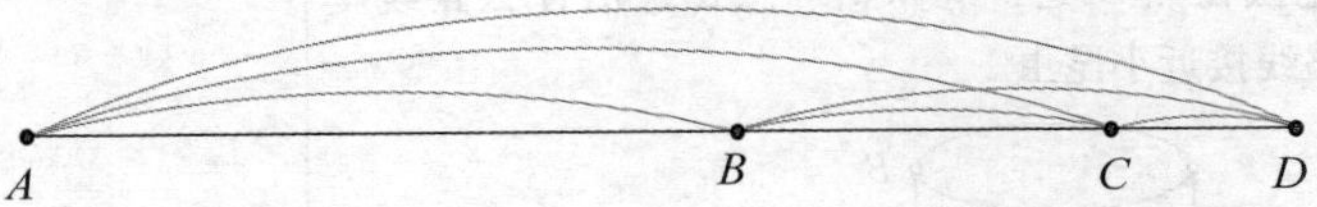
</td><td>通过实际问题的探究，巩固数线段的方法，加深对知识的理解</td></tr>
</table>

续表

探究活动： 往返重庆、成都两地的火车，中途需要停靠永川、隆昌、资阳三个站点，根据你所学的知识回答：需要制作多少种不同的车票（请画出示意图说明）  环节4：认识中点 想一想：如图，请你先量一下线段 AB 的长度，然后在线段 AB 上画一点 C，使线段 $AC=BC$，怎样确定点 C 的位置呢 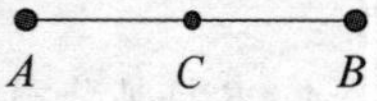 5. 线段的中点：如果点 C 是线段 AB 上的一点，并且满足 $AC=BC$，那么点 C 叫做线段 AB 的中点 6. 线段中点表示 （1）$\because$ 点 C 为线段 AB 中点（已知） $\therefore$ $AC=BC$（线段中点定义） （2）$\because$ 点 C 为线段 AB 中点（已知） $\therefore$ $AC=\frac{1}{2}AB$（或 $BC=\frac{1}{2}AB$）（线段中点定义） （3）$\because$ 点 C 为线段 AB 中点（已知） $\therefore AB=2AC$（或 $AB=2BC$）（线段中点定义） 反馈练习： （一）判断题 （1）若点 P 是线段 AB 的中点，则 $AP=BP$（　　） （2）如果线段 $AB=BC$，则 B 是线段 AC 的中点（　　） （二）填空 如图，在直线 l 上顺次取 A、B、C 三点，使得 $AB=4$，$BC=3$，如果点 O 是线段 AC 的中点，则线段 $OB=$______  思考：如图，用长方形纸片卷成一个圆柱形的纸筒，一只蜘蛛在点 A 处，一只小昆虫在点 B 处，请你想一想蜘蛛沿什么路线爬行，才能以最短的路线接近小昆虫 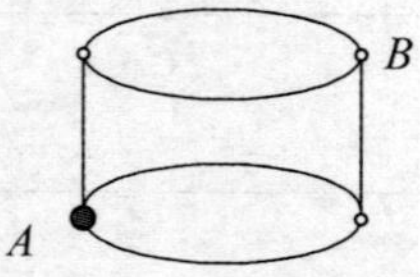	学生利用度量的方法找到中点 C 的位置，再次体会度量的必要性 通过中点的三种几何表述，学生初步体会几何语言的表述 强化对线段中点概念的理解和挖掘

续表

<table>
<tr>
<td>
探究：观察发现线段 AB 上的点数与线段的总数有如下关系：
若线段 AB 上有 3 个点时，线段总数共有 3 条
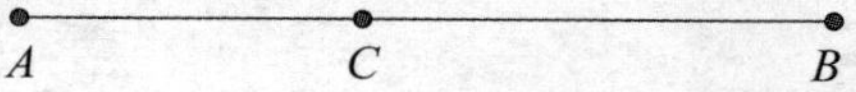

若线段 AB 上有 4 个点时，线段总数共有 6 条
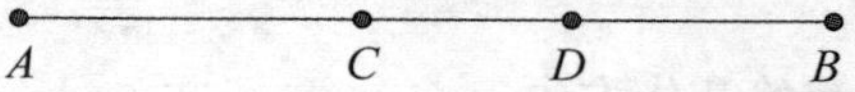

若线段 AB 上有 5 个点时，线段总数共有 10 条……
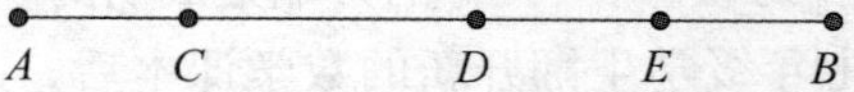

（1）当线段 AB 上有 6 个点时，线段总数有多少条
（2）当 $n=100$ 时，线段总数有多少条
（3）当线段 AB 上有 n 个点时，线段总数有多少条
</td>
<td>规律探究，加强学生观察、类比、分析的能力</td>
</tr>
<tr>
<td>
环节 5：知识小结
为进一步巩固所学知识，师生共同小结
1. 线段的定义及表示＿＿＿＿＿＿＿＿＿＿；
2. 线段性质：＿＿＿＿＿＿＿＿＿＿；
3. 两点的距离：＿＿＿＿＿＿＿＿＿＿；
4. 线段的中点：＿＿＿＿＿＿＿＿＿＿
思想方法：数形结合、转化
想一想：直线、射线、线段之间有什么联系与区别
</td>
<td>小结本节内容，培养学生总结、概括的能力</td>
</tr>
</table>

三、教学实施过程反思

1. 从学生小学熟悉的知识及直线、射线、线段的关系引入线段概念，从课的初始让学生有一个比较轻松、熟悉的氛围。学生回答问题积极踊跃，很快投入到课堂中来，这部分的设计比较新颖。

2. 在线段性质的探究中，用学生非常熟悉的卡通形象作为背景提出问题，激发了学生的兴趣，很快地得到了结论，为后面的教学打下良好的基础。举出生活中的实例让学生认识到数学在生活中的价值。

3. 数线段的环节为学生提供了探究和展示自我的机会，课堂气氛较热烈。在火车票的实际问题中，学生由于生活经验不足容易出现错误，引导学生在日常生活中多注意观察、总结，在今后的学习中还应该多与生活实际相联系。

4. 在进行线段中点部分的教学时，第一次出现了几何语言，学生对于几何语言还是很陌生的，也很不习惯，对概念的理解也不深入，因此在后面的教学中要不断地练习，让学生逐渐地学会用几何语言去表述问题。

5. 因为平时的训练到位，小结部分的完成还是很好的。学生能自主地总结本节课的知识要点，语言基本准确、到位，今后还应继续坚持这种做法。

四、课后的几点思考

1. 激发初一学生学习兴趣的具体方法

（1）要充分把握起始阶段的教学。“良好的开端是成功的一半”，这是新教材编写者的指导思想。七年级学生翻开新的数学课本后，一般都感觉新奇、有趣，想学好数学的求知欲较为迫切。因此，教师要不惜花费时间，多下工夫，让学生在学习的起始阶段留下深刻的印象，产生浓厚的兴趣。

如在教授第一章时，可以让学生充分发挥积极性参与其中。例如前两课时中，可让学生拍摄下生活中的图形与数字，在课堂上展示与讨论，在感受数学在生活中的作用的同时也让学生体会到了数学的乐趣。在本章结束后，还可以利用课外活动举办一次自由讨论，在讨论的过程中，可以让学生对数学是否难学、是否有用，数学是不是都这样有趣，基础弱的学生能不能学好数学等各种问题展开讨论，以诱发学生的学习兴趣。正如新教材所要求的目标：七年级数学起始阶段的教学，侧重消除学生害怕的心理，在提高学习兴趣上做文章，以数学的趣味性、教学的艺术性给学生以感染，使其像磁铁上的铁屑离不开磁铁一样，向往着教师，向往着本学科。

（2）求新、求活以保持课堂教学的生动性、趣味性。七年级数学比较贴近生活实际，具有很强的知识性、现实性和趣味性。因此，它能够以丰富的内容，在教学中诱发学生学习情趣。新教材还抓住了七年级学生情绪易变、起伏较大的心理和生理特点，要求以“活的东西去教活的学生”，来培养学生持久的学习兴趣，全面提高他们的素质和能力。

对此，笔者的具体做法是：

（1）注重课堂教学中的引入环节。在课堂引入中，设计各种形式、运用各种手段把学生调动起来，唤起他们的参与意识。可从生活实际引入，比如在教授第四章中“从不同方向观察立体图形”时，可以让学生自己给平时常见的物品从不同方向拍照并制作成 PPT 给大家展示，从而激发学生的学习兴趣。也可像本节课的设计一样，从知识间的联系出发，不断向深层次挖掘知识间的联系，把知识系统化，把问题设置于适当的情境下，营造一个生动有趣的学习环境。相信在这样轻松的环境下，学生会兴趣盎然、积极主动地投入学习中。

（2）充分让学生参与实践操作。新教材还针对七年级学生喜欢观看、喜欢动手的性格特征，安排了大量的实践性内容。要求教师尽可能利用自制教具优化课堂结构，以激发学生的学习兴趣。在教学中，笔者把学生分成几个小组（自由组合），请他们做教师的助手，一道准备实验器材、进行实验演示。通过实验操作，既规范了学生的劳动、行为习惯，又使他们在参与活动中认识“自我”，以产生兴趣和求知欲。

此外，在教学中教师的语言精练、语调变化得当，板书设计合理，字体优美雅观，知识丰富等都能激发学生和学科情感，达到“亲其师，信其教”的效果。

2. 注重学习方法指导，培养良好的学习习惯

依据新教材“指导教法，渗透学法”的思想，在每章节内容的编排上安排了“做一做”“想一想”“议一议”“读一读”等栏目。其宗旨是设法使学生学有趣、学有法、学有得，同时对教师的教法提出了高要求。在教学实践中，笔者从兴趣教学入手，侧重于以下几个环节：

（1）培养阅读习惯。具体方法是阅读前出示阅读题，如教授“角的度量与表示”时，可出示阅读题：我们以前用刻度尺测量线段的长短，那我们用什么来度量角的大小呢？角的表示方法有几种？表示的过程中应注意哪些问题？阅读完毕，或通过提问或以评估的形式来检查阅读效果；或有计划地组织学习小组以讨论的形式探讨阅读内容。同时，鼓励学生在阅读中找出问题，并不失时机地表扬在阅读中有进步、成绩好的学生，使学生有获得成功之喜悦，从而产生兴趣，养成阅读的习惯。

（2）培养讨论的习惯。教师通过有针对性、合理性的提问，引导学生进入教学所创设的教学情境，引发他们积极探讨数学知识，逐步培养他们的思维能力和讨论的习惯。特别是一题多解的题目或需要分类讨论的问题，如在教授“绝对值”“列方程解应用题”时，就有很多需要分类讨论的题目；还有在探索规律这一节的教学中，也可以让学生三五人一组进行讨论，归纳出相应的方法和规律。

（3）培养观察能力。学生对图形和实验的观察特别感兴趣，但通常思维被动、目的不明确，这就需要教师引导他们有的放矢、积极主动去观察。可边观察、边提问、边引导学生对变化原因、条件、结果进行讨论；也可以创设教学情境把学生带入较熟悉的环境中去观察。如在教授“平行”前，要求学生认真观察现实生活中有关于平行的实物，上新课时着重

提问几个学生，并根据他们的观察、分析逐步导出平行的概念及其性质。这样能使学生体会观察所带来的收获与兴奋，自觉养成观察的习惯。

（4）培养小结习惯。根据新教材的要求，在实际教学中或让学生上讲台进行小结评比，或以板报的形式张贴几个学生的小结，或在课余时间对互帮互助小组双方的小结进行评比，从章节小节慢慢过渡到课时小结。由于经常强调自己去归纳、小结，学生记忆效果明显，认识结构清晰，学过的知识不易遗忘。教学实践表明，只有正确的学法指导，才能使学生站在教学的主体位置上，学有所获，才能让学生养成良好的学习习惯，同时还能保持他们对数学的学习兴趣。

以上是笔者本节课的感受和在新教材教学过程中的一点粗浅看法。如何用好新教材，教师在实际教学中其方法、措施是多种多样的，体会也各不相同，还有待于我们共同的研究和探讨。

教师既是创造者，又是学习者，他既可以影响别人，也需要改变自己。

物理学困生的有效教学策略①

北京市航天中学 张海芝

在新课程改革的实施过程中，教育理念的转变决定着教育态度、教育行为的转变。基础教育课程改革的理念要求关注每位学生的发展与需求、关注学生的主体地位和全面发展，因此每位教师应该树立“面向全体学生、以人为本”的教育理念，“从生活走向物理，从物理走向社会”的课程理念、关注“探究”的教学理念等。新课程改革以崭新的课程理念、先进的教育思想，给人们勾勒出一幅素质教育的美好愿景。实现人人在学习中得到最大的发展，是教学追求的目标和实施素质教育的根本要求。本文针对高中物理学习困难的原因提出教学策略。

所谓物理学困生，是指那些智力发展水平正常，但由于生理、心理、行为、环境和教育等原因，致使在物理学习中不能有效地理解和掌握知识，不能利用知识解决问题，学习成绩明显落后于同龄学生的学生。

一、形成物理学习困难的原因

通过观察、询问、调查，笔者发现产生困难的原因是极其复杂和多方面的，但主要可分为内部原因和外部原因两种。外部原因主要是指家庭、社会、学校等对学生学习的影响。内部原因主要指学生不良的心理因素。首先，缺少学习动力，容易失去学习兴趣；其次，缺乏承受挫折的能力，一旦某次考试不好，或某次听课不懂就得出“学不会”的结论，从而导致以后的学习信心不足。再次，缺乏精神，怕做作业、怕动脑筋，甚至有时做作业翻书查有关内容刻苦也嫌费事，长年累月，懒惰恶习越来越重，最

① 本文获北京市第三届“智慧教师”教育教学研究成果征文三等奖。

后完全放弃学习。

另外从知识、思维能力、情感态度角度来看学困生。首先，学困生基础知识有缺陷，在解决物理问题时，头脑中没有相应的知识储备，或没能将相关的知识建立联系，使知识的提取受到阻碍，增加了对物理知识理解和掌握的难度，使他们无法找到解决问题的思路和方法。其次，学困生思维品质差，对有些问题理解不到位，找不到解决问题的思路和方法。对于这部分学生来说，学好物理是一件很困难的事情。再次，长期的学习困难带来的消极、负面的情感体验决定了他们在后面的知识学习过程中仍然采用消极的情感和态度，如此恶性循环，他们就失去了对物理课的学习兴趣。

二、消除物理学习困难的有效教学策略

有效教学并不是简单的信息呈现，也不只是一次精彩的讲演。一堂课教学效果的好坏，并不是以演讲是否精湛，是否具有艺术性为标准，而是这堂课是否更多地关注学生，是不是一个师生互动而成的课堂。特别要去关注一下学困生，他们通过这堂课学到了什么？解决了什么问题？通过了解他们的学习状况，教师可以知道教学设计中不恰当的地方和以后需要改进的地方。这正好印证了一句话："学困生是你最好的老师。"如何抓好学困生的学习，是教师成长过程中一个很重要的研究课题。

（一）提高物理的学习兴趣

在物理教学中，教师要合理、巧妙地设计课堂教学情境，以激发学生的学习兴趣和求知欲。为此，必须将学生的直接经验、相关的教育教学资源以及现实世界作为设置情境的重要资源。具体做法有：①充分利用物理作为实验科学的学科特点，加强实验教学，通过各种强烈的感官刺激来引起学生的注意，调动他们的学习兴趣。②以学生熟悉的、贴近生活的实例为背景构建物理知识学习的平台，使抽象的物理学概念及原理变得易于接受。如从坐电梯和晕船等实例，引入超重和失重；以同学从一楼慢跑或快跑进入二楼课堂为例，引入功率等等。③借鉴国外尤其是德、法两国的物理教学，用历史的方法研究一个问题的来龙去脉，将客观存在的科学规律，以"人文"为载体呈现出来。在这样的课堂上，学生不仅学到了物理知识，也明白了良好的科学态度、坚韧的意志品质、顽强的毅力等非智力因素在科学研究中的重要性。这样融德育于科学教育之中，教师教之有情，学生学之有趣。这一点对于知识、能力有缺陷的学生来说尤为重要。

（二）加强基础知识的教学

建构主义者认为，当长期记忆的知识、经验、表象被唤醒时，学习者

能利用原有的知识结构中的有关知识与经验与新知识整合，赋予新知识以某种意义，这就是“同化”过程。如果原有知识与经验不能同化新知识，则要引起“顺应”过程，即对原有知识结构进行改造与重组。学习者首先采用的是在原有知识基础上的一个同化过程。学生学习困难的一个很重要的原因是基础知识薄弱。所以首先要加强基础知识的学习，注重培养知识间的联系，帮助学困生形成相对完备的认知结构，强调核心知识的作用，以便为后面的学习打好基础。

（三）确定适当的目标

给学生设定一个通过努力可以达到的目标，而不是一个遥不可及的“不可能完成的任务”，这样才能使学生不至于陷入“失败—能力缺乏—消沉—表现降低—失败”的恶性循环。在完成目标的过程中，积极评价他们在学习上的进步，使学困生在学习中有成功体验，树立能学好物理的自信心。这一点对于学困生是非常重要的，引导他们将自己以前的失败归因于缺乏努力，而不是缺乏能力，使他们明白，只要付出努力便会成功的道理。

（四）重过程，重方法，逐步培养思维能力

在物理教学中，一方面要加强学习策略、方法的渗透，把学习策略置于具体的教学活动中，当学生面临具体的学习情景时，不但要重视获取知识的结果，还要让学生经历获取知识的过程，感受获取知识的方法和策略。然后通过该策略在不同问题情境中的运用，提高学生运用策略的自觉性和熟练度，帮助学生将“程序性的知识”以“产生式”的表征形式储存在大脑中，从而也大大减小了策略性知识的遗忘速度。

另一方面，把培养学生良好的思维品质置于教学的核心地位，促进学生思维能力的发展。引导他们在思考问题时，注意联想具体情景和操作活动，在丰富动作思维、形象思维的基础上，逐步发展抽象思维。如在单摆的教学中，引导学生及时回忆弹簧振子的运动规律，适时引入单摆的概念、特点及其遵从的规律，运用类比的方法，找到两者的相同点和不同点。再通过实验、多媒体辅助等教学手段，强化这两种典型的机械振动的模型，其他形式的振动可以采用与这两个模型相对比的方法来分析和思考。在这个过程中，学生不仅学到了知识，也学到了分析解决问题的方法，锻炼了自己的思维能力。

（五）关注学生的个体差异

学生的个体差异表现在许多方面，如学习方法、学习习惯、学习能力等。因此，在教学中，在学生独立完成某一任务的时候，对学困生要提供额外的帮助。进行黑板演练的时候，让学困生来完成难度较简单的题目，让他们获得成功的体验，增强学习的自信心。

（六）满足学生被尊重的需要

马斯诺认为，要使学生有创造性，首先要使学生感到教师是公正的、爱护并尊重自己的，自己不会因为出差错而遭到嘲笑和惩罚。尊重的需要优先于学习的需要，特别是对学困生，一句鼓励的话、一次表扬可能都会改变他对学习的态度，进而改变他的一生。具体方法包括通过课后谈心，了解他们的学习困难或者要求，或者作业批改中加些适当的评语等，这些都会让学生获得尊重或感情需要的满足。

有关学困生的有效教学策略，本文列举的只是其中的一部分，而且本文提到的每一个策略都可以再展开来讨论。本文只是在这个问题上做了初步的探讨，更深入的工作有待我们以后不懈的努力。

千淘万漉虽辛苦，淘尽黄沙始得金。

新课程改革背景下物理的初高中过渡①

北京市航天中学　温　鹏

通过调查发现，绝大多数的高一甚至高二、高三学生，谈到高中学习时，都反映高中的物理是所学科目中最难的。尤其是高一新生，对学习物理普遍存在着较大的障碍，也不能养成好的学习方法。作为物理教师，对此问题如果处理不好，将直接影响学生高中三年的物理学习，也无法保证教学任务的完成。下面简单剖析新课改下高一学生学习物理遇到障碍的原因。

一、初、高中物理教材研究的内容、深度及要求的不同，是高一学生学习物理感觉较难的主要原因

现行高中物理课本与初中相比，主要差别如下：首先是初中教材直观，高中教材抽象，如初中讲物体，高中讲质点；初中讲带电体，高中讲点电荷。其次是初中物理研究问题单一，高中物理研究问题复杂，对知识的要求有一个较大的跨越，存在一个较大的“台阶”（表1）。其次是高中物理教材所需的数学知识衔接不到位，例如瞬时速度与瞬时加速度所需的极限知识在数学上尚未学到，学生理解起来就有难度；又如在解决力的合成与分解时，三角函数知识准备不足；在通过位移—时间图像、速度—时间图像分析物体的运动情况时，斜率的概念还没有讲过等。再次是教材编排的形式、体系存在的差别：初中物理教材的文字叙述通俗易懂，语法结构简单，所叙述的物理现象与日常生活联系紧密且比较浅显，绝大部分与

① 本文获北京市第三届“智慧教师”教育教学研究成果征文二等奖。

学生日常生活的感受或体验是吻合的、一致的；其规律不太复杂，运用的数学知识基本上是四则运算，且其公式参量也较少；实验原理简单，易于操作。因此，学生对初中物理并不感到太难。但是高中物理每节课的内容较多，篇幅较长，语言叙述较为严谨、简练，叙述方式较为抽象、概括，理论性较强；描述方式较多，有文字法、公式法、图像法，它们互相补充，互相完善；对同一物理现象或规律从多侧面观察、研究，对学生的思维能力要求大大地提高。虽然新教材中高一刚开始学的是直线运动，一定程度上降低了学习的门槛，但是此后的力学仍然很难，初、高中物理教材内容、深度的差别仍是造成学生学习障碍的主要原因之一。

表 1　高一物理（必修 1）中知识点与初中相关知识的对比

知识点	初中要求	高中要求	高中教学的难点
弹力	知道弹力是由于物体弹性形变引起的	会判断弹力方向，能根据二力平衡知识求弹力	从形象（弹簧、网球拍形变）到抽象（微小形变），如何判断弹力方向
速度	知道速度是反映物体运动快慢程度的物理量，速度 = 路程 / 时间	理解速度是矢量，速度 = 位移 / 时间 理解平均速度与瞬时速度	速度的矢量概念，瞬时速度的概念，平均速度不等于速度的算术平均值
加速度	无	理解加速度的物理意义	加速度概念的理解，加速度的矢量性，公式的应用
力的合成与分解	知道力在一条直线上的合成与分解	能根据力的实际效果进行力的合成与分解	等效替代思想，由于合力、分力大小方向因素造成的多解性
摩擦力	体验它的存在	掌握滑动摩擦力的计算公式 $f = \mu N$，理解并会判断摩擦力的方向	理解并会判断摩擦力的方向；用假设法推断静摩擦力的大小和方向
物体的受力分析	会分析两个以下常见力的受力情况	会用整体法和隔离法分析	研究对象的合理选取，正确的受力分析

二、初、高中物理学习方法的要求不同，是高一学生学习物理时感觉较难的重要原因

首先，初中物理，由于涉及的问题简单，现象直观、生动、具体、形象，容易理解；篇幅少，概念、公式少，容易记住；题型简单，变化少，数字小，易计算。因此，初中学生的学习方法比较机械、简单：习惯于背，不习惯于推理、归纳、论证；习惯于简单的计算，不习惯于复杂计算；习惯于模仿，不习惯于创新；习惯于课堂随大流，不习惯于独立思考。按学生的话说：“只要记住了公式，把题中已知条件带进去就可得答案。”进入高中后，由于定义、概念、规律、现象、公式多，叙述多，进度快，方法灵活，题型花样多，加之科目多，如果仍靠初中那种以机械记忆为主的学习方法，显然是力不从心了。同时，由于此时学生的理解能力较差，即使背熟了定义、公式，因不解其意，不注意适用条件，往往是乱套公式，乱用数据，面对“万花筒”式的题型变化，更是束手无策，望而生畏，失去了信心。尤其对一些形同质异、形异质同的问题，使刚进入高中的学生觉得物理好像无章可循、一头雾水，感觉物理“特别的难”。

其次，初中以形象思维为主，通常从熟悉、具体、直观的自然现象和演示入手建立物理概念和规律，高中则从理想模型代替直观现象客体入手，通过逻辑判断和抽象思维建立概念和规律。这种由具体形象思维到抽象逻辑思维的过渡必然迫使学生改进原来的学习方法，才能满足新的要求。学生在学习上遇到困难，往往并非学生思维水平或智力的问题，而是学生不知道该怎样去学，即使学生“学会”物理，到自己“会用”物理差距还非常大。另外，学生获取物理知识的途径通常只限于课堂听讲，缺乏对自然科学的探索精神；课后只是为了做题而做题，死记公式，生搬硬套；大部分学生缺少求知的热情、无法体会成功的喜悦。靠考试、升学的压力，不仅无法使学生产生浓厚的学习兴趣和学习欲望，反而会出现“惰性心理”，完全依赖老师课堂讲解，满足于固有的思维模式，不能灵活运用知识。同时，“满堂灌”教学法和“题海战术”是产生惰性心理的温床，这也是过去单一课程目标与僵化教学方式的一个必然结果，是被新课程改革所废弃的。

三、物理学习中没有斗志和毅力，畏难、不自信、心理素质差，是高一学生感觉物理难学的主观原因

高一学生觉得物理“难学”，有时并不是他们“先天不足”，相反他们中有的“天资聪慧”，能升入高中学习的学生都有一定的基础，他们之所以觉得“难学”，是因为在上高中之前他们听说高中物理是所有学科中最难的；上高中后，他们的切身感受“的确如此”，于是他们在心里无形中首先形成了一道障碍：物理难学！这样，学生刚开始就失去了学习物理的动力，也不可避免地出现了“老师难教，学生难学”的尴尬局面。

以上分析了高一新生学习物理障碍的原因，如何解决他们的这些问题呢？笔者认为，可以采取以下一些方法。

一、循序渐进，注重新旧知识的同化

对于新生，在教学过程中不能操之过急，宜适当放慢教学进度，深入了解学生的实际水平。要注意初、高中物理知识的衔接，使学生能顺利地用旧知识“同化”新知识，降低初、高中知识的台阶跨度。例如：在讲弹力的概念时，初中阶段只涉及弹簧的伸长与外力的关系，涉及压力的大小，但没有涉及弹力产生原因和方向，如何使知识同化呢？教师在教学中应引导学生运用已有知识做实验，在实验中引导学生自己发现问题。当学生自己不能解决问题时，教师再通过弹簧的伸长与压缩现象，分析弹力产生的原因及方向，目的是用旧知识来固定新知识。最后做微小形变实验，得到只要物体之间存在着接触并产生挤压作用，必然会产生形变的结论，从而形成弹力的概念。

再比如“牛顿第二定律”一节的教学中，为使学生较好掌握定律中加速度和力的关系及各物理量的物理意义，应先将有关概念作为预备知识总结归纳，如力的概念、合力与分力的概念、加速度概念及牛顿第一定律等，以扫除定律学习中的外围障碍，再进行定律的实验和理论讨论。在安排学生练习时要注意题型和难度的控制。先练习水平面上的问题，再逐渐深入到斜面问题；先分析物体受一个力的情况，再逐渐深入到物体受两个、三个力的情况；先研究单个物体情况，再逐渐深入分析连接体情况等。

二、指导学习方法，培养良好的学习习惯与思维方法

学习方法的好坏将直接影响学习效果，因此高一开始教师就要指导学生阅读教材的方法、听课与做笔记的方法、预习和复习的方法等。上课时，要求学生全神贯注听教师讲解，听同学发言，要注意听各知识点间的相互联系，听公式定律的运用范围，听解题的方法与思路。做笔记时，应该在理解的基础上记下重点、难点及一些相关说明。课前应做好预习工作，对教材不能一扫而过，而是潜心研读，边读边思考，对重要内容要反复推敲。课后，及时总结当天学习内容，弄懂在课上没有搞透彻的问题。新课学到一定程度后，进行单元总结，画出知识结构图。这样不仅可以克服遗忘，而且可以将知识点连成线，结成网状结构，如此一来，学生的知识迁移能力、应用能力就会得到很大的提高。高一学生思维尚未成熟，可塑性大，教师在平时的教学中要着力培养学生的思维能力，不断渗透各种方法：归纳法、类比法、科学抽象法等。例如，高中“电磁感应现象”的教学过程中，教师可以提醒学生联系初中学习阿基米德定律时的思维方法：观察实验—分析推理—归纳结论。首先做一些生动的实验让学生观察，获得鲜明的感性认识，然后引导学生对各种电磁感应现象进行比较与分析，使学生初步认识到：①闭合回路中部分导线作切割磁力线运动时，产生感应电流；②磁铁与闭合线圈作相对运动时，线圈中产生感应电流；通电螺线管（原）与闭合线圈（副）作相对运动时，闭合线圈（副）中产生感应电流；原线圈中的电流突然接通或断开，副线圈中产生感应电流；原线圈中的电流强度大小发生变化时，副线圈中也会产生电流。这些结论，都是从实验事实中抽象出来的，只分别反映了“电磁感应”现象的一个侧面，而没有反映其本质。把这些结论归纳起来，得出“穿过闭合回路所围面积的磁通量发生变化时，会产生感应电流”的结论。

三、讲清讲透物理概念和规律，培养学生的能力

培养能力是物理教学的落脚点。培养能力首先要在教学中讲清讲透概念和规律。对每一个概念和规律要弄清它的内涵和外延，弄清来龙去脉，弄清概念和规律的性质、单位、适用条件及注意事项。如静力学中的合成和分解、运动学中速度的变化量和变化率、动量和冲量、理想气体与真实气体等，都是既有联系又有区别的。

其次，要重视物理思想与物理方法的教学。中学物理教学中常用的方法是：确定研究对象，对研究对象进行简化，建立物理模型，在一定范围内研究物理模型，分析总结得出现律，讨论规律的适用范围及注意事项。平行四边形法则、牛顿第一定律、理想气体的状态方程的建立都是如此。

另外，教学中要注意解题思路和解题方法的指导。讲解习题时，要把重点放在物理过程的分析上，让学生建立正确的物理模型，形成清晰的物理过程，并逐步介绍中学物理中常用的类比法、等效法、估算法、假设法等解题方法。在解题过程中，要培养学生应用数学知识解答物理问题的能力。学生解题时的难点通常是不能把物理过程转化为抽象的数学问题，再

回到物理问题中来，使两者有机结合起来，教学中要帮助学生闯过这一难关。如在学习合力与分力的关系时，有些学生认为合力一定大于分力。教学中可引入三角形法则，使学生认识到矢量三角形中表示合力的也是三角形的一个边；根据三角形中的三边之间的关系可知，合力大于或等于两分力之差，小于或等于两分力之和，与三角形中三边边长之间的关系相似。

四、培养学生学习物理的信心与意志品质

在教学过程中，教师应及时给予学生鼓励，给予学生成功的满足感，对于物理学习基础差的学生尤其重要。鼓励学生积极提问题，在学生提问题时，教师不一定要直接告诉学生答案，而是引导学生对题意进行分析，并做适当点拨，并抓住机会及时告诉学生审题分析时应注意的问题。在平时课堂教学中适时介绍物理学家的事迹，培养学生良好的意志品质。在目前这种大班教学的前提下，老师的给予与学生的需求之间存在着矛盾，矛盾的解决需要学生有自控力才能完成。增强学生的自控力，就是增强他们学习毅力和韧性的过程，这个过程能增强学生耐挫能力和自我情绪的调控能力。学生性格上的弱点，常常是他们能力形成和发展的障碍，而性格上的优势将对学生的学习产生积极的影响。

实践证明，尽管高一的物理难学、难教，但只要教师把握好高一学生物理知识储备的实际情况，以学生为主体，以强化反馈为手段，面对实际，讲究实效，注意高一物理与初中物理内在的延续性与阶梯性，就能很好地调动学生的学习积极性，激发学习兴趣，全面培养学生的思维能力，完成高一学生的初高中过渡。相信只要我们共同关注高一学生的成长，思考教育中出现的问题，并实事求是、有针对性地解决教学中存在的问题，必将促进师生的和谐发展、共同进步，使我们的学生学会学习并适应教学，我们的新课程改革也会取得巨大成功。

实践创造真知，思维提升能力。

给力的动力[①]

北京市航天中学 任 悦

人为什么要活者？人活着的意义是什么？这是我上初中的孩子最近突然提出的问题。在刚参加工作成为一名普通的初中物理教师时，我想过这个问题，当时的答案是要当一名优秀的教师。如今20多年过去了，担任班主任工作也有10年了，还担任过年级组长，虽没有轰轰烈烈的事迹，但每天平实的工作却干得有滋有味、不知疲倦。工作的动力除了做人的目标、工作理念，还有如同白纸一样的孩子们求知求学的愿望。来到航天中学我带的第一届初中毕业班，被评为航天中学第一届初中毕业班中的区级品优班，我所教的全年级四个班的物理成绩全区中考排第三名，其中有两名学生获得物理满分。成绩的背后，教育教学工作量之大是一般人难以想象的，而动力的源泉则是我们班王一同，一段尘封了很久的记忆又渐渐浮现在我的脑海中。

刚接班没两天，一个脸圆圆的、眼睛大大的、总是安静地坐在座位上的男孩引起了我的注意，他就是王一同。他是一个既普通又特殊的孩子，出生在普通百姓家，到了上学年龄和儿时的伙伴手拉手走进学校，从小学到中学一步一步到了今天，这就是他的普通。说他特殊，刚满9岁的他已被北京著名的医院确诊患有不治之症——红斑狼疮，这个医学界至今仍无法制伏的病魔一直困扰着这个单薄瘦小的孩子。因为长期服用激素和化疗药物，他的个头看上去和9岁的孩子差不多，但骨头却提前老化，连普通

① 本文获北京市第三届“智慧教师”教育教学研究成果征文一等奖。

人不经意就能翘起的二郎腿，对于他来说都很难做到。但个头瘦小的他却一直没在病魔面前低过头，面带着微笑一次次从危症中挣脱出来，而且怀着对未来的美好憧憬继续与病魔、与命运抗争下去。

7 年与疾病对抗，对于一个孩子来说非常不容易。为了监测病情，一管一管地抽血是家常便饭，有时因频繁抽血，血管都扁了，护士都会急得出汗，可从来没看到他流泪，只看到他冰冷的小手紧紧地握着；危症出现时，必须进行抽脊髓检查，这是比较危险的操作，需要病人紧密配合。为了使伤口尽快恢复，病人在检查后不能枕枕头，平躺 6 个小时不能动，一个孩子得用多大的毅力才能坚持下来。因为病情严重，引起了肾部、脑部并发症，出现了昏迷、抽搐、幻听、视觉障碍，全身严重水肿，整个身体像注满了水的气球，身体中的水通过皮肤一滴滴渗出，但即使这样，也没听到过他的哭声。躺在医院的急救室，他安慰母亲说："妈妈别难过，我不会走的，我还要回学校呢，我还有很多事没做呢，放心吧，我一定会好起来。"白天，他不能晒太阳，否则就会出现光过敏现象，全身起斑，因此只能尽量躲在房间里。冬天，他的十指会出现红肿、僵硬现象，手握不成拳，经常自己连袜子都穿不上，可他从来都是默默忍受着。他清楚地知道，全家人正在全力以赴地为他治疗，他必须忍耐、必须坚强，必须配合医生来战胜这个目前世界医学界还对其束手无策的病魔。

十来岁的年龄正是一个孩子的花季时期，正是朋友多、爱好多、精力充沛的时候，可王一同却过早地体会了孤独、寂寞。因为病情经常反复，所以在 7 年的时间里，他几乎没有系统地去学校上学，大部分时间以自学考试的方式升级。而家长除了忙于为他治疗外，还要加班补做耽误的工作，没有时间再顾及他的学习和娱乐生活，除了希望他身体好起来外，对他再没有其他的要求了。白天，家里基本就他自己照顾自己，他的每一天是死板单调的，锻炼、治疗、学习是固定的程序，没人在旁边相伴，完全靠他自己安排。而事实上，他为自己安排的每一天都是那么充实、有条理，就连周围的叔叔阿姨们都很佩服地翘起大拇指。他常和妈妈说："妈妈，我必须快点好起来，我要回到学校，我要和同学们在一起，和他们一起考大学。所以我会努力再努力。"为了抵抗病魔，除了医生的治疗外，自己唯一能够主动出击的办法就是锻炼身体，以提高抵抗疾病的能力。他在医生的指导下，无论春夏秋冬每天早上 5：30 都必须起床出去锻炼，冬天的早上，外面又冷又黑，连大人都要鼓足勇气才能离开温暖的屋子，而他必须每天都坚持；夏天，因夜里屋里太热（家在顶层），经常睡不好觉（不能开空调），早上刚刚觉得凉爽些时，就又得爬起来锻炼了。白天，除每天必须要花掉5个小时接受治疗外，其余的时间都被他安排了各种课程的学习。没有老师家长的督促、检查，他自己却记下工工整整的学习笔记，制订了各科的学习计划，当看不懂课本的内容时，他就让妈妈买一些参考书籍自己琢磨分析，只有实在无能为力的情况下，才会在晚上父母闲下来时，求教于父母。他说："我现在记忆力受伤了，所以我更得努力，自己琢磨弄明白，这样我才记得住。"医生为了治疗他受损的眼睛和大脑，不让他动电脑，不让多看书，他必须集中注意力利用有限的学习时间，他哀求医生："爷爷，只要您能让我早点回学校，再多扎点针，再增大运动量吧，我都能扛得住。"什么力量支持着他，是对生活的热爱和早日回学校、早一天回到同学们中间的渴望。就是在这种情况下，他坚持自学了初中阶段的所有课程，并在每次考试中保持良好成绩，超过了许多在校读书的学生。

和其他孩子一样，王一同有他自己最珍惜的宝贝，那就是书。他的书已有两大书柜了，而且每本书基本上都和刚买回来似的。在他周围的人，都知道他爱书如命。每年在地坛举办的几次书市，基本上没有落下的，买书是他第一大乐趣。只要他身体状况允许，他一定请妈妈背上一个大书包、安排大半天的时间并带上他一同前往，那时的他兴奋异常。当他身体状况差时，他会递给妈妈一个购书单、一个大书包和一大堆叮嘱，类似"要买正版的、要某个出版社的、再看看那些方面有没有好书"等。他的书籍涉及面比较宽，他喜欢历史、文学、音乐，喜欢旅游和电玩游戏。他热爱书，从书中获得了对生活的认识和对未来的憧憬，书教会他顽强、忍耐，书使他在身体受着痛苦时却得到了精神上的快乐，书让他身处孤独时却心灵充实。

周围的大人们常说，王一同是个男孩子，可那心思像个女孩一样。节假日到了，他一定在早些时候就已为大人们准备好了如何过节的几个方案，如去哪旅游，如何安排路线会更有意思；哪个公园有活动；等等。其实他自己从来都去不了，可总是笑嘻嘻地和大人们说："你们放心去玩吧，我在家更自在，自己做点自己爱吃的东西。"他的目的就是让辛苦的大人们赶紧放松一下。家里的生活用品缺了，他会认真地检查后列出购买清单，提醒父母去商场购买。家里日常生活用品经常出现的一些小问题，他都会主动修理，俨然一位家庭小主人。父母很了解他，知道他的用心，他是要尽自己的努力来减轻父母的压力。

王一同心地善良，充满了爱心，不仅爱家人，也爱学校、爱老师、爱同学。时常能听到他念叨这位老师、那位同学的，经常可以看到他自己想心事，甚至会自言自语地说：啊呀，天都黑了，我们班同学也不知放学了吗，他们真累，和他们相比我真够幸福的。在病情最重的时候，他还嘱咐妈妈："您去学校的时候，问一下我们英语老师病好了没有，她是为我们学习着急得了眼病的，您说，她的病没大事吧。"他跟家里人说："我们学校的老师又漂亮又善良，课讲得都特好。"到考试的时候，他就担心同学们考得如何，是不是又让老师着急上火了。"我可不能拖我们班的后腿，我一定和同学们一起参加中考。"这就是他给自己定下的阶段目标。

由于王一同的出色表现，学校开展了向王一同学习的活动，他的事迹感染鼓舞了所有学生，使那些身体健康却不爱学习的学生备受感动，许多学生纷纷表示要向王一同学习，珍惜健康、珍惜生命、珍惜时间、珍惜人生，力创佳绩。现在，王一同已经成为航天中学学生的榜样，成为学生顽强拼搏精神的楷模。

王一同，这个不幸的孩子，凭着顽强的毅力和不屈的精神，赢得了人们的赞扬，也谱写着生命的赞歌。

初二第二学期刚开始，他再次受到病魔的侵袭，医院劝其回家静养，生命就在旦夕之间。但是就在这种情况下，他还念念不忘学习，帮助同学为历史课组织的实践活动——"寻访圆明园的今昔"在网上收集相关资料，在自己不能出家门的情况下，委托他的母亲将这宝贵而又沉甸甸的资料交到了他所在的小组。

我抓住这个非常难得的教育机会，在全班发起了向王一同学习的倡议。通过王一同同学感人事迹的介绍和我的积极引导，全班同学作出了积极反应，他们每人都含着眼泪给王一同写了一封发自肺腑的慰问信，并纷纷写下立志书，表示一定向身边的榜样学习，珍惜健康，珍惜生活，努力学习，把握命运。由于病人极怕感染，不能接触外人，班里好多学生自发把写好的信偷偷塞到王一同家的门缝里。等他病情有些好转后，为了解除病人的寂寞孤独，同学们排好值日轮流打电话与他聊天、帮他补课。这些活动的开展，使整个班级变化很大，尤其是学生的精神风貌出现了喜人的变化：他们变得勤奋了，劳动的积极性更高了。此外，每人给王一同写的一封信，不仅是对王一同的鼓励与支持，更使每位同学认识到生命的可贵及学习的乐趣，也使学生学会了如何关心他人、欣赏他人和学习他人。

更让人欣慰的是，在我和同学们的鼓励下，王一同，这个被医生判了"死刑"的孩子，竟奇迹般地活了下来。这对所有人来说，都是一个惊喜。王一同的家长多次来到学校表示感谢，感谢老师、感谢同学、感谢航天中学有一支高素质的教师队伍，培养了一批高素质的学生。

王一同的感人事迹，使我和学生们潜藏在身体中的无尽的能量像火山一样喷发了出来，特别是我的班主任工作找到了许多不同于他人的突破口。我班还有一名学生，上初一时厌学情绪严重，经常逃课，一学期多半时间是待在家里上网，有明显的自闭状况。但上初二以后，我多次给家长做工作，硬是把这个学生拉回到了教室，令人难以置信的是这一年下来竟然全勤，一次课也没缺。特别是开展了向王一同同学学习活动以后，他的人生态度和学习态度都有了彻底转变，各科成绩也突飞猛进，使所有老师和同学都刮目相看。

教育最成功的地方莫过于人的教育成功。我在初二接班后短短一年的时间里，使全班形成班风正、学风浓、人心齐、凝聚力强、向心力强、积极向上的好风气。我班在思想上的进步还表现在以下两个方面：一是在任何考试时，不用老师监考，全体学生无一作弊；二是全班绝大多数同学都递交了入团申请书，表达了对共青团组织的追求和向往，同时在思想上对自己提出了更高的要求。

有了王一同的事迹作为切入点，我在工作中注意抓住任何一次机会来调动和激发全班的潜能：在初二刚开学的校秋季运动会上，我利用学生们竞争意识强、好胜心强的心理特点，在入场式、接力、投稿、啦啦队这些体现集体凝聚力的活动中，充分调动学生的积极性，唤起他们的集体荣誉感，使我们不仅在成绩上取得初中部团体总分第一，更重要的是通过这次活动的准备过程培养了学生团结协作的精神，并使全班（46+1）团结成为一个整体。

运动会取得了骄人的成绩以后，在接下来的“冬锻”活动中，也是靠集体的努力，取得初中部团体总分第一。这个第一来之不易，因为“冬锻”活动成绩是全班每一位同学在每天的冬锻跑步中表现的积累，也是耐力、毅力的积累，全班同学必须在几项评比中均取得优异成绩才可名列榜首。

在这些点滴的积累中，同学们的向心力、凝聚力越来越强，在以后的篮球、足球比赛中都取得了第一名的好成绩。

初二第一学期开学初，我班还根据区、学校的要求召开了“文明礼仪伴我行”主题班会。同学们自编自唱了班歌，唱出了我班的风貌、气势和美好的希望，更唱出了同学们由衷的骄傲和自豪。这次活动既展现了本班具有在最短的时间内举行最出色，最有意义的班会的能力，并为全校的文明礼仪教育活动拉开了序幕。

在文艺方面，我班更是不甘落后：在学校艺术节的集体舞比赛中，同学们自编自演了舞蹈《动感无限》，荣获初中组一等奖。全班的合唱《宁夏》以服装新颖、表演形式具有创新精神获得一等奖。刘晓男的《中华武术》表演更是振奋了同学们的精神，博得全校师生的一致肯定。最终我们荣获了校艺术节比赛的初中部一等奖。

此外，马孙立、高雁、何欣、徐悦、刘晓楠等多名同学分别在丰台区举行的各类活动中取得了骄人成绩。

通过参加各级各类丰富多彩的活动，我班同学的自信心和自豪感更强了，更促进了他们的学习积极性，班中已形成了勤学善思、互助互学、比学赶帮超的良好风气。班上的男生在理科上较占优势，他们就主动帮助女生，一起探究、一起钻研；女生也主动在文科上帮助男生，使男生对文科的学习有了信心和兴趣，成绩有明显提高。通过一段时间的努力，我班同学的成绩有了突飞猛进的变化：月考中有5位同学冲进了年级前10名，有2/3的同学都取得了不同程度的进步；在期中考试中前10名内有4名是我班的学生。我班学习成绩的进步不但得到了年级、学校及所有科任老师们的认可，也得到了家长的肯定。其中王晓辉同学获全国“希望杯”数学竞赛三等奖。在月考后的家长和学生共同参加的家长会上，家长因为孩子们的思想、学习等各方面的进步而感动得流泪，并为我班的全体任课教师赠送了一面鲜红的锦旗，上书“教书育人，为人师表”8个烫金大字。这一举动受到学校领导和老师的充分肯定，更加激发了我班全体学生的学习积极性，极大地调动了家长们参与学校管理、协助老师工作的热情，使我班三位一体的管理模式发挥了最大作用。

我对工作的极大热情不只限于班级的教育管理，全年级的物理教学更是有声有色，从课内延伸到课外：新接一个初二班是一个挑战，而担任全年级的物理教学工作更是让我感受到校领导、周围同事、家长、学生的充分信任和期待，也感到责任重大。由于初二物理是一门起始课，物理又是一门实验学科，我就从学生感兴趣的、周围常见的物理现象入手，在开始上课时就用大量的物理实验激发学生的学习兴趣，引发学生们的求知欲望，调动学生想学好物理的积极性，为学好物理开了个好头。我在讲课时还用多媒体等资讯，拓展学生的知识面和增加知识量，使学生在教室中就能得到大量相关信息。为感受课本上的知识如何与实践活动结合并用来解决实际问题，在年级的协助下我组织全年级同学参观中国科技馆，使学生充分了解到物理知识在实际中的应用。我还专门设计了一些实践活动课，例如用所学的知识如何测量学校中旗杆的长度，让学生观察不同种健身器上用到了哪些简单机械，如何利用家中的电能表测某一用电器的电功率等。这样让学生亲身参与活动，使学生体验利用所学的物理知识就能解决实际问题的成功和快感，使得物理课成为学生们每天期待的一节课。为了使学生们能更好地学好物理，我还充分利用物理实验室，将许多教师的演示实验转变为学生的分组实验，让学生逐步了解探究物理问题的过程和方法，为提高学生学习物理的能力打下了非常坚实的基础。这些学生的分组实验和实践活动的开展，无疑给本来已经很繁忙的教学工作又增加了分量。从认真备课到上好每一节课，从上课订正每一个学生做过的题、每一张试卷和学生有疑问的题到课后认真检查、批改每一次作业；从每节课教给学生不同的学习方法到课下交流心得，到总结成功的经验和失败的教训，帮助不同学生成绩有不同的提高；从准备每节课的针对性训练到准备每次期中、月考的试题，每一个环节我都一丝不苟，认真对待，不留有任何疏漏，严谨治学。

正是由于这种踏实认真的工作作风，我所教的整个年级在期末区统考中总是成绩突出，得到区教研员的多次表扬。我还被聘任为区中心教研组的成员，协助区教研员做了全区初中升学研究会的组织工作，区初中毕业物理试卷的评审工作，区初三毕业、升学考试前的复习计划及安排等工作。担任毕业班的班主任工作，每周十几甚至二十几节课的工作量，对一般人来说可能是一副不轻的担子，而我在工作中不但没有被担子压倒，还能在初三毕业升学考试前的复习工作中加速冲刺，对每一次的模拟考试不仅批改试卷，张张必讲，还对许多同学进行面批，有针对性地进行帮助，使学生在物理方面进步很大。

王一同的事迹不是一张“悲情牌”，更不是拿来作秀的道具，它是激发我和所有学生潜能的永动机，是回答我的孩子及所有人提出的“人为什么要活着”的最好答案，每当想起他时总会使我对工作、对生活充满了无限的激情，是对我最给力的动力。

教育是心灵的事业，我们用心去打造！

做智慧型教师①

——让学生在研究性学习中探究物理学知识

北京市航天中学　李憬斌

高中物理新课程标准提出了“知识与技能”“过程与方法”“情感态度与价值观”的三维教学目标，对于如何实施三维教学目标，特别是第二维度“过程与方法”，笔者结合高中研究性学习的课程对学生进行物理学科的实践教学，使学生在日常生活中体会物理学知识，做到物理学与生产、生活实际相结合，提高学生的物理素养。

一、课程背景

物理学科中并不缺乏知识性的培养，但长期以来，对教学成绩的追求却失去了物理教学的真正意义。物理教学要来源于实践、应用于实践，教学的本质是交往的过程，是对人的活动，是师生通过不同的教学方式在交往与沟通活动中共同学习、创造、探究、总结的过程。因此，教学活动的好与差，在很大程度上取决于参与教学活动的人的设计和思维。物理教学

① 本文获北京市第三届“智慧教师”教育教学研究成果征文二等奖。

活动要不拘泥于原来的教授过程，要通过不同的教学模式，提高学生的学习兴趣，通过新颖的教学活动，充分发挥学生的主观能动性，使学生不断提高物理学科的科学素养和探究能力，使师生的情感交流融洽，学生深切地感受学习活动的全过程，并升华到自己精神的需要，从而更有效地发展学生的创造精神和创新能力。

二、课程的设计预想

物理学科的特点要求物理教师能够充分利用物理知识的有效素材，使物理课堂不再是单纯的推导与演算，我们应该在传授知识的同时，更应该注重学生的能力培养。

物理学是与生产、生活实际密切相关的科学，它包含着培养学生自主学习和自主探究能力的丰富内容，教师要把教材中的科学内容与现实生活有机结合起来，运用理论联系实际的观点去分析、阐述物理现象和规律，用物理来源于实践、应用于实践的思想把物理教学上升为理论与实践相结合的教学过程。这不仅能使学生正确而深刻地理解物理知识，而且可以帮助学生树立科学为生活服务的世界观和人生观，对学生的认知过程产生深远的影响。

三、课程的实施

学校组织学生进行有效的研究性学习，根据物理学科的知识特点和学生的实际情况，我选了“对变速自行车物理学知识的研究”，把学生分成不同的小组，提出了以下问题：

(1) 自行车的历史；

(2) 未来的自行车；

(3) 自行车上的摩擦知识；

(4) 自行车上的杠杆、轮轴知识；

(5) 自行车上的气压知识；

(6) 变速自行车是如何变速的。

通过让学生对上述问题进行了解和探究，使学生体会自主学习的乐趣，与教师、同学交流和讨论，切实把物理学知识应用于实际生活。

四、课程实施成果

(一) 自行车的历史

1790 年，法国人西布拉克制作了世界上第一部自行车，而在这之前，欧洲文艺复兴时期意大利的达·芬奇曾勾画过自行车的图纸。西布拉克的木制自行车有两个轮子，人坐在中间用脚蹬地。

1818 年，德国人德莱斯发明了带有车把、前轮可以活动的木质自行车。1839 年，苏格兰铁匠麦克米伦制作了铁质的自行车，并首次加上了曲柄和脚蹬。

1879 年，英国人劳森发明了与现代自行车相似的车型，中装曲柄，用链条带动后轮。到了 1888 年，英国人邓禄普发明了橡胶内外胎，使自行车基本定型。

清朝康熙年间（1662～1722 年），黄履庄制作了一辆车子，用曲拐转动双轮，长“三尺多（约 1 米）”，可以日行“八十里（约 40 千米）”，但没有推广。

（二）未来的自行车

以下几款是人们设计的未来概念自行车。

该款车创作的目标是设计轻松且舒适的骑乘姿势，透过蜂巢组织气垫避震结构可以减轻车体重量并稳定结构。另外，载货物夹具设计可方便使用者放置物品。

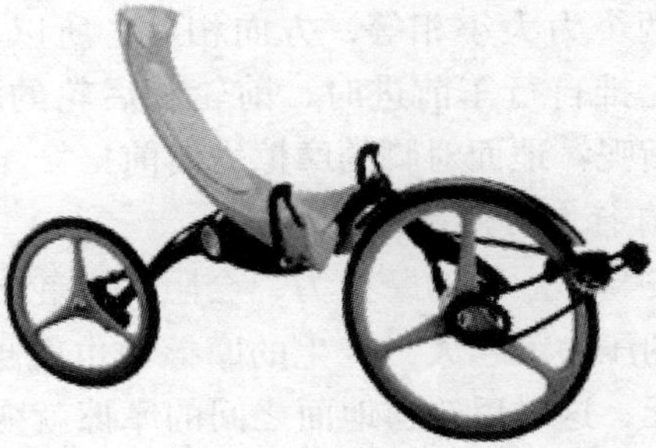

该款车采取坐姿骑乘方式，特殊的车体结构使骑乘者在骑乘时靠身体力量便可改变两轮距以及骑乘姿势，达到运动与娱乐的目的。

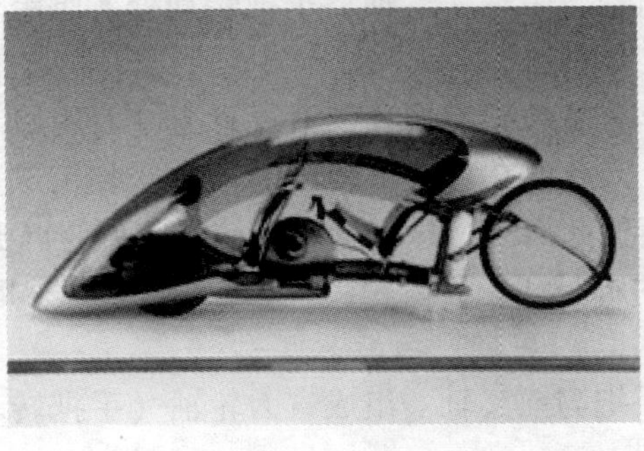

该款车为适合旅行用之家庭式两人座自行车，可由电力辅助，并且可简易地将两人骑乘改变为单人骑乘的车型，并在空间上缩小50% 左右，后面的驾驶座可转变成货物架，同时具有超炫的外观。

（三）自行车上的摩擦知识

1. 自行车外胎为什么要有凹凸不平的花纹

摩擦力的大小跟两个因素有关：压力的大小、接触面的粗糙程度。压力越大，摩擦力越大；接触面越粗糙，摩擦力越大。自行车外胎有凹凸不平的花纹，这是通过增大自行车与地面间的粗糙程度来增大摩擦力的，其目的是为了防止自行车车轮打滑。

2. 自行车为什么能前进

当我们骑在自行车上时，由于人和自行车对地面有压力，轮胎和地面之间不光滑，因此自行车与路面之间有摩擦，不过，要问自行车为何能前进？这还是依靠后轮与地面之间的摩擦而产生的，这个摩擦力的方向是向前的。那前轮的摩擦力是干什么的？阻碍车的运动！其方向与自行车前进方向相反。正是这两个力大小相等，方向相反，所以自行车做匀速运动。不过，当人们在地上推自行车前进时，前轮和后轮的摩擦力方向都向后。那谁和这两个力平衡呢？地面对脚的摩擦力向前！

3. 刹车以后，自行车为何能停止？

刹车时，刹车皮与车圈间的摩擦力，会阻碍后轮的转动。手的压力越大，刹车皮对车圈的压力就越大，产生的摩擦力也就越大，后轮就转动得越慢。如果完全刹死，这时后轮与地面之间的摩擦就变为滑动摩擦力（原来为滚动摩擦，方向向前），方向向后，阻碍了自行车的运动，因此车就停下来了。

4. 自行车哪些地方装有钢珠？为什么装钢珠？

在自行车的前轴、中轴、后轴、车把转动处、脚蹬转动处等地方，都装有钢珠。

人们骑自行车总是希望轻松、灵活、省力，而用滚动代替滑动就可以大大减小摩擦力，因此要在自行车转动的地方安装钢珠。我们可以经常加润滑油，使接触面彼此离开，这样就可以使摩擦力变得更小。

（1）中轴上的脚蹬和花盘齿轮：组成省力轮轴（脚蹬半径大于花盘齿轮半径）。

（2）自行车手把与前叉轴：组成省力轮轴（手把转动的半径大于前叉轴的半径）。

（3）后轴上的齿轮和后轮：组成费力轮轴（齿轮半径小于后轮半径）。

（四）自行车上的杠杆、轮轴知识

1. 自行车上的杠杆

（1）控制前轮转向的杠杆：自行车的车把，是省力杠杆，人们用很小的力就能转动自行车前轮，来控制自行车的运动方向和自行车的平衡。

（2）控制刹车闸的杠杆：车把上的闸把是省力杠杆，人们用很小的力就能使车闸以较大的压力压到车轮的钢圈上。

2. 自行车上的轮轴

（1）花盘齿轮：组成省力轮轴（脚蹬半径大于花盘齿轮半径）。

（2）自行车手把与前叉轴：组成省力轮轴（手把转动的半径大于前叉轴的半径）。

（3）后轴上的齿轮和后轮：组成费力轮轴（齿轮半径小于后轮半径）。

（五）自行车上的气压知识

自行车内胎充气：早期的各种轮子都是木轮、铁轮，颠簸不已。现代自行车使用充气内胎主要是使胎内的压强增大，可以起到缓冲的作用，同时可以减小自行车前进的阻力。

气门芯的作用：充气内胎上的气门芯，起着单向阀门的作用，只让气体进入，不让气体外漏，方便进气，保证充气内胎的密封。

（六）变速自行车到底是怎么变速的

一般的变速自行车，是靠一个叫变速器的装置来变速的，原理和汽车上的换挡装置很像。在自行车的结构中，我们把连接两个踏板（脚蹬）的轴叫主动轴，非变速自行车就是靠人工改变主动轴的转速来适应各种路段的。把连接自行车后轮和车架的轴叫从动轴，主动轴转动通过链条使从动轴一起转动，即通过踩踏板带动后轮前进。变速器的设计就是为了改变主动轴和从动轴之间的传动比，从而达到省力、省车的目的。

一般的变速自行车，是在主动轴上安装 3 ~ 5 个大齿轮，从小到大排列。在从动轴上安装 6 ~ 9 个齿轮，从大到小排列，在车把或车身有两个变速杆，分别对应着主动轴和从动轴，变速时，转动对应的变速杆，就可以使链条转换到不同的齿轮上。

原理是：在主动轴附近的链条上有个装置叫前拨，我们转动变速杆，就会使前拨的位置发生变化，从而使链条转换到不同的前齿轮上，这时，我们在转动调节从动轴的变速杆，就可以了，也就是说主、从动轴都采用了可变换的设计，从而形成不同的传动比，达到变速的目的。

五、课程小结与反思

物理学是推动社会经济文化发展的学科，经典物理学奠定了两次工业革命的基础，近代物理学促进了信息技术、新材料技术、新能源技术、航空航天技术、生物技术等的迅速发展。物理学与现代生活息息相关，为更好地促进学生可持续学习，高中物理教学要利用有利时机，改变授课方式，体现科学探究过程，增强学生的创新意识和实践意识，为学生终身发展、形成科学世界观和科学价值观打下基础。通过学生查阅资料、讨论交流、实际探究，培养学生的自主学习和合作学习能力，更有效地落实物理学科的课程改革目标。

教师的真正本领，不在于他是否会讲述知识，而在于是否能激发学生的学习兴趣，唤起学生的求知欲望，让他们兴趣盎然地参与到教学过程中来。

“案例教学”模式在高中生物复习教学中的实施①

北京市航天中学　时葆华

高三年级生物学科的复习工作应该依据高考说明有计划、有步骤地实施，实现学生知识、能力、理念、素养的多方面提高。但是在实际教学中，应该如何有效地组织高三生物的复习教学工作，是许多一线教师始终存在困惑的地方。现在有许多教师在进行复习教学时仍然采用“知识讲解、进行练习、习题讲解、再练习巩固”的方式，教师“炒冷饭”式的旧知识重复讲解，无法引起学生的学习兴趣、无法确保学生知识的系统化、无法有效地促进学生生物科学素养的提升。教学效果低下不但会直接伤害学生们学习的积极性，同时也会严重影响教师的从业自信心及成就感。笔者尝试以“案例教学”的方式进行高三生物复习，取得了较好的教学效果。

案例教学是目前比较流行的一种启发式教学方法，是由教师提供精心设计的“案例”，学生通过对案例的分析活动，通过共同讨论教师或同学

① 本文获北京市第三届“智慧教师”教育教学研究成果征文一等奖。

提出的问题，在问题情境中重构知识网络，在解决问题的过程中应用知识，在生生交流、师生交流中加深对知识的理解，从而完成学习目标的一种课堂教学模式。在教学程序上遵循由典型事例的个别特点推出同类事物的普遍特征，再由普遍特征上升到掌握事物的发展规律，这非常有助于提高学生分析问题和解决实际问题的能力。本文以“人类的遗传病与健康专题”的复习教学为例，说明案例教学在高三生物复习中的实施效果。

一、问题提出

在一模练习中有一道题目，学生们做题时出现的错误，引起了教师的注意。

题目如下所示：

（2009 年石景山一模）下图为某家系患一种遗传病的遗传图谱，据图分析正确的是（　　）

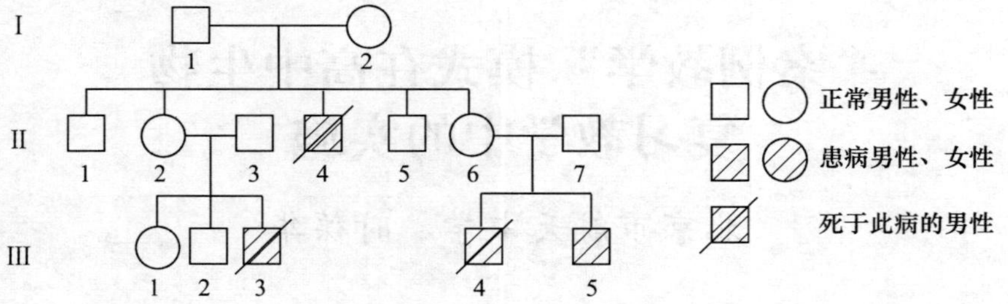

A. 该病为伴 Y 染色体遗传病，因为患者均为男性

B. 该家系中的致病基因源自 I_1 的基因突变

C. 若 II_6 与 II_7 再生一个女儿，患此病的概率为 0

D. 若 III_1 与正常男性婚配，所生子女的患病概率为 0

答案：C。这道题的正答率统计为：学生选 A 的有 27.6%，选 B 的有 23.3%，选 C 的有 28.7%，选 D 的有 20.4%。

初步分析正答率，能看出许多学生是随便选的答案，因此教师判断出这类型的题目，很多学生不太会做。教师进一步对学生进行调查时，得知部分学生对于“人类遗传病”的概念、类型等知识掌握不准确，并且大多数学生在遗传图解这一考点也存在着方法、能力上的缺陷。所以，笔者决定将这些内容与优生措施、基因诊断、基因治疗很好地整合在一起，通过案例引发学生兴趣，期望通过此专题，既能解决学生现存的知识、能力、方法上的问题，又能进一步提升学生的生物科学素养。

二、复习目标

(1) 构建“人类遗传病与健康”的知识体系，包括遗传病的病因、遗传病的类型、优生措施、产前诊断、基因治疗等内容。

(2) 比较单基因遗传病中常染色体显性、隐性和X染色体显性、隐性的区别，掌握通过对家族系谱的分析进行简单的遗传咨询的方法。

(3) 理解产前诊断的必要性及方法、原理。

(4) 通过对案例的分析，提高学生分析问题和解决实际问题的能力。

三、复习策略

根据复习目标，编写“案例”并设计问题，引导学生对知识进行复习、巩固，训练解题方法，提高多方面能力。

四、复习过程

(一) 出示案例，引起学生兴趣

案例：王海（35岁）和秦丽（33岁）已婚多年，婚后关于是否要孩子一直在进行争吵。原来王海的姑姑患有白化病，他的祖父和祖母是近亲结婚；而秦丽的外祖父患有红绿色盲，她还有个舅舅患有21－三体综合征。秦丽从小看到家人费尽心力照顾舅舅，她怕自己生出有遗传病的孩子，所以主张不要孩子，而王海是家中独子，他十分盼望孩子的出生。现在，秦丽怀孕了，家里人各有不同的意见，他们该怎么办呢？

(二) 讨论案例，完善知识网络

讨论一：根据所给信息，你们能否将王海和秦丽的家族遗传系谱图绘制出来？

部分学生对遗传系谱图和遗传图解这两个名词有些混淆，绘制错误，需要指导。大多数学生通过讨论，能将该家族系谱图绘制出来，如下图所示。教师将部分学生绘制的遗传系谱图进行投影展示，学生进行判断并归纳绘制遗传系谱图的心得：弄清题目提供的个体间亲缘关系，由主要人物推及他们的亲人，最后完善系谱图的图形。

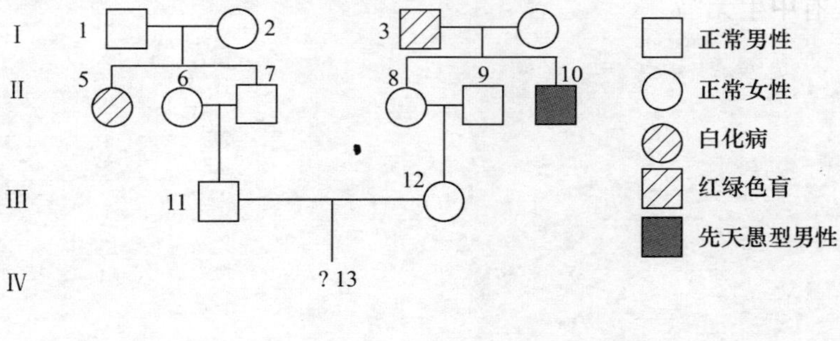

讨论二：什么是人类遗传病？有哪些类型的遗传病？白化病、红绿色盲、21－三体综合征分别属于哪种遗传病？

学生们讨论后各抒己见：有的学生认为“可以遗传的疾病就是遗传病，遗传病分为常染色体显性、常染色体隐性、X 染色体显性、X 染色体隐性四种”；有的学生认为“遗传病肯定还有其他类型，像 21－三体综合征不属于常染色体显性、常染色体隐性、X 染色体显性、X 染色体隐性这四种！”；有学生质疑“21－三体综合征属于遗传病吗？能遗传吗？”

“这些同学们的观点对不对呢？”教师引导学生阅读教材第二册第六章第五节的知识内容，通过各小组的阅读、讨论，学生明确：“通常由于遗传物质改变而引起的人类疾病属于遗传病”“遗传病主要可分为单基因遗传病、多基因遗传病、染色体异常遗传病三大类”。

讨论三：（多媒体教学）请判断：佝偻病、抽搐、艾滋病、白化病、苯丙酮尿症、并指、红绿色盲、风湿性心脏病、唇裂、青少年型糖尿病、哮喘、腹泻、21－三体综合征、猫叫综合征等疾病中哪些属于遗传病？分别属于哪类遗传病？每种遗传病有什么特征？

学生们小组讨论后，在教师的参与下进行集体分析，师生共同推导、归纳各种单基因遗传病的特点：①X 染色体上显性基因遗传病：一般连续遗传，女性患者多于男性，男性患者的母亲、女儿全有病；②X 染色体上隐性基因遗传病：一般隔代遗传，男性患者多于女性，女性患者的父亲、儿子全有病；③常染色体显性基因遗传病：一般连续遗传，男女发病概率相等；④常染色体隐性基因遗传病：一般隔代遗传，男女发病概率相等；⑤Y 染色体（与 X 染色体的非同源片段）基因遗传病：该家族的男性全都患病；⑥Y 染色体（与 X 染色体的同源片段）基因遗传病：与常染色体遗传病基本一致。

讨论四：各种单基因遗传病在系谱图中如何进行辨别？

有学生说：“有口诀：‘无中生有为隐性，有中生无为显性’还有……”

（多媒体教学）教师提供简单的系谱图，要求学生辨析：何为“无中生有，有中生无”？

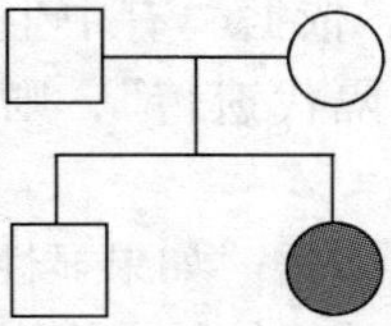

(A)

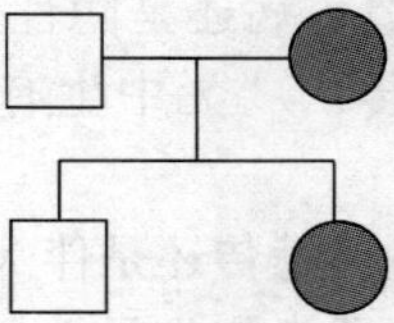

(B)

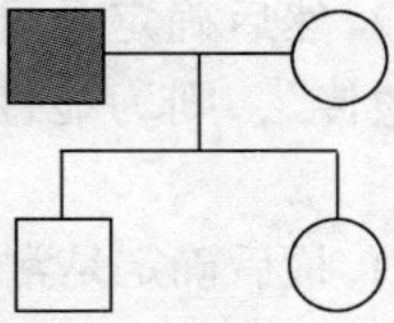

(C)

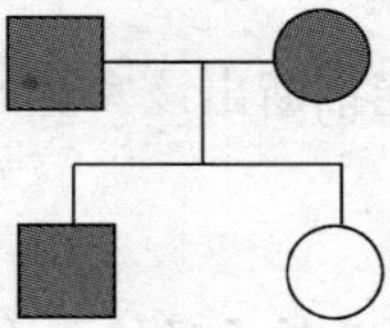

(D)

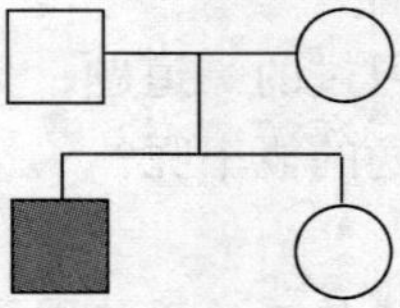

(E)

（多媒体教学）教师提供甲、乙、丙、丁四个家族系谱图，要求学生辨析：每个家庭最可能是哪类单基因遗传病？判断方法是什么？

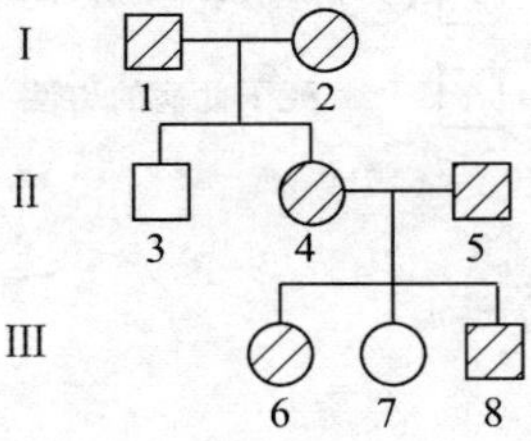

甲

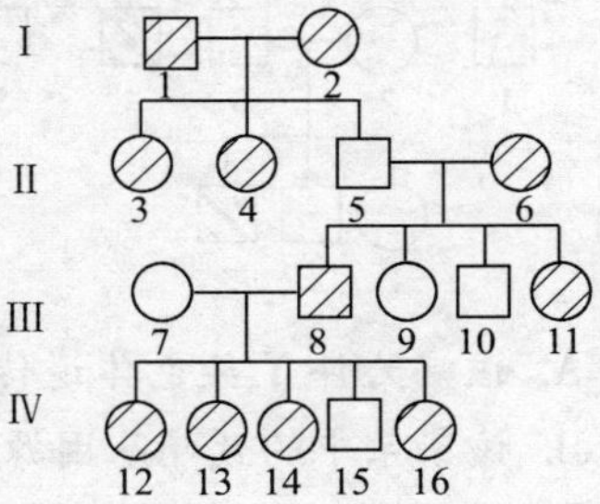

乙

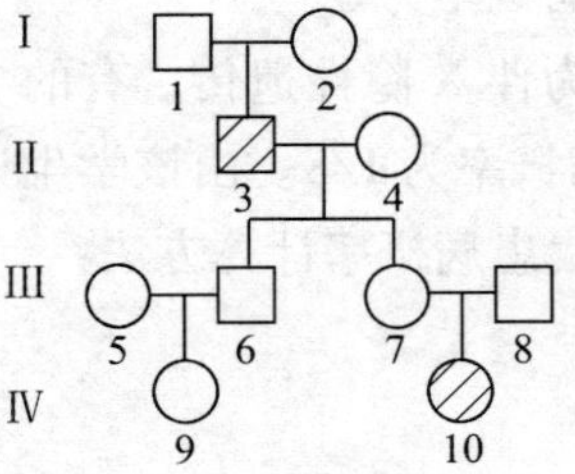

丙

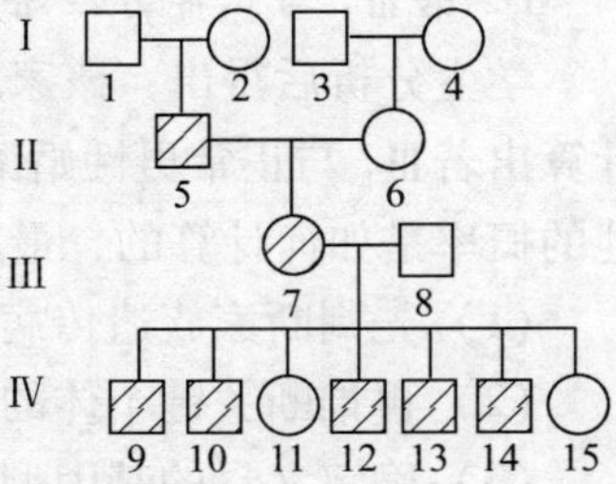

丁

师生共同分析、讨论后，归纳出判断方法：

(1) 先确定是否为细胞质遗传：依据细胞质遗传具有母系遗传的特点；

(2) 再确定是否为伴 Y 遗传（与 X 染色体的非同源片段）：依据该家族的男性全都患病；

（3）然后确定是显性遗传病还是隐性遗传病：依据“有中生无”或“连续遗传”，则为显性遗传；“无中生有”或“隔代遗传”，则为隐性遗传；

（4）最后确定是常染色体遗传还是伴X遗传：依据“如果显性遗传的男患者的母女均有病，则最可能是X显性；如果隐性遗传的女患者的父子均有病，则最可能是X隐性。”

讨论五：这是我们练习过的一道题，你现在能推断出该家族的遗传病类型吗？如何计算后代患病的概率呢？

教师出示题目：

下图为某家系患一种遗传病的遗传图谱，据图分析正确的是（　　）

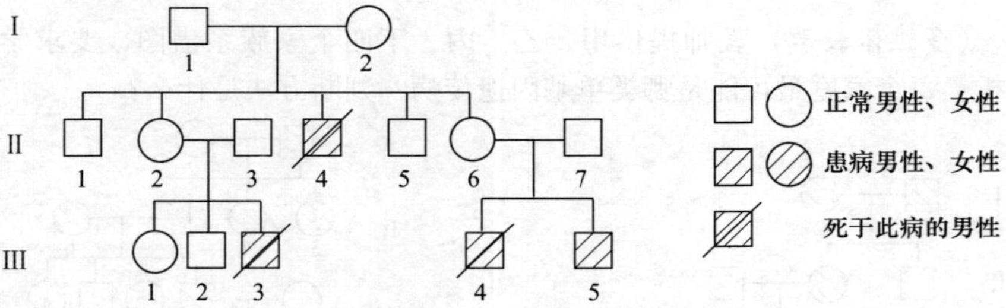

A. 该病为伴Y染色体遗传病，因为患者均为男性。

B. 该家系中的致病基因源自I_1的基因突变。

C. 若II_6与II_7再生一个女儿，患此病的概率为0。

D. 若III_1与正常男性婚配，所生子女的患病概率为0。

学生分析后得出：该家族的遗传病最可能为伴X隐性遗传。有的学生计算出若III_1与正常男性婚配，所生子女的患病概率为1/8。由该学生讲解他的概率是如何计算的，最后师生一起归纳后代患病概率计算方法：

（1）先判断家族遗传病类型；

（2）再推断关键个体的基因型；

（3）确定父母的基因型或准确的概率；

（4）最后计算孩子的患病概率。

讨论六：王海和秦丽的孩子一定会有遗传病吗？（注：夫妻不含对方家庭的致病基因）

学生们意见相当一致：不一定！教师质疑：“为什么？你们的判断依据、理由是什么？”。某小组学生汇报：“通过我们组的计算：王海是白化病携带者的可能性只有1/3，秦丽是红绿色盲携带者的可能性只有1/4，他们的孩子患病概率才1/2。”学生讲解概率计算的步骤，教师点拨或补充解题方法即可。

讨论七：通过分析，你对王海和秦丽的现状有什么建议吗？

各小组讨论的结果有所不同：有的认为这对夫妻应该生女孩；有的认为虽然后代不是100%患病，但是还是不应该要孩子；有的认为可以进行检查。“从负责任的角度来看，应该建议他们进行遗传咨询并进行产前诊断。”

讨论八：遗传咨询的内容和步骤有哪些？通过产前诊断能得知胎儿的情况吗？

教师利用多媒体介绍遗传咨询的内容和步骤，讲述产前诊断的常见方法。教师质疑：“有什么办法能知道胎儿的染色体是否异常？有什么办法能知道胎儿是否患有白化病？”在教师的引导下，学生们逐步想到了利用羊水中胎儿细胞培养检查胎儿染色体数目（引导学生回忆：动物细胞培养条件、观察细胞染色体的方法）也想到了利用DNA分子探针检查胎儿基因型（引导学生回忆：基因诊断的概念和利用DNA分子探针进行基因诊断的大致过程）。

讨论九：假如经检查胎儿患有白化病，有什么措施对他（她）进行治疗吗？

学生们都认为：“可以进行基因治疗！”教师质疑：“基因治疗是诱导胎儿的白化基因发生突变吗？是用健康的外来基因替换胎儿的白化基因吗？”（引导学生回忆：基因治疗的概念和大致过程）

讨论十：通过这个案例，你认为优生的措施有哪些？为什么？

学生讨论后总结：禁止近亲结婚，进行遗传咨询，提倡“适龄生育”、产前诊断。

（三）检测习题，反馈掌握情况

例题：请按要求回答下列问题。

（1）甲病是一种伴性遗传病（致病基因为X^b），乙病是一种常染色体遗传病（致病基因为r）。一对表现型正常的夫妇生下一个既患甲病又患乙病的孩子，则这对夫妇的基因型分别为________和________。如果他们再生育一个孩子，该孩子患病的概率是________，只患乙病的概率是________，同时患甲、乙两种病的孩子的性别是________。

（2）苯丙酮尿症是新生儿中发病率较高的一种遗传病。患儿由于缺少显性基因H，导致体内苯丙氨酸羟化酶缺乏，使来自食物的苯丙氨酸沿非正常代谢途径转变成苯丙酮酸。苯丙酮酸在体内积累过多，就会造成患儿神经系统损害。目前防治这种疾病的有效方法是尽早采用食疗法，即给予患儿低苯丙氨酸饮食。

①请根据以上知识补充完成下表（其中，含量用“正常”“过多”“缺乏”表示）：

患儿	体内苯丙酮酸含量	体内苯丙氨酸羟化酶含量	基因型
食疗前			
食疗后	正常		

②若用基因工程方法治疗苯丙酮尿症，其基本思路是：____。

在学生完成例题后，针对学生出现的问题进行简要讲解。

（四）总结案例，安排课后活动

最后，要求学生简单总结本专题的体会和收获。在本课就要结束时，一个学生质疑到：“老师，遗传病就是先天性疾病吗?”看着学生们充满疑问的目光，在肯定学生积极思考、提出问题的同时，教师启发学生：“平时你们对知识存在有疑问会怎么办?”学生们有的说去图书馆查书、有的说问老师、有的说上网查。“好，今天的任务就是课后用你熟悉的办法找到问题的答案，下节课我们一起讨论‘先天性疾病与遗传病的异同’!”

五、教学反思

（一）“案例教学”法进行高三生物复习，有利于促进学生能力发展

（1）在生物案例教学中，强调学生学习过程的主动性、独立性、体验性，重视学生的参与过程，把学生发言也作为全体学生学习的一个方面，学生通过个人或小组对案例的思考来实现对知识的获取，学习的积极性被充分调动，学生的视野更加开阔、增加思维深度和广度。这样的课堂节奏使学生感到：复习生物不是一件轻松的事，必须全力以赴！教师将学生组成学习小组，即可缓解学习的巨大压力，同时可以因材施教，根据不同学生的特点，运用不同的方法来发挥各种类型学生的优势，提高学生的参与程度，挖掘他们的潜能。

（2）在生物案例教学中，教师将原理、概念放置于实际情景之中，通过学生阅读案例、讨论问题，使学生在辩论和教师指导中学到知识、锻炼能力。让学生学会面对新情境、处理新问题，培养学生提取、加工有效信息和运用信息进行创新的能力，锻炼学生、分析问题和解决问题的能力，提高学生的独立思考能力，语言表达能力，以及胆量、快速反应的能力。

（3）在生物案例教学中，通过对案例的讨论、知识的拓展，学生调用

的知识绝不仅仅局限于某一知识点的内容，会涉及生物学科的许多方面，能促进学生对已有知识的灵活调用，提高综合分析问题的能力，加强了学生与社会、生活的联系，使知识落到实处。

(4) 在生物案例教学中，学生既有对案例、问题的独立分析、思考，又有学生间的讨论、合作、交流，使学生在案例分析中充分表现自己；同时，教师通过随机提问发现学生们存在的问题，及时地、有针对性地解决学生的学习障碍，总结提炼必要的理论知识和基本原理。这种生生间、师生间知识、情感上的多边互动，“边分析、边讨论、边交流”的方式，真正实现了“师生互补、教学相辅”，使学生在知识、情感、态度、价值观、能力上得到全面发展。

(二)“案例教学”法进行高三生物复习，有利于促进教师专业发展

(1) 在生物案例教学中，在组织素材编写案例时，要依据维果茨基的“最近发展区”理论，考虑学生现有知识能力水平，尽可能让学生感知科学探究的过程，增加对科学研究过程和方法的理解，突出系统分析能力的发展。这就要求教师要有渊博的理论知识，要有丰富的教学与实践经验，善于将理论与实践融会贯通，优化重组课程资源，能够编写出符合教学目标，描述客观、严谨、有一定故事情节，具有一定的思考性、讨论性，适合学生的教学案例。

(2) 在生物案例教学中，教师的知识储备要能自我更新，要对现实中的问题保持高度敏感，平时有目的的收集有价值的真实事例，从生物科技的新发展、新成果中获得适宜的教学案例，不断更新教学内容，使生物课堂教学能够与时俱进。

(3) 在生物案例教学中，教师对课堂教学要有较强的掌控能力，能够及时、妥善处理学生在思考中迸现的思维火花。本着既要促进学生思维开阔、主动的原则鼓励学生提问，又要保证既定教学设计目标的高效达成。使教学活动始终处于有序、活跃、进取的状态，不断提高教学质量和教学水平。

用爱架起心灵的桥梁。

提高概念教学的有效性①

北京市航天中学 曹万仓

所谓“有效”，主要是指通过教师在一段时间的教学之后，学生所获得的具体的进步或发展。也就是说，学生有无进步或发展是教学有没有成效的唯一指标。教学有没有成效，并不是指教师有没有教完内容或教得认真不认真，而是指学生有没有学到什么或学生学得好不好。如果学生不想学或学了没有收获，即使教师教得再辛苦也是无效教学。同样，如果学生学得很辛苦，但没有得到应有的发展，也是无效或低效教学。

在初中生物课程标准中，“课程总目标”之一就是通过义务教育阶段生物课程的学习，学生获得生物学基本事实、概念、原理和规律等方面的基础知识。

生物学概念多、原理多、定律多，学生容易混淆的概念多，在解决实际问题时困惑也多。生物学概念是生物学现象、生理过程和生命规律的高度概括。生物学概念是生物学知识的“基本单位”，能否充分理解和正确运用生物学概念，直接关系到教材中重点知识的掌握和难点知识的突破，学生对生物学概念的理解和掌握程度，直接影响到生物学知识的掌握和应用。许多生物学概念比较微观、抽象，如何帮助学生理解抽象的概念是教学中经常遇到的难点。假如我们教师在教学过程中能将抽象的概念具体化、形象化、直观化，则有助于学生理解和掌握生物学概念。

概念教学中，顺着学生的思路，总结出概念的形成过程，是概念教学

① 本文获北京市第三届“智慧教师”教育教学研究成果征文一等奖。

的原则之一。但现在初中生物教材中，由于篇幅的限制等原因，往往压缩了概念形成的叙述，呈现出一定的抽象性，使其在部分知识点的处理上跳跃性较大，给学生的学习带来一定的困难，概念教学变得枯燥乏味。因此，在概念教学中，把教材编者的思维通过教师的思维而与学生的思维统一起来，便是生物教师在教学中应完成的任务。通过多年的教学与实践，通过学校生物备课组，几年来在此方面的探讨与研究，我就如何在概念教学中找到突破点，从而提高概念教学的有效性方面，谈谈自己的看法。

一、概念抽象化—具体化—抽象化的方法策略

（一）借助多媒体的处理

在讲蒸腾作用时，首先让同学们观看视频（flash）——水分在植物体内的流动，然后让同学们思考：植物中的水分是从哪里得来的？又是怎样运输到植物体的叶片的？水分又是以什么状态从叶片的什么结构散失到大气中的？通过观看 flash 和回答问题，再归纳出蒸腾作用的概念。这样处理，使概念变得非常直观，通俗易懂。

（二）利用小组讨论的形式

小组成员之间知识彼此共享，思维相互碰撞，思路相互启发，能力相互补充，能够收到学习主动、思维活跃、认识深刻、共同提高的效果。例如在讲同化作用时，首先把同学们分成小组，讨论食物是如何被人体吸收和消化的？吸收的营养又是怎样运输到全身的每个细胞的？氧气是如何进入每个细胞的？每个细胞又是怎样分解这些有机成分？食物中的能量根本来源是哪里？分组讨论结束后，教师根据同学们的发言，提出同化作用的概念。

（三）借助直观、具体、生动的情境

直观形象、明确清楚是概念教学的要点。引入的情境要突出概念的本质特征，这样能激发学生学习的兴趣，有助于学生对概念的理解和掌握。例如在讲述寄生和腐生的概念时，老师首先在多媒体上展示多个图片，有跳蚤、蛔虫、虱子、蘑菇、木耳、绦虫等，请同学们分析它们生活的方式有何不同？哪些是从生物体的体内或体表获得营养，哪些是从无生命的物体上获得营养？进而推论得出什么叫寄生，什么叫腐生。在讲述遗传现象时，班里恰好有两个女孩是双胞胎。我在上课时就请了另外一个班的同学来观察，班里哪两个人长的最相似，理由是什么？这个同学说那两个女孩很相似，因为眼睛、脸盘、鼻子等几乎一模一样。我又问班里的同学，她们还有哪些地方很相似？谁见过她们的父母，谁知道她们长得像父亲还是母亲？根据同学们的回答，老师总结出这种现象叫做遗传，然后让学生写出自己有哪些特征与父母相似。通过这一活动，同学们对什么是遗传很快就理解了，而且对性状是如何遗传的很感兴趣，这也为后面的课程内容埋下了伏笔。

（四）借助概念产生的背景进行处理

教师要根据概念产生的不同背景，因“材”施教，选定最佳的引入路径，让学生尽快触及概念的本质特点，体现概念建立过程的高效化。在讲述“基因”时，由于概念具有高度的抽象性。由于中学生的思维水平处于从形象思维为主逐步向抽象思维为主过渡的阶段，因而理解和掌握概念有一定困难。如果只是把什么叫“基因”告诉同学们，他们不可能很快理解“基因”这个概念的本质。教学时，遵循学生的认知规律，我把基因发现的过程及科学家命名基因的过程等资料向同学们进行了介绍，这样做可以让学生更加深刻理解基因的含义。

（五）利用教师演示实验或学生实验现象进行处理

让学生对概念的认识有效地上升到理性认识，加深对概念的理解。教学中，教师要根据概念的具体特点，精心组织感知活动，为形成表象进而抽象概括出概念提供坚实的基础。在讲述条件反射时，我事先在前面准备了三个水杯，分别盛有凉白开水、糖水、盐水，上课时，我请了三名同学到前面来，分别喝一小口，然后让他们说一说什么滋味。第一个同学喝完了说没有感觉，第二个同学喝完了说水是甜的，第三个同学喝完后，张着大口，说水太咸了。我接着让同学们猜一猜三杯水里各自放入了什么成分，一个同学说，第一个杯子什么也没有放，第二个杯子里放糖了，第三个杯子里放盐了。我接着问他：“根据是什么?”他说：“根据自己的生活经验得出来的。”我问同学们是否是这样认为的，同学们都说是。然后我说：“你们的看法是对的，喝一口，感觉出来是甜的，这个反射是从生下来就已经有的，是先天的，叫非条件反射。而其他同学没有喝就知道里面放入了什么成分，这是你后天形成的，你们的这种感觉是在生活过程中形成的，叫条件反射。”然后请同学们分析条件反射和非条件反射有哪些不同。

这个活动不能浮于表面，而应真正触及并涵盖概念的全部意义，引领学生进入对概念透彻理解的层面，使概念的建立既深刻又牢固。学生对事物的认识是由表及里、由浅入深递进式发展的，因而教学中要十分重视概念的感知过程，引导学生渐渐“逼近”概念本质特征。另外，教师要及时捕捉反馈信息，这样学生就会有一个由感性认识到理性认识，并由认识到实践的过程，从而对概念的领会加深，能力也得到发展。

二、概念教学中应注意的问题

（一）概念教学要符合学生的认知特点

概念具有高度的抽象性。由于学生的思维水平处于从形象思维为主逐步向抽象思维为主过渡的阶段，因而理解和掌握概念有一定困难。教学时，应当遵循学生的认知规律，结合实例，联系学生已有知识经验，采用直观操作等实践活动的形式，自然地引出概念。例如，在讲“分化”时，我首先让同学们了解什么是分裂，即一个细胞分成两个一样的细胞；接着引导学生发现细胞经过几次分裂后，形成的新细胞与以前的细胞形状产生了差异，这时给学生一些图片让学生观察，通过观察、分析比较和抽象概括，使学生从具体到抽象地理解分化的概念。

（二）把握好抽象的“火候”，及时摆脱对于直观感知的依赖

学生由直观感知所获得的关于概念的认识是粗略的、肤浅的，而且具有局限性和片面性。若能及时唤起他们头脑中的有关表象，发挥表象的中介作用，就可以使学生逐步摆脱对于具体感知材料的依赖，克服直观感知中的局限性。以此为基础进行抽象概括活动，就能揭示概念的内涵，使学生最终形成概念。因此，能否及时摆脱对直观感知的依赖，反映出学生对概念的认识水平。

（三）重视感知过程

概念教学是一个从感性上升到理性的过程，感知过程对理解概念有很重要的作用。教学中，教师要根据概念的具体特点，精心组织感知活动，为形成表象进而抽象概括出概念提供坚实的基础。学生对事物的认识是由表及里、由浅入深递进式发展的。因而教学中要十分重视概念的感知过程，引导学生渐渐“逼近”对概念本质特征的认识。

（四）注重对概念的及时巩固

1. 概念主要是在应用中得到巩固的

在应用中辨析，使概念学习得到“升华”。通过概念的应用，除了能加深学生对概念的理解，促进概念的巩固外，还有利于启迪学生思维，培养学生运用所学知识联系实际的能力。同时，通过概念应用，可以检验学生理解和掌握概念的情况，以便及时弥补不足。概念的应用形式大致有：应用概念进行判断，应用概念分析推理，概念的综合应用。例如，在讲述了条件反射和非条件反射后，让同学们举例说一说在平时的生活中哪些反射是条件反射，哪些是非条件反射；老师也可列出多种反射现象，让学生

判断哪些是条件反射，哪些是非条件反射。在讲述了完全变态和不完全变态后，让学生比较两者的区别并举例，使学过的概念能及时地巩固和加深。

2. 注重概念之间的对比，在复习中得到巩固

概念之间存在着各种关系，如交叉关系、反对关系、并列关系、种属关系等。当人们头脑中建立了概念间的这些联系时，就形成了一定的概念系统。帮助学生逐步建立一定的概念系统，这是概念教学的重要组成部分。对比复习有利于学生牢固掌握基本概念，有利于求同思维和求异思维的发展，从而提高学生的综合能力。例如，免疫、非特异性免疫、特异性免疫、抗原、抗体等概念，它们之间有很密切的联系，有交叉关系，也有反对关系、种属关系等，在复习时就可以进行对比复习，也提高了学生的综合判断能力。

生物学概念是生物学现象、生理过程和生命规律的高度概括。生物学概念是生物学知识的“基本单位”，能否充分理解和正确运用生物学概念，直接关系到教材中重点知识的掌握和难点知识的突破。生物学概念是构成生物学知识体系的基石，只有牢固掌握了概念，学生才能进行正确判断和推理，所以生物学概念教学在生物学教学中占有不可替代的地位，应予以高度重视。

概念是基础知识的核心，理解概念是掌握知识和发展思维的前提。我在平时教学中注重通过以上方法来提高学生对生物学概念的理解。通过多年的不断探索和实践，我深深地感觉到学生对生物学科的学习兴趣有了很大的提高，成绩也有了大幅度提高，使枯燥的生物概念课变得鲜活闪亮，使课堂充满了真正的生命活力。

The respect from others is not from the work you do, but from the way you do the work. ——获得别人的尊敬，不是由于你所做的工作，而是由于你做这项工作的态度与方式。

浅谈提高英语语篇阅读能力的对策[①]

北京市航天中学　张华玲

一、学生状况分析

学生反映，他们读懂了文章，但解答不了题目，这其中的症结在于学生只是读懂了文章的字面意思。理解不能停留在词语与句子各自独立的含义上，而应能够辨别它们在具体语境中及在语篇上下文中的关系，辨别它们对于作者表达其写作意图所起的作用。答题需要综合运用语言各方面的知识，在阅读过程中，学生要能够理解主旨、事实与概念、词语在具体语篇中的特定含义、句子与段落关系等。其中回答有关事实的问题可能相对容易一些，因为只要读懂了内容细节就不大会错。但是要注意高考题目不会简单复制文中的语句，要有一定形式的改写。这就是说，学生应锻炼用不同方式或词语描述同一件事情的语言能力。

二、对阅读理解的几点认识

（一）阅读理解是一种心理过程

阅读理解是语言知识和人脑中各种知识共同作用的结果，是多层次的分析和综合过程。高效率的阅读要依靠两个知识处理过程：一个是以语言输入为基础的感知输入；另一个是以读者原有的知识处理为基础的非感知输入。只有两种输入共同作用，才能达到最佳理解，取得较好的学习效

① 本文获北京市教育学会“京研杯”一等奖，多元智能与教育改革国际研讨会征文二等奖。

果。阅读教学的一个主要障碍在于，学生的理解不能前后呼应，层次不清晰。究其原因，是由于随着阅读的推移，新的信息不断增加，前面读过的内容受到干扰而逐步衰退或受到抑制。也就是说，学生不能边读边处理信息，短时记忆差。认知心理学认为，不论所涉及的资料类型如何，短时记忆最多只能保持7个单元。阅读过程是通过短时记忆不断检索、回忆信息，逐步编入长时记忆以统筹处理的过程。

（二）阅读理解=作者的暗示+读者的推断

阅读理解实际上是读者与作者在思想认识上和感情上的不同程度的沟通。沟通的结果是：①读者按照自己的知识去理解文章的意思；②读者了解作者的心境和他的写作特点，有时也会发现作者论点的误导性。

作者所写的东西，可以理解为外在的文本，而这个外在文本和读者依据原文以及自己的经验和学识素养所作的推断加在一起，就成为一个内存的文本。对这个内存文本的理解往往会因人而异，因为每个人的生活经验与学识素养有很大的个体差异。试以一个句子为例：

Of all the students in class, only John could answer the teacher's question of the formula for suphuric acid.

读者依照原文作出推断：这是一堂化学课，这是一个外在的文本，因为老师提问的内容是硫酸分子式。但是依据读者的社会知识及生活经验来推断，则有各种不同的理解。如：

——John 是全班最聪明的学生。

——John 可能并不比别人聪明，只不过正好复习过这个内容。

——这是一个差班。因为只有一个人能回答这个问题。

（三）阅读理解材料种类

1. 故事性材料（narrative text）

作者通过描述主人公的思想、语言和行动去叙述一个故事，这类材料包括现实主义小说、科幻小说、历史故事、寓言、神话、传奇等。读这类材料的目的是通过发生在主人公身上的事情，归纳人生哲理。

2. 阐述性材料（expository text）

阐述性材料也称知识性或信息性材料。作者的目的是为读者提供信息或知识，他们提出某种见解并以各种论据加以证明。阅读信息性文章的目的是学习作者所阐明的某个道理或事实，以丰富自己对人生和世界的见解。

3. 程序性材料（procedural text）

此种材料无观点又无情节，是一种做某事或某物的说明。如某产品说明书、图书阅览说明书、大赛报名办法、菜谱等。此类材料紧扣生活，实用性强，阅读此材料可培养思维的条理性。

三、提高阅读水平的对策

（一）英语语篇阅读教学模式

1. 模式一

采用“整体—部分—整体”的教学模式。整体阅读就是通过整句、整段阅读，达到对全篇文章的正确理解。引导学生通读全文，借助上下文来推测词义，理解句子的隐含意义，弄清全文的中心思想、层次结构及写作意图。词句的学习、观点的理解都在一个完整清晰的全篇认知图中进行，通过关键词、主题句，有针对性地分析理解点，并以点带面，深化阅读。

具体操作如下。

（1）快速阅读材料或快速浏览阅读理解题。先粗读全文，理解总体，然后浏览阅读理解题，即为“带着问题去读”，准确地掌握文章细节。

（2）快速找出每段的主题句。将各主题联串在一起，即得到文章的主题。这种阅读适合于科普及说明文章。

（3）抓住信号词实施各种猜词的方法。如利用上下文猜词、利用构词法、同位语、定语从句准确理解句子含义。

（4）分析结构复杂的长句，抓住句子的主要结构。

（5）选择做题方法。对客观理解题可采用直接做题法、搜寻法等。对主观理解题则可选用逆向思维法、分析综合法等。

这种教学模式主要是学生独立进行，以学生为中心，老师在课堂的支配地位大大缩小，老师只是对语言难点、语篇难点做必要的解释或启示。

2. 模式二

（1）阅读教学准备阶段

目的在于排除词汇文化背景知识上的障碍，促使学生积极思维。

①利用图片把即将阅读的部分内容，形象地展示在学生面前，以帮助学生更好地理解课文。

②引导学生从标题或题目中猜阅读的内容，扩展学生思维。

③老师介绍有关的文化背景知识，把文章的内容与学生的现有知识、阅历、兴趣联系起来，充分调动学生各方面的知识和主观能动性。

④老师提出一些与文章中心内容有关的问题，帮助学生理解文章大意。

⑤对某些单词进行解释，排除学生阅读可能遇到的困难。

（2）阅读教学活动

按照先理解、后语言点的教学模式。

①学生全篇通读材料。对记叙性体裁的文章，要求掌握课文的“5W”（what、who、when、where、how）。

②重读。这有助于学生分析，消化材料。

③让学生找出每段的主题句、对全文进行结构分段，找出其中的联系。

④教师向学生提出形式多样的理解题（如多项选择，正误判断）。

⑤词汇练习。包括猜生词、找信号词练习和词汇替换练习。

⑥分析长句练习。对长句难句进行结构分析、句意分析。作句型转换练习，达到深层次地理解文章或作者的含义。

（3）阅读后期活动

①写出阅读文章的要点，概括人物简历、事情简介。

②缩写或改写课文。除了反馈学生对课文的理解能力，还训练了学生概括、综合知识能力。

③复述课文。训练学生的口头表达及交际能力。

④做书后有关练习，巩固所学的知识。

（二）提高答题准确率的对策

1. 有意识地培养互动式阅读

这种阅读活动，一部分是启动已有知识系统，一部分是推测故事将要发展的方向，而这种推测是随着阅读进程而调整的。试以下面两个例子来说明互动阅读的大致过程：

例 1：Mary heard the ice cream man coming down the street. She remembered her birthday money and rushed into the house.

当我们读到句子时，大多数读者都会这样去推断：

玛丽是个小孩——她听到卖冰淇淋的小贩到来——她想买冰淇淋——买冰淇淋要钱——她想起过生日时得到的钱——钱放在屋子里——所以她跑进屋子里去拿钱买冰淇淋。

虽然文中没有提及这么多信息，但我们会使用我们自己的背景知识去理解。但是如果句子加上一个分句：and locked the door，读者就有可能无法使新的信息和原来的信息保持一致，这样一来，就不得不改变自己的理解，从而使新的信息和原来的信息保持一致。（可能玛丽怕卖冰淇淋的小贩会进屋偷钱或有其他理由。）

例2：One day an ordinary dog appeared in the ticket office at Campiglia, a busy railroad station on Italy's main line. A ticket agent named Elvio greeted the strange dog in a friendly way, so the dog decided to stay. From that day on , the dog became Elvio's shadow and was named Lampo…

有关一条平常的狗的事。或者并不是一条平常的狗——这条狗出现在Campiglia站。可能会有不平常的事发生——售票员Elvio对狗好，是个喜爱动物的人——狗决定与Elvio交往——狗与Elvio形影不离。它有了新名字。

2. 重视短文的题目或首段文字

因为题目或首段文字可能就是短文的中心大意。如：

People like to talk about "first". They like to remember their first love or first car. But not all firsts are happy one. Few people enjoy the first that are bad. ——（《优化设计》1AUnit16）

3. 弄清作者的写作意图

确定作者是要介绍一件事，讲一个故事，还是说明一个观点。如：

Yesterday, at 11'oclock in the morning, there was another accident at a Newlands danger spot, the crossing at High Street. A young man on a bicycle came up High Street. A taxi came along Market Street at great speed. It passed the stop sign. A bus driver saw the cyclist and the taxi. He shouted and sounded his horn（喇叭）but the taxi did not stop. The taxi driver crossed in front of the bus and hit the back wheel of the bicycle. The cyclist fell off and was injured. There was no policeman on the dangerous spot.（《优化训练》1）

Q：The author reported it in a "local（当地的）daily newspaper" in order to blame（责备）__________.

A. the taxi driver　　B. the cyclist　　C. the policeman

D. the police

4. 观察文章用词

特别注意作者为了表达特定含义所用的词汇，哪些是熟词新意，哪些是生词，尽可能根据上下文推断其含义。

——Anyway, a bike and the car collided. The man on the bike was hurt——.（《优化设计》Unit16）

——At first, Booth organized a group that planned to kidnap Lincoln and exchange him for captured（被捕的）Confederate Soldiers. —After shooting Lincoln, Booth jumped down to the theater stage. He broke his leg in the jump but fled on horse back to virgin in. Federal troops caught him in a store house near Port Royal.（《优化设计》Unit18）

——Although the inside of the boat is cosy, it has no running water or electricity…

Q：The word "cosy" means __________. A. bright B. dirty C. comfortable

5. 分清词语间的联系

在阅读理解篇章结构时，学生还应学会分清词语间的各种联系。这有助于理解文章结构，从而理解文章含义。从解题方面来说，题干和选项肯定要改换表达方式。辨别题干及选项的措辞与原文表达的关系，就会比较容易地确定正确答案所在。

The nervous - looking young man had waited for a few moments outside the jeweler's before he got enough courage to enter. He was warmly greeted by a young assistant. James felt a rush of blood to his face as he explained he would be bringing in his future wife to choose a birthday present. The assistant listened carefully and told him he'd better buy a necklace. He wasn't used to buying jewellery and was a little worried about overspending. After some discussion as to a reasonable price and the type, the assistant sowed him dozens of necklaces and helped him to choose. At last James chose one and left the shop promising to return at five o'clock when, half an hour later than planned, James did return to the shop with his future wife, Laura, the assistant acted as if she had never seen him before. When she was asked to show them some necklaces, she first brought out some inexpensive ones for them to choose, and then gave them the one she had prepared. A choice was soon made and they went away satisfied. James would certainly come back to buy what he wanted when he got married.（《优化训练》1）

Q：When James told the assistant why he wanted to buy a present, his face __________

A. turned pale B. turned red C. turned yellow D. turned black

原文：—felt a rush of blood to his face。

Q：James and Laura reached the shop at __________.

A. 4：30 B. 5：00 C. 5：30 D. 6：00

原文：—promising to return at five o'clock when, half an hour later than planned, —did return—.

此外，鼓励学生利用课余多读点课外书籍，丰富自己的背景知识和社会知识，以便更容易理解短文的内容。如 2000 年英语高考（江苏、浙江、吉林卷）完形填空题就与人体生物钟有关，假如学生对这方面知识了解不多的话，面对短文将是束手无策，答题成功率极低。

播下梦想的种子，收获精彩的人生。

初三英语阅读中词汇教学的实践与探究[①]

北京市航天中学　张冬青

一、问题的提出

学生进入初三的学习后，会面临大量的英语阅读材料，这些材料不仅篇幅较长而且难度较大，阅读能力的培养显得尤为重要。在实际的英语教学工作中，我发现学生在阅读时，生词的正确理解是困扰学生的主要障碍。遇到的最大词汇障碍一般有两种情况：一是被已经认识的单词的某一熟知的含义所误导；二是被完全不认识的单词或词组所阻碍，从而出现理解偏差或理解困难。通过问卷调查（附件一），我所任教的班级2011届毕业班初三四班，有93%的学生提出认为生词的理解对于整个文章的理解很重要，但是有85%的学生在阅读中遇到生词时没有较好的方法去理解生词的含义，有时甚至导致整个语篇的误解或根本不理解。大部分学生想学习一些猜测词义的方法。

二、问题研究的价值

（一）适应英语课程标准的要求

在全日制义务教育普通高级中学英语课程标准中指出：语言技能是构成语言交际能力的重要组成部分。语言技能包括听、说、读、写四个方面的技能以及这四种技能的综合运用能力，学生应通过大量的专项和综合性

① 本文获2012年智慧杯论文征文二等奖。

语言实践活动，形成综合语言运用能力，为语言交际打基础。我连续两年(2010 年、2011 年) 担任初三毕业班的英语教学工作，因此对阅读中猜测词义能力培养的重要性体会更加深刻。英语课程标准对九年级学生阅读技能的五级目标描述的第一条中明确指出：学生能根据上下文和构词法推断、理解生词的含义。

(二) 适应中考题型的要求

通过分析近几年的初中英语中考试题，我发现猜测词义题是近些年中考试题的一大热点，同时也是学生的一个难点，通常出现在阅读理解的 C、D 篇，主要考察对文中生词、词组的理解。考察的形式为单项选择题，例如 2010 年中考试题中 C 篇的 54 小题“The underlined phrase run into means ________.”(2009 年中考试题 C 篇的 55 小题)“A psychologist is a person who may help you with your ________.”(2008 年中考试题 C 篇的 53 小题)“What is the meaning of ‘degrees of separation’ in Paragraph 2?”等，这些题为中档或难题，要求学生通过所给出的语境以及对上下文的理解，得出短语或生词的含义。通过对学生试卷进行分析，发现猜测词义题也是学生考试中失分较严重的题型。

三、问题研究的具体方法

如何培养学生的词义猜测能力？我认为教师应注重平常的课堂教学工作，注重有效的学习方法和学习策略的培养。以北京师范大学出版的初中英语教材第 15 册为例，教材为我们提供了丰富的教学资源，我在教学中进行了实践与探究，并收到了较好效果。

(一) 利用破折号后的内容，猜测词义

在 Lesson 5　I think shopping will change. 1. 2 中有这样的描述：People will buy basic things—I mean things for everyday life. 我让学生猜测“basic”这个词，教学中引导学生关注破折号后面的解释说明——每天生活所必备的、基本的东西，因此学生很容易得到这个词的含义。同样方法 Lesson 29 1. 3 的阅读中有这样一句话：sharp objects—things like knives, scissors, or dangerous weapons should not be brought to school. 这句话中“sharp”是生词，学生能通过破折号后面的进一步解释——像刀子、剪刀之类的东西，猜出 sharp 这个词的意思是锋利的、尖的。通过教师的引导，学生能够体会到破折号是英语中使用频率较高的一个标点符号，最常见的用法是起补充、解释说明的作用，学生能够依据破折号后面所提供的内容，推测出某个生词的含义。

（二）利用上下文及常识猜测词义

Lesson 6 How will life be different from now? 1.3 第三自然段：By 2050, the population of the world will come to the highest point, probably around 8.5 billion people, and then it will start to decline. 这句话中“decline”是本课的生词，我首先引导学生理解句子之间的逻辑关系，关注 and then 这两个连接词，因为前面提到了 the highest point，即“人口数达到了最高点”，根据常识，学生能猜出“然后人口开始下降”，同时得出 decline 为下降、下倾的意思。通过这道题的引导，学生能意识到依据上下文的联系以及常识、自然规律等可猜出生词含义。

（三）利用构词法知识及语境猜测词义

Lesson 7 His father wanted him to become a lawyer. 1.2 第二自然段：Verne's writing included many predictions for the 20th century and many of them came true. “Predictions”是本课的生词。我先让学生观察这个词，依据构词法可以判断它是个名词（-tion）结尾，再根据后面的“变为现实，成为事实”这个短语，学生能推断出这个词的意思是预言。同样，Lesson 29 Sharp objects should not be brought to school. 1.3：All injuries should be reported to a teacher. 这句话中“injury”为本课的生词。在之前的阅读课中，学生已学习了 be injured 这个短语，在此基础上，学生能知道此短语为名词短语，这样即可猜出这个词的意思为伤害。这两道题可引导学生关注构词法进行猜测词义。因此教学中我经常给学生扩充一些构词法知识。前缀+词根如 un-like, un-happy；词根+后缀如 jump-er, visit-or, quick-ly；名词后缀（er/ or）如 farmer, worker, inventor；副词后缀（ly）如 slowly, loudly。我认为教师适当地补充讲解一些英语构词法知识，对于帮助学生扩大词汇量、准确地推测文章中词汇的含义具有非常重要的意义。

（四）利用因果关系猜测词义

Lesson 17 What an amazing language English is! 1.2：In Australia, Canada, Ireland, New Zealand, South Africa, the United Kingdom, the United States of America, and many Caribbean countries, most people learn to speak English from their birth. So they are native speakers of English. 这句话里“native”为生词，我引导学生找出连词 so，判断这两句话为因果关系，从字面上学生能够理解“大多数的人们从出生后，就开始说英语”，因此这些人被称为 native speakers of English，那么学生可推出“native”这个词为“本国的、出生地的、土著的”。这道题可引导学生猜测词义时要关注句子间的逻辑关系。一篇文章的各个段落之间、各个句子之间都存在一定的逻

辑关系，正确理解这样的逻辑关系对于阅读中词汇的理解同样有着很重要的意义。

（五）利用句子之间的对比猜测词义

Lesson 14 Papermaking was introduced into Japan in 610. 中的“Umbrellas”这个自然段里：Red and yellow umbrellas were used by higher class, and blue umbrellas were used by the common people. 这句话中的“class”学生们知道有“班级、课”的意思，但在这里显然不是这个含义。我引导学生通过观察看出这两句话的结构完全一致，Red and yellow umbrellas 对应 blue umbrellas；by higher class 对应 by the common people，再把这两个短语进一步对比，学生们容易看出 class 对应 people，而 common（普通的、普遍的）是学生所熟悉的词，那么 higher class 应为“社会地位较高的人”，由此可推出 class 为“等级、阶级”的含义。本题可引导学生通过进行句子间成分的对比找出关键词，通过和已学知识的对比猜测出生词含义，这也是猜词义的一种有效方法。

四、教学效果

通过进行有效的课堂教学，大部分学生在阅读中遇到生词时，有信心去理解它，并且掌握了一些方法和技巧，能够准确地理解生词的含义，为阅读理解扫清了障碍，同时也增强了学生对英语阅读学习的自信心。虽然时间还很短，但课堂教学的效果表明以上教学方法的实施有助于学生在阅读理解中猜测词义能力的提高。在第一学期的期末全区统考中班级取得了较好的成绩。（附件二）

五、教学启发

（1）面对学生阅读中遇到的生词困惑，教师要有针对性地进行指导，猜出生词的含义，帮他们分析、理解文章，并教给他们适当的方法和技能，从而帮助学生克服畏难情绪，增强其学习英语的积极性与自信心。

（2）要想教给学生有效的方法，教师必须潜心钻研，教材为我们提供了丰富的教学资源，以北京师范大学出版社出版的《北京市义务教育课程改革实验教材 英语》第 15 册为例，每个单元至少 4 篇阅读文章，如何利用好这些文章，依据每篇文章的特点，依据本班学生的特点，对学生阅读中的各项能力进行训练，教师要做到心中有数。

（3）训练学生的猜词能力，教师在备课时不仅要关注本课的生词，同时还要关注一词多义的词汇，尤其是那些熟词生义的词汇。

（4）猜测词义是英语阅读技巧之一，培养这一技能需要循序渐进，持之以恒。老师不仅要使学生理解阅读材料中的内容，更重要的是指导学生掌握有效的阅读方法，培养学生良好的思维习惯及学习的积极性，只有这样，学生的阅读能力才会逐步提高。

当然猜测词义的方法不止这些，能力的培养也不是一朝一夕的事，它要求我们教师要不断地研究教材、研究教法、研究学生，这样才能取得事半功倍的教学效果。

附件一：问卷调查

1. 当你在做英语阅读理解时，你认为生词的理解重要吗？

A. 重要　　B. 不重要　　C. 无所谓

2. 当你在做英语阅读理解遇到生词时，你感到：

A. 担心不理解　　B. 有信心理解　　C. 无所谓

3. 当你在做英语阅读理解遇到生词时，你会：

A. 跳过去不去理解　　B. 借助工具书　　C. 依据上下文理解

4. 你是否想学习一些猜测词义的方法？

A. 想　　B. 不想　　C. 无所谓

附件二：所教班级成绩

初三第一学期期末成绩

班级	平均分	优秀率	及格率
4 班	87.81	24.32%	86.49%
7 班	98.38	55.17%	96.55%

教师最大的幸福就是将一群群学生送往理想的彼岸！

高三英语写作避免中式化句式对应策略初探①

北京市航天中学　徐　红

语言学习的过程应该是模仿和强化的过程，这样语言迁移才会有较好的效果，但是中国的学生学习第二外语——英语，由于没有足够的语言环境，语言迁移则显得有些困难，因此学生在学习过程中始终受母语的负迁移影响，呈现出中式化英语的现象。

母语负迁移对中国学生英语写作的影响是很大的，它会从思维方式、词汇、句法以及惯用语等方面阻碍学生形成正确的、地道的英语意识和英语思维，让学生形成一种中式化英语思维，既不符合英语语法又不符合英语惯用法。

作为一名高中英语教师，在高中英语写作教学过程中，我发现学生因受母语负迁移的影响，习作中中式化的句子很多，严重影响了所写文章的质量，于是便将避免中式化句式作为高三英语写作教学的方向，对学生进行系统的英语写作正确句式的训练，以此来减少学生在英语写作中的中式化句式。

一、学生习作中中式化句式的表现

为了更好地了解学生中式化的原因，首先我整理了学生的每一篇习作，找到学生在文章中中式化的句子，然后将这些句子归类分析，发现学生中式化思维主要表现在以下几个方面。

---

① 本文获2012年智慧杯论文二等奖。

（一）受母语词汇负迁移的影响，学生英语写作时英语词汇词性及固定搭配意识不强，形成中式化句式

英语学习中词汇是最基础也是最重要的部分，但是庞大的英语词汇量使得中国学生在英语学习时有些茫然，而且使用机会也仅限于课堂或是作业，因此大部分都是将英语单词与中文对应记忆。学习中文中，一个含义往往只用一个固定的词汇表达就可以达意，但英语单词一个含义的单词却有词性和不同用法之分，而学生在写作中运用英语词汇时习惯于套用母语的思维方式和语言规则，寻找与中文对应的英语单词，没有词性概念，然后再逐字译成英语。

（1）Under the teacher help, I success.

在老师的帮助下，我成功了。

此句话的翻译误将中文“在……之下”，直译为“under”，“成功”则直接用名词词性“success”。

（2）Through the things, I think we have to meaningful things at the same time we hope the teacher quick health.

通过这件事，我认为我们做了有意义的事，同时我们也希望老师很快健康起来。

这就是一个直译的中式化句子。如“有意义的”本是形容词，学生却当成动词用，“很快健康起来”就几乎没有英语句式的意识，而完全是中式化直译的方式。

（3）His body is fine quickly. 他的身体很快就好了。

此句话中“his body”的翻译就是一个纯中式化的表达，而英语中“body”往往指“尸体”而非我们常说的“身体健康”。在英语表达中当我们要指“身体”时，直接用人来做主语。

（4）Our school likes a garden. 我们学校像一个花园。

（5）We will by bus to Xishan park tomorrow. 我们明天将乘汽车去西山公园。

以上两个句子中都是因为中英词汇的差异而形成的中式化句式，“like 像”“by bus 乘车”这两个词在英语中均只能作为介词使用，而学生却将其作为动词使用。

（二）受母语句法负迁移的影响，学生英语写作时中英文句式概念不清，无法选择合适正确的英语词汇或是句式结构，而出现中式化句式

（1）Our class happened a accident. 我们班发生了一件事。

（2）The playground has two boys playing. 操场上有两个男孩在玩。

以上两个句式都是按中文句式的顺序翻译，将地点“我们班”和“操场”当成主语，不符合英语句子习惯。

（3）He very thanks his teachers and classmates. 他非常感谢他的老师和同学。

此句受中文句式的影响，将“very”这个修饰动词的副词放在动词“thank”之前，不合英语语法习惯，英语中的表达是“thank sb. very much”，副词放在动词搭配之后。

（4）The hill so high that we can't arrive the top. 这座山如此之高，我们都上不了顶。

这句话是学生写作中非常典型的受母语句法负迁移影响的中式化句式，在中文中没有“主系表”的句式，而英语中当表达一个事物的性质特征时往往用这个句型，即“主语 + 系动词（多为 be） + 表语（多为形容词）”。此句中的“high”为形容词，之前应有一个 be 做谓语动词，而学生在写此类句式时，往往遗漏掉 be 这个动词，虽不影响理解，但仍然是一种中式化的表达。而“arrive”又是母语词汇负迁移的影响，忽略掉在英语中这个动词是一个不及物动词，在使用时必须加上介词 at 或 in 和地点搭配。

（5）Though he failed in the exam, but he would never give up.

虽然他考试失败了，但他将永不放弃。

这句话同样是受母语句法负迁移的影响，中文中“虽然……但是……”必须同时使用，但在英语中却只能取其一，中文中的“因为……所以……”与英语中的句式表达也是同样的差异。

（三）受母语动词使用负迁移（这也是一种词汇负迁移）的影响，学生英语写作时动词的使用中式化现象明显

中文中的动词使用时没有时间的概念，比如“吃”这个汉字，无论什么时间吃，都是“吃”这个字；而英语中不同时间下的“eat”的形式是不一样的。同时中文中的动词没有人称、数和先后的变化，但英语中的动词在使用时是有人称、数和先后变化的。由于这种母语语用的负迁移的影响，导致学生在英语习作中动词的中式化使用现象非常明显和突出。

（1）My classmates and I bring teacher went to clinic hurried.

我和我同学赶紧带我老师去医院。

（2）But the school doctor told us she hurt was very badly.

但是学校医生告诉我们她伤得很严重。

（3）I think do these small things improve our environment.

我相信做这些小事将会改善我们的环境。

以上的3个句子就是一句话中多个动词的堆积，而英语句式中一个完整的句子只有一个谓语动词，其他的动词就要按英语语法及语用习惯用不同的形式放在合适的位置上。

于是我针对以上学生在写作中常出现的中式化思维的误区，寻找合适的突破口及对应策略，对学生进行系统的指导和训练。在训练过程中，我首先从学生的高三词汇归类复习入手，强化英语词性意识，有针对性地进行英语写作常用句式强化练习，动词语法讲解与写作相结合，学生自我归纳总结，同时在指导过程中也关注词性的正确使用，以及坚持背诵方式的强化，让学生形成较好的英语意识，养成写出正确的英语句子的习惯。

二、避免写作中中式化句式的对应策略的尝试

（一）对应策略尝试一

词汇复习形式多样化，重点关注词性及固定搭配的区别记忆，降低母语词汇负迁移的影响。

在高三开始记单词前，我就向学生陈述了英语词性的重要性，由于中文词汇的定势思维，在英语学习中没有词性概念则会严重影响到英语写作句式的准确性，从而降低习作的质量。同时在记单词时我鼓励学生将一个单词的不同词性形式的单词同时记忆，让其成为一个网状，能在复习一个单词时带出与之相关的一串单词，达到高效复习词汇的目的。

1. 同词根不同词性的单词复习

比如记忆“成功”这个单词时，我不仅仅只让学生记忆学生熟知的“success（n.）”，同时还要让他们整理出动词、形容词、副词及反义词等形式，并马上用这些不同词性的“成功”写同一个句子，给学生一个句式多样化的机会。

success（n.），succeed（vi.），successful（adj.），successfully（adv.），unsuccessful(ly)

在这个工程项目中，他获得了很大的成功。

He achieved a great success in the project.（获得成功，成功为名词）

He succeeded in the project.（在……方面很成功）

His project is very successful.（很成功）

He is very successful in the project.（在……方面很成功）

He finished the project successfully.（成功地做某事）

在写完这些句式后，我也指导并提醒学生记忆与成功含义搭配的词

块，而非一个孤立的单词，这样为学生正确地书写表达“成功”的句式奠定扎实的基础。

更多的例子：

（1）courage 为词根的单词积累

courage （n.），encourage （vt.），encouragement （n.），discourage（vt.），encouraged/discouraged（adj.），encouraging/discouraging（adj.）

He got the courage from his parents to apply for the job in the famous company.

His parents encouraged him to apply for the job in the famous company.

His parents gave him a lot of encouragement in applying for the job in the famous company.

He felt encouraged when his parents supported him to apply for the job.

His parents never discourage him.

The news of his applying for the job is very encouraging.

这些句式中的词块均是写作中常用的表达，让学生以词块的方式记忆。

（2）act 为词根的单词积累

act（vt.），actor（n.），actress（n.），action（n.），active（adj.），actively（adv.），activity（n.）

在复习 act 这个词时，我让给学生引出这一长串同词根的词汇，形成网链，同时告诉学生在英语作文中常用的词有“action，active，actively，activity”，因此配例句时主要是这四个单词。

We should take actions to protect our earth.（n. 采取行动）

He takes an active part in the school activities.（adj. / n. 积极参加学校活动）

He joins in the school activities very actively.（adv. 积极地参加学校活动）

2. 一义多词的单词复习

在复习众多的单词时，尤其是动词，我常常鼓励学生在记忆一个单词含义时，马上联想更多与之相同含义的其他类似的单词，但要关注它们之间的区别和用法。这样的词汇学习能让学生记忆词汇的同时也能进行句式或表达多样性的训练和积累，提高句式的质量。

如在引导学生复习“花费”这个单词时，我让学生自己整理相关的词汇或是句式，并进行总结记忆，为写作积累正确表达的句子。

花费：spend / cost / take / pay

I spent 2 hours on the work.

I spent 2 hours in finishing the work.

It took me 2 hours to finish the work.

The book cost me 10 yuan.

I paid 10 yuan for the book.

I spent 10 yuan on the book.

在读完例句后，我让学生自己总结这四个动词之间的不同。一个学生用表格的方式总结如下：

动词	主语	宾语	句式
spend	人	钱及时间	Sb. spend…on sth. Sb. spend…in doing
take	事	时间	It takes sb. time to do sth.
pay	人	钱	Sb. pay money for sth.
cost	物	钱或时间	Sth. cost sb. money.

在学完这些动词的用法后，我配上了2004年北京市高考的学生课外活动调查作文题，让学生用刚复习的这些词替换描述图1的信息。

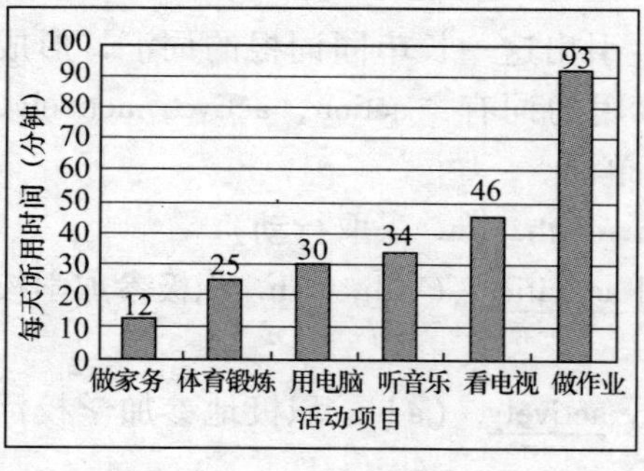

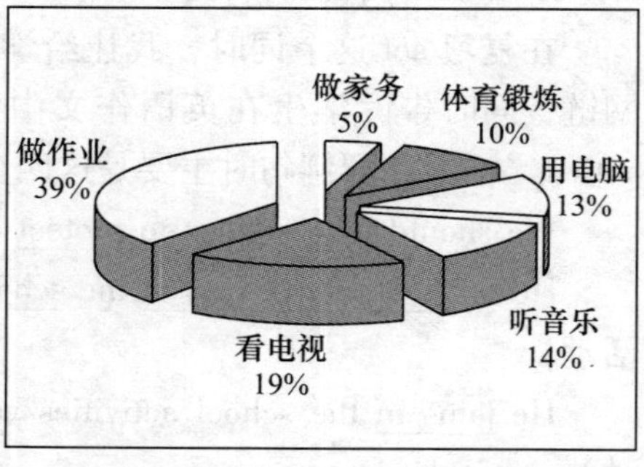

图1　学生主要课余活动及所用时间　　**图2　学生各项主要活动所占课余时间比例**

学生由于有句式复习的铺垫，所以写出来的句子正确而且能做到尽可能多样。

Some students spend 93 minutes doing homework.（王璐）

It takes some students half an hour to play computer after school.（白司辰）

46 minutes are often spent on TV after school.（马文杰）

第三个学生马文杰是一个英语基础较好的学生，因此我鼓励她用被动的结构来描写。这样她对这些常用的句式就能运用自如了。

提供：offer / provide / supply / give

We offered / gave him a good chance to get the job.

The activity provides me with a good chance to experience foreign culture.

The company supplies the area with daily goods.

学完这组词后，我就让学生翻译了一句描述活动收获的句子：

我认为这次夏令营活动给我们提供了一个交更多朋友的很好的机会。

I think this summer camp gives us a good chance to make more friends.（林晓峰）

As far as I'm concerned, this summer camp provides us with a good opportunity to meet more friends.（赵祎璠）

两个不同的句子表达同一个含义，写第一个句子的林晓峰是一个英语基础较弱的学生，我让他选择自己会写的单词或短语翻译这句话，因此第一个句子是比较基础的句子，没有太难的单词。但第二个句子则是一个英语基础好的学生写的，我鼓励她在写作中尽量使用较高级的词汇，比如“我认为——as far as I'm concerned”“提供——provide…with”“机会——opportunity”。每次句式写作时，我总是让不同层次的学生写自己熟悉的词汇和句式，这样能减少学生不会用英语写作，甚至不动笔的情况的出现。词汇复习和正确的写作句式练习结合是一个非常有效地避免中式化句式的方法。

发生：happen / occur/ take place/ come about/ bring about/ break out

复习这一词汇时，我采用选词填空的方法，先让学生根据句意分析不同的语境，选择不同的“发生”，然后给出写作中的句式让学生自我翻译练习。

An accident ________ on the main road yesterday.（happened 表示意外发生）

A good idea ________ to me suddenly.（occurred 表示想法出现，产生）

A big fire ________ in the factory.（broke out 表示突然爆发，比如战争、灾难）

Great changes ________ in China.（have taken place 表示意料之中的事情发生，往往指变化）。

When we say something ________, we can say something happens.

（comes about，与 happen 可以互换）

The reform（改革）________ some changes in the education.（brought about 表示造成、产生，相当于 make sth. happen）

通过这些例句的选词填空及比较后，可以看出不同的“发生”往往用于不同的语境，同时我也引导学生关注这些“发生”的主语是“人”还是“物”，最后得出在英语中“发生”往往是“事情发生在某人身上”，而不是“人发生什么事”，然后让学生写出句式“sth. happen to sb.”，之后就是刻意地记忆这些句子，让学生通过记忆达到正确使用英语句式的效果，从而减少因母语词汇的负迁移产生的影响。

3. 一词多义或一词多性的单词复习

当复习到这类单词时，我也会及时地让学生整理其他的含义和词性，深度主要依据会考说明和高考说明。看到非常熟悉的单词时，我便提醒学生它的其他含义，从而避免了词汇的单一含义的记忆。如：

①well

The water in the well is smelly. n. 井

He is very well now. adj.（身体）好的

He does well in English learning. adv. 好地

Well, I will go there with you tomorrow. 语气词，没有实际含义

②ambition（n. 雄心、抱负、志向；野心，企图）

Her ambition was to be a great actress.

她的志向是成为一名伟大的演员。

His political ambitions still burns.

他的政治野心依然炽烈。

从例句中可以看出这是一个褒贬均可的单词。

③like（vt. 喜欢；prep. 像）

④fine（adj. 美好的，晴朗的；vt. ／n. 罚款）

⑤mine（pron. 我的；vt. 挖矿；n. 矿藏）

以上只是我为了避免英语中式化句式的第一个策略尝试，因为正确的语言没有坚实的词汇基础是不可能实现的。因此在高三的词汇系统复习中我采取多样的形式将词汇归类复习，目的是让学生在词汇复习过程中了解词性，了解词汇用法，记忆正确的语言例句，形成正确地英语词汇意识，从而能写出地道正确的英语句式。

（二）对应策略尝试二

进行有针对性的写作句式练习，养成良好的英语句式习惯，形成英语

思维，降低母语句法负迁移的影响。

在这一策略中我从英语句式的常用句型开始入手，重点突出中英差异明显的句子结构。

1. 主系表句式的强化练习

因为中文句式中没有这个句式，所以当在写作中要表达人物或事情的特征时，学生就习惯性地用中文的句式描写，而漏掉谓语动词。基于这个句式的独特性，首先我和学生一起强化了“主系表”句式，并归纳了常用的描述心情和事物特征的写作形容词。

先让学生进行改错练习，重点关注正确表达。

Today he very happy. 今天他很高兴。

改：—Today he is very happy.

After he passed the exam, he excited and jumped with joy.

他通过考试后，他很兴奋，而且高兴地跳了起来。

改：—After he passed the exam, he felt excited and jumped with joy.

When the spring comes, the trees green, the flowers red.

当春天到来时，树绿了，花红了。

改：—When the spring comes, the trees turn green, and the flowers turn red.

通过改错练习，学生明白了英语中的形容词不能单独成为句子的谓语动词，需要和系动词一起连用。

写作中常用的表示人物心情的形容词：be / feel happy, delighted, excited, surprised, amazed, satisfied, frightened, be afraid of , be angry with, be interested in

写作中常用的表示事件的形容词：be interesting, exciting, surprising, satisfying, frightening, unforgettable, meaningful, difficult

2. “there be…”句型的正确使用

这个句型也是英语中比较特殊的，如“桌上有一本书。”“我们学校有一个很大的操场。”“操场上有许多学生在踢足球。”等等，当学生看到这样的句子时，就不自觉地用“have/has”来表达，而出现中式化的句子。

The table has a book.

Our school have a big playground.

The playground has many students play football.

而在英语中，当表达“客观存在”时应该用“There + be ”的句型。于是让学生对这几个句子进行重写并记忆。

There is a book on the table.

There is a big playground in our school.

There are many students playing football on the playground.

练习此句型时，同时提醒学生句中的 be 动词要随着紧随其后的名词的单复数而选择单复数。

3. 固定句式的练习，记忆

（1）用“it”做主语的句子

北京昨天下了一场大雨。

It rained heavily in Beijing yesterday.

时间有点晚了，我们得快点！

It is late and we'd better be quick/ hurry up.

从我家到学校的距离不远，所以我们可以骑自行车去上学。

It is not far from my home to school, so we can go to school by bike.

我们打篮球的时间到了。（It's time to do sth.）

It is time for us to play basketball.

今天是八月一日，天很热。

Today is August 1st. It's very hot.

你的表几点了？

What's the time it is by your watch?

用这些固定句式的学习和记忆，提醒学生在英语习惯中主语是天气、时间、金钱、距离等时，习惯用 it 做主语。

（2）直接用“人”做主语的句子

我的工作很忙。（sb. be busy doing sth. / be busy with sth.）

I am busy with my work. / I am busy doing my work.

别担心，你的身体很快就会好的。

Don't worry, you will be fine soon.

这两个句子很明显就是中文主语和英语主语的差异，不能按中文的字面意思翻译，否则就是中式化的英语句子。让学生记忆正确的句子，使之形成正确的英语思维。

（3）动词开头做主语的句子

记住大量的单词在英语学习中很重要。

It's very important to remember a lot of words in English study.

现在在这个城市上网查询资料很方便。

It's very easy/convenient to surf the internet for information in this city now.

我相信做这些小事将会改善我们的环境。

I believe that doing all these small things will improve our environment.

以上3个句子则是典型的动词开头做主语的句式，我则给出正确的句式让学生发现其句式特点，然后总结句型之后进行针对性的句式翻译练习、背诵相关句式、检测，最后达到强化的效果。

此句型总结为：

英语中动词做主语的句子，往往用it的形式主语结构或是用该动词的doing形式。

It's adj. / a + n. / done to do sth.

Doing sth. is adj. / a + n.

固定句型的强化练习：

①读报能使我们获得更多外面世界的信息。

Reading newspapers can make us get more information about the world outside.

②讲故事可以帮助人们理解不同的文化。

Telling a story can help people understand different culture.

③除此之外，经常与你的同学交流是你交新朋友的最好方法。

Besides, communicating with your classmates is a good way for you to make new friends.

④学唱中文歌曲是个好主意。

It is a good idea to learn and sing Chinese songs.

⑤在我们学校进行体育活动一定会有很多乐趣。

It will have a lot of fun to do sports in my school.

⑥图里有一支长铅笔和短铅笔。

In the picture, there is a long pencil and a short pencil.

⑦在过去的20年里，我们生活发生了巨大的变化。

In the past 20 years, great changes have taken place in our life.

⑧今晚，电影院有一场好电影上映。

Tonight, there will be a good film in the cinema.

⑨我们学校有一个宽敞明亮的图书馆。

There is a large and bright library in our school.

⑩昨天这里发生了一场车祸.

An accident happened here yesterday.

⑪下周三我校将有一场运动会。

There will be a sport meeting next Wednesday in our school.

⑫操场上有很多男孩在踢足球。

There are a lot of boys playing football on the playground.

⑬上周一我们班举行了一次班长竞选。

Last Monday our class held a monitor election.

⑭秋天到了，天气变得越来越凉爽。

Autumn is coming. It's becoming cooler and cooler.

⑮我们学校到火车站大约十千米。

It's about ten kilometers from our school to the station.

⑯中国队输掉了这场比赛，很遗憾。

It's a pity/ shame that the Chinese team lost the game.

⑰  现在李明爬楼梯很困难。

It is difficult for Li Ming to climb the stairs.

（三）对应策略尝试三

借助于动词语法的讲解练习，教会学生在英语写作中正确地处理多个动词，减少母语动词使用负迁移对英语句式表达的影响。此策略我主要通过先让学生分析句子主干的方式，找出句子中的主语、谓语、宾语，然后分析正误句式中的差别，让学生自己总结动词的使用规律。

例1：

站在那儿的学生是我兄弟。（句子主干：学生是我兄弟。）

误：Standing here's student is my brother.

正：The student（who is）standing over there is my brother.

在那跳舞的那个女孩也很会唱歌。（句子主干：女孩会唱歌。）

误：Dance girl sing songs.

正：The girl（who is）dancing there can also sing songs.

通过以上正误句式的对比分析可以得出结论：

当中文句子某个名词有带动词的定语修饰时，一定要放在修饰的名词之后，用定语从句或非谓语动词形式，而不要出现动词堆积的错误。

例2：

听到这消息我很高兴。（句子主干：我高兴。）

误：Hear the massage , I am very happy.

正：I am very happy / glad / pleased to hear the news.

听到那消息人们很激动。（句子主干：人们激动。）

误：Hear the news, people feel exciting.

正：People are excited to hear the news.

通过以上正误句式的对比分析可以得出结论：

中文是某人因某事而出现某个情绪，翻译技巧为注意翻译语序，用“sb. be 情绪形容词 to do sth.”的固定句式，同时注意情绪性动词往往为动词的 ed 形式。

常用情绪动词总结：please, excite, interest, move, encourage, discourage, bore, tire, puzzle, terrify, frighten, surprise, astonish, amaze.

练习：

收到你向我咨询如何才能学好中文的来信，我很高兴。

I'm glad to receive your letter asking for my advice on how to learn Chinese well.

看见到处是垃圾我们很震惊。

We were shocked to see litter here and there.

我很高兴得知你来北京后将住在我家。

I am glad to learn that you will stay at my home while you are in Beijing.

例 3：

英语词汇中动词的及物与不及物概念不清，使用时混乱。

我们都赞同他的这个想法。

误：We all agree his the idea.

正：We all agree to his idea.

我想长大以后成为一名医生。

误：I want grow up become a doctor.

正：I want to become a doctor when I grow up.

练习：

如果我们有能力，我们就能帮助建设我们的国家并且更好地享受生活。

If we have the power, we can help to build our country and enjoy life better.

为了学习更好，我们需要做运动来保持健康。

In order to study well, we need to do sports so that we can keep fit.

应该鼓励年轻人按照自己的特长选择职业。（encourage）

Young people should be encouraged to choose their careers according to their own strong points.

以上三组动词的例句分析仅仅只是英语句式中动词用法很小的一部分，在练习这些句式的同时，我还将动词的语法复习与英语写作结合起来。在高三的总复习中，动词语法和写作联系紧密的主要包括动词的时态、语态和动词的非谓语形式两大语法。因此在复习这两个语法项目时，我也借用了很多写作图片及素材，改换成看图写句、看图连句或翻译句式等形式，让学生从中学习体验语法，同时也积累更多正确的英语句式及动词使用的例句。

（1）用恰当的时态描述图画——在句式写作中练习动词的正确时态和形式：

1 have a P. E. class, fall down, run to, last week

2 carry, run to, with my classmates

（2）用所给动词的适当形式填空——练习非谓语形式。

Fill in the form.（北京习作例文填空）

I'm Wang Shan, a girl of sixteen, presently ______(*attend*) Beijing Yangguang Middle School. I like music, especially classical music. I'm also ______(*interest*) in photography because it *allows me* ______(*record*) the beautiful moments in my life. Through my hobbies, I've made many friends. In fact, I *like* ______(*meet*) new people and enjoy talking with them. ______(*believe*) we all need help from each other, I appreciate friends' help, and I'm ______(*will*) to help anyone in need.

I love life; I love Mother Nature; and I love peace. I hate any form of violence.

I would like ______(*jion*) the Peace & Friendship Summer Camp since it would be a great opportunity ______(*make*) *friends* with young people from different countries and learn about their cultures.

（3）动词的综合写作句式练习——用正确的时态语态和非谓语动词完成看图写句的练习。

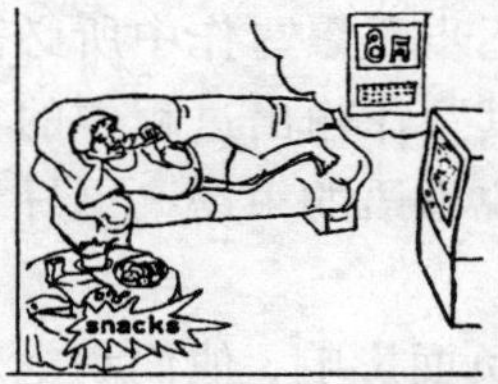

李明花费大部分的时间躺在沙发上看电视。

Li Ming spent a lot of time lying on the sofa, watching TV.

上周四我们开了个班会讨论去哪儿春游。

Last Thursday, we had a class meeting to discuss where to go for our spring outing.

当然对于动词的问题，不是通过几组例句的分析就能完全解决的，因此除了以上句式练习和语法运用外，还需让学生对正确的句式进行背诵、模仿、强化，这样英语句式的意识才能形成。

（四）对应策略尝试四

写作能力的提高是一个长期的过程，教师的指导是一个方面，最主要的是学生的自我总结和调整，因此教师在给学生进行了以上几个方面的指导和练习后，应引导学生自己总结出自己的收获及体会，同时总结出英语写作时如何避免中式化思维的简单步骤，并进行强化。

通过学生的自我总结发现学生句式翻译的主干思路更清楚了，知道先对句中的主谓进行辨认，然后才动笔去写。对英语句子的主语及谓语动词已经有了较好的认识，能尝试用正确英语句式去书写句子。

在英语写作中避免中式化思维的基本原则总结如下：

- 写作之前，不要急于动笔；
- 先停下来，思考清楚主谓；
- 按正确的英语语法习惯；
- 词组搭配，合适英语句式写作；
- 学会自己修改反思；
- 坚持背诵记忆正确句式。

这样中式化思维才能逐渐避免。

写作是一个长期积累的过程，所以一定要坚持记忆基本写作词汇及强化练习常规的写作句式，尤其是加强背诵正确的英语句式和文段，大量输入英语信息，以便减少中文思维的干扰和影响。因为背诵是一种有意识的语言输入活动，通过有意识的背诵输入，学生可逐步积累写作中所必需的语言知识及篇章构建技巧，在此基础上可加强对其写作输出过程中的负迁移进行监控和修正，从而排除母语干扰，逐渐摆脱母语的束缚，更好地用英语交流。

但是学生在英语写作中仍然难以摆脱母语的负面影响，他们动笔之前往往还是会先用汉语构思，再将所构思的内容逐句译成英语，有些甚至生搬硬套中文的句型和语法规则，因此这种母语的负迁移只有长期地、有针对性地应对，总结较有效的、可操作的方法对学生进行背诵强化练习，才能得到一定抑制，从而为学生更早地形成英语句式的思维提供更好的帮助。

培根说过："写作使人准确。"因此，在英语学习的过程中，尤其在写作中，如果能坚持强化学生语言基本功和写作技能的训练，加强学生遣词造句的能力，鼓励学生尽可能地用英语思维，这样就能最大限度地避免中式英语的产生，为学生写出正确的英语作文打下坚实基础，从而提高英语写作能力，达到"写作使人准确"的真正目的。

教育不是灌输，而是点燃火焰。

以读促写　读写结合

北京市航天中学　吴桃荣

作为语言技能的重要组成部分，读和写在语言学习和交际中相辅相成、相互促进。学生应通过大量的专项和综合性语言实践活动，形成综合语言运用能力，为真实语言交际打好基础。因此，读和写既是学习的内容，又是学习的手段。本文是笔者通过一堂读写课获得的一些经验和思考。

一、布置真实的写作任务

本节读写课布置了真实的写作任务——网上回帖。

在某论坛上有一篇名为“my favorite sport”的帖子。请根据我班调查结果回帖，回帖内容包括：我班同学喜爱的运动项目情况，我喜爱的运动项目及原因。

网络是学生日常生活中不可或缺的一部分，关于网上回帖，他们一般只在课下做过，而这次的写作任务就是网上回帖，让学生真正在现实生活中用英语进行交际，因此有较强的实践性。除此形式之外，按照高中英语课程标准对于写的技能的目标描述，我们还应该为学生提供多种不同的形式进行练习，如信函、通知、申请表、描述人物或事件、根据文字和图表信息进行描述或表达观点和态度等。

二、读和写的话题一致

网上回帖的内容包括我班同学喜爱的运动项目情况和我喜爱的运动项目及原因，因此“写”主要以体育运动为话题，同时要求运用一定的功能项目（喜欢与不喜欢）有效地表达情感态度。为完成写作任务，在读的两部分材料选择上，都是体育运动话题，同时第一部分的阅读材料里面还涵盖了不同的表达“喜欢与不喜欢”的功能项目。因此，所有的读的话题都可以作为写的素材，在通过阅读、理解之后，可以用写的形式表达出来。

三、读的内容丰富多样

课前需要进行充分准备，首先是调查班上每个同学喜爱的运动，以下是调查结果。

sports	the number of classmates
badminton	10
basketball	8
swimming	7
cycling	7
table tennis	6

其次是阅读材料的选择。阅读材料的第一部分来自网上人们对于自己喜爱的运动及喜爱原因的真实留言。

［阅读材料一］

Topic：What's your favorite sport?

Mike　　June 28*th*, 2009　7:34 *AM*

Badminton is fun, I love it.

It is the best game I have ever played!

It is great. Badminton is my favorite now!

John　　Nov 4*th*, 2008　5:16 *PM*.

For playing myself I prefer basketball, because I am good at it. For watching I'm into diving and football.

Jammerjd123　　Sep 1*st*, 2008　7:50 *PM*

My favorite sport is football because I admire David Beckham very much.

Geb　　*Dec 9th*, 2007　2:59 *AM*

For sports, I go in for cycling. I like cycling because there is no height or weight requirement and I can do it alone if I really want to.

Zooboy　　*Jul 9th*, 2008　2:15 *am*

I like swimming. I find swimming is very relaxing too. Sometimes so…relaxing that I fall asleep while resting after about ten laps.

I wonder, however , do we sweat（出汗）when we swim ?

这部分阅读材料形式是学生很熟悉并感兴趣的，且内容阅读难度不大，再通过回答问题、完成表格这样的活动，学生理解起来也容易，因此从中获取表达“喜欢与不喜欢”的功能项目这一目标容易达成，但关键是让学生学会用多样的形式表达同一个意思。

阅读材料的第二部分是对学生喜欢的各项运动的简单介绍。

[阅读材料二]

Many doctors and athletes agree that swimming is one of the best exercise you can give your body no matter you are children or adults, because it works all of your major muscle groups（肌肉群）at the same time. Swimming is more than a fun sport and a way to stay healthy; it's a skill that could save your life or help you save someone else's life in an emergency（紧急情况）. Swimming regularly can help build muscle mass（肌肉块）and reduce body fat（脂肪）.

Basketball is a great sport that can help you burn calories（卡路里）. As well as being a great way to stay fit, basketball can also help you to make new friends and teach you about being a good team player. It can be played by people of all ages and all abilities all the year round.

Badminton is a really great sport especially if you know how to play it. It is a very competitive game. It is called the gentleman game. There is no hitting（碰撞）on your opponent（对手）。Playing badminton regularly can help people keep fit and reduce body fat.. Many people like badminton because it can be played by people of all ages and all different levels.

Table tennis is a sport of precision（精确）and fast reactions（反应）. “If you can pick up a bat, you can play.” says Richard Pettit, of the English Table Tennis Association (ETTA). Table tennis is a game for life, no matter what your age or ability. It is also a game that needs strength and skill. If you play it regularly, it can help you keep fit and improve your reactions.

Cycling is a great fun activity that can be enjoyed by both kids and adults alike. It not only brings you great pleasure but also keeps you healthy. Cycling gives you the opportunity to spend time with friends and a chance to meet new people and discover new places. Cycling is a complete environmental friendly (环保) activity. It lets out no harmful chemicals (化学物质) in the air. Cycling can prove to be the best way to move around your city without any difficulty.

这部分阅读材料介绍运动带给我们的好处，学生在阅读时，只需挑选他喜欢的那项运动相关的内容阅读就可以了，读后以表格的形式对该运动的好处做一个概括。丰富的阅读内容和多样的形式输入为后面的写作做了很好的铺垫，这样的写作就不会是无米之炊了。

四、写作贯穿在每一项读的活动之中

在阅读第一部分材料——网上人们对于自己喜爱的运动及原因的真实留言之后，除了回答问题、完成表格等有助于帮助理解的步骤之外，对于不同的表达“喜欢与不喜欢”的功能项目，需要用写的形式让学生加以练习和巩固。

Writing task 1:(describe the results of the survey)

sports	the number of classmates
badminton	10
basketball	8
swimming	7
cycling	7
table tennis	6

在阅读第二部分材料——学生喜欢的各项运动的简单介绍之后，通过表格的形式概括所选运动项目带给我们的好处，同时启发学生：该好处是否可以作为我们喜欢这项运动的原因呢？进一步引导学生了解表述原因时，除了写主观原因外，还有客观原因。这一点可以开拓学生的写作思路，解决学生不知道从哪些方面写的问题。

Writing task 2:(*my favorite sport and reasons*)

通过前期的审题，学生知道 reasons 至少要写两条以上的原因，然后从主客观两方面来表述，就可以很好地完成写作任务。

在每一个阅读材料中，我们都可以找到一定的写作素材，可以是语言，也可以是结构，而语言和结构正是我们写作的灵魂。在此过程中，本着“以学生为主体”的原则，通过阅读的一系列活动，既培养了学生用英语提取信息、处理信息的能力，又培养了学生归纳信息的能力，最后通过从阅读中获取的信息，完成写作任务，培养学生用英语进行思维和表达的能力。让所有学生体会到参与的意义，变枯燥被动的读写为积极生动的读写实践。在自主阅读过程中，学生独立地获取信息，并加以整理、分析、归纳和总结，充分发挥了自己的学习潜能，发展了有效的学习策略；在小组活动中，培养了团队的合作精神，形成了积极的情感态度。因此，有效地利用我们的阅读材料，以读来促写，读写结合，可以让我们达到事半功倍的效果。

Hope is a good thing.

在常规教学中提升学生的写作能力①

北京市航天中学　罗　军

写作题是让不少学生头疼的试题：学习较好的学生总是拿不到高分；学习中等的学生写出来的文章比较平淡，句子出错较多；成绩较差的学生硬着头皮写几句，凑字数；甚至有一部分学生一个字都不写。如何使初三的学生在写作上有一些突破，并增加学习英语的兴趣呢？笔者在2010～2011学年做了一些尝试，并收到了较好的效果。

《北京市义务教育课程改革实验教材 英语》第15册课本信息量大，题材广泛，文章的难度比第14册上升了一个台阶。因此我就利用课本这一平台，为学生创设各种各样的写作练习机会，同时学生通过写作又加深了对课文及相关语法项目的理解。

一、利用课本，帮助学生积累写作素材

学生在小学时练习写作文，是从背名句名言开始，模仿他人的写作得到启发、感悟，从而逐步提高自己的写作能力的。我想英语写作也可以借鉴这种方法。

第15册教材中有不少话题是这几年各区县模拟试题中经常出现的。第一单元关于如何提高记忆、介绍学习方法的话题，我们经常见到类似的试题，而且多是以写回信的方式出现。第四单元介绍一些发明，介绍它们的外观、使用方法、工作原理等，相关的考题是介绍一个东西，如手机、电

① 本文获北京市第三届“智慧教师”教育教学研究成果征文三等奖。

脑等。第八单元是关于安全问题的，介绍了校纪校规，遇到紧急事件时应如何处理，如火灾、如何保证安全、安全小窍门等。因此，我觉得教师没有必要再额外找写作题材，在第15册的常规教学中，就可以帮助学生积累写作素材。

（一）明确文章结构

从学习第15册第1课起，就要使学生有写作意识。我的具体做法是：请学生观察这一课的文章结构，学生能看出这是“总—分—总”的结构。文章第一段点题，正文部分包含三个信息，分成三段，每段第一句是每段的段意（Topic sentence），然后是具体的解释，即细节支撑主题句。文章的结尾一般是感想，若是回信，则是祝福对方的话。然后，我请学生看第17课 *What an amazing language English is*！的结构，印证了这种文章框架，并且有了更简单的方法，正文部分的几部分我们可以用 First，Second，Third，Last，but not least 来排序，这也是我在中考阅卷中经常见到的写作格式。

然后我让学生缩写第1课，就要文章结构，每段只写出段意，使学生明确写作时，一定要写全正文部分的几个观点。

通过这种方法我要解决这样一个问题：写作时信息点一定要全面，这是中考阅卷中判断几类作文的依据。学生对文章的框架有了较深的认识，在今后的写作练习中，学生一定要有写全信息点的意识。

（二）利用熟悉的句子形成一篇文章

在学习课文时，教师经常会让学生在书上划出重点句，这也是第一课介绍记忆方法中的一条，所以学生脑子里早已储备了一些句子。如何在写作时运用这些熟悉的句子呢？

在学习第4课时，我出了这样一篇写作题：小明记忆单词有困难，你有什么建议吗？并且限定学生用第8页及本课听力原材料的句子。

学生在小组中积极讨论，最后我们选出的最佳文章如下：

You should write the words on a piece of paper（第8页1.2中 Solution 1中句子，稍加改动）. You can put the paper either on your bathroom mirror or on your bedroom door（1.4中句子）. Each time you brush your teeth in the bathroom or walk by your bedroom door, you can go over the words（第197页听力原稿中句子）. You should not only memorize the words, but also use them（1.4中句子）.

这就是一篇非常棒的小文章，共56个词。学生们兴致很高：原来背过的句子经过重新排列组合会形成这么漂亮的文章！然后我说这只是给对方提建议正文中的一条信息，你还能提两条建议吗？立刻有学生说可以用上第1课的第一条建议“You should review the words regularly.”及第三条建议“You should go over the words before you go to sleep or in the morning.”这样就形成了3条建议，加上开头、结尾，就是一篇完整的作文。学生对重点句及中考50个句型有了新认识，也愿意背重点句了。

在教学任务繁重时，教师可以让学生写一个小片段，甚至只写几句话，抓住重点，有观点即可。这样可以积累信息。

另外，我们在练习写作时要注意选材。写作试题应是贴近学生生活实际的话题。

如学习第5课、第6课时，让学生写一篇文章，对未来的生活作一个预测，学生最好选择教育、生活方面写文章，其他的话题离学生的生活较远，如太空、世界人口、科技、气候等。这也就告诉学生做课外题时，一定要选择与自己生活贴近的写作题材。

（三）连句成文，培养学生的逻辑思维能力

学生的文章经常存在逻辑混乱或矛盾的问题，因此要培养学生理顺句子间逻辑关系的能力。我尝试让学生做下面的练习。

第7课2.5中介绍了动词不定式的用法，涉及了6个词组：advise…to…，ask…to…，force…to…，want…to…，allow…to…，encourage…to…。如果单让学生背这6个词组或句子的话，学生容易忘记。我让学生把这6个词组写进一篇文章中，学生们在小学语文课做过这种练习。

学生们在小组中热烈地讨论着，有的组能用上4个词组，有的能用上5个词组。最后我们的冠军组的文章如下：

My mother wants me to go to England after I finish my middle school. So she encourages me to work hard now and she advises me to learn English well. She asks me to review vocabulary before I go to bed and she forces me to listen to the tape for half an hour in the morning. She doesn't allow me to watch TV except Saturday evening.

文章中6个词组都用上了，而且文章还很有逻辑性，既练习了写作，又帮助学生复习了词组及语法项目——动词不定式。

课本中还有不少这样的例子，如第10课1.6中的动词和副词，也可用这种方法练习：先让学生将副词与动词搭配起来，然后让学生介绍几个朋友，他们的性格是什么？平时做事怎样？

这种练习能充分调动学生的思维。他们必须把本来看似无关的词组写进一篇文章中。这就要考虑句子间的关系，并且使用承上启下的句子，才能使写成的文章流畅。这种方法可以避免学生写作时考虑不周全，出现逻辑错误。

二、储备一些“万能句”

既然作文有一定的套路，那么我们可以让学生储备一些句子。

如给他人写回信提建议，针对烦恼，在回信的开头，一般要安慰对方。学生可以储备这些句子：

Don’t worry. / Don’t be worried. / Don’t be upset.

I will give you some advice/ suggestions…

对于所有的问题，学生可发表一下总的看法：

You are not right. （I don’t think you are right.）

Your problems are not serious. （I don’t think your problems are serious.）

Your problems are very common. （It’s very common for teenagers to have such problems as yours.）

还有一个“万能句”可用：You’d better have a talk with your teacher / parents / friends. Maybe they will understand / help you.

在文章的结尾，可提出希望：

I’m sure you will make progress.

I hope you will be better.

这样对于写回信，学生已经比较有自信了。

其他的文章有什么特点呢？我请学生观察几篇中考作文试题，说出有什么特点。学生说不管话题是什么，最后都是谈自己的感想，而且常用如下句式：

I think it’s + 形容词 + for + 人 + to do .

… not only … , but also…

The more… the more…

学生在写作时总想套用中考50个句型来提升自己文章的档次。因此教师可以在不同的学习时期有重点地训练其中一些常用的句子结构。

三、想办法使学生重视写作

要想使学生真正重视写作，教师一定要有一些具体的措施。

（一）学生要准备一个专门的作文本

学生要有一个专门写作文的本，一面只写一篇作文，每篇作文前面要写上本篇文章的内容、要求，然后才是作文。随着时间的流逝，学生们积累的作文数量增加了，学生们一篇一篇翻着，能够感受到自己的进步，会有很大的成就感。

（二）一定要改错

学生平时写的作文在教师批阅后一定要改错。弄明白错的原因，这也是对语法的巩固。

（三）做卷子时让学生先写作文

以往每次考试中总有学生不写作文，或瞎写几个字。因此，在做卷子时，我做了如下改动：先发最后一张卷子，给学生15～20分钟时间，让学生先写作文。绝大多数学生都在认真地审题、写作，想糊弄的学生也就不好意思不写了。另外，看到个别学生写不出来，我就站在他旁边，这样看着他写出几句话来，同时我也能随时小声地给他指点一下。写得快的学生可以接着写这张卷子上其他的题。然后我把卷子收上来，在学生做其他几张卷子时，我抓紧时间把作文批阅出来。这样两节课的时间我不是真的在“监考”学生，而是及时发现问题。在作文判完后，我可以小声地给5个左右的学生稍加辅导，又不影响其他学生做题。学生每天从早晨、午自习到下午5点多，都排满了课，教师很难有时间对学生进行辅导，而作文要想有提高，教师必须对学生进行面批。

每次都这样认真审题、写作，学生在正式考试中作文应花多少时间也就心里有数了。

经过这样的指导、练习，学生已经不再惧怕作文，甚至感到作文已经成为强项。学生对作文的重视程度明显提高了，都很关心自己的作文分数。

作为教师，我觉得要经常琢磨，虽然是在教相同的内容，但每年应有所思考、有所提高。教师的一点小变化，可能会使学生进步一大块。

教学的艺术不在于传授本领，而在于激励、唤醒和鼓舞学生。

英语教师用眼神传递课堂智慧①

北京市航天中学　崔小娟

课堂教学是教师和学生共同感受和分享学习之美的空间，而不是教师一厢情愿地灌输知识的过程。每当教师站在神圣的讲台上时，他的服饰、表情、举止都作为一种信息向学生传递，也受到学生的审视。老师带进课堂的应该是得体的装束、微笑的表情、期待的眼神、饱满的情绪，这样会令学生觉得严肃认真又不乏和蔼，给学生以美感，吸引学生主动地参加教学活动。

语言的力量是有限的，当我们无法找到恰当的语言来表达时，也许一个眼神就能够让学生明白我们要表达的意思。眼神是无声的教学语言，用眼睛组织教学是一个别致的方法，运用恰当，确实有利于教学。因为教师的每一个眼神无不深深地刻在学生的心里：关爱的眼神带来春的生机，愤怒的眼神带来秋的凋零，鼓励的眼神带来夏的赤诚，冷漠的眼神带来冬的寒冷。

7 点 30 分英语的早读课已经开始了，但大部分同学都没有进入状态，或和邻座大声聊天，或是匆忙从书包中掏课本，有的甚至还伏在书桌上昏昏欲睡。课代表站在讲台上，对着同学们无奈地重复着欲读的课本内容，可她的声音早已淹没在喧闹声中。我走进教室时，看到这样的情景，开始很生气，真想大声训斥他们一顿，但想想他们一天中大部分时间都在上课，难得有一点空闲的自由时间，心里不禁同情起他们，所以我没有大声

① 本文获北京市第三届“智慧教师”教育教学研究征文三等奖。

地呵斥他们，只是走到讲台上，微笑着，眼神在每一位同学的脸上掠过。同学们看到我的目光中不是责备，而是理解和期望，都安静下来快速地打开课本，有的同学甚至脸上带着几许歉意的笑容。此时大声地呵斥可能会适得其反，可能会引起某些同学的反感，谁愿意在清晨就对着一张愤怒的脸并以批评当早餐？所以此时愤怒的语言可能就不及眼神来的有效。

上课时学生们的注意力是否集中也可从他们的目光中看得出来。当然课堂的内容和所应用的方法是最重要的，是能否激发学生听课兴趣的关键。但教师的眼神也可以提醒同学们注意听讲，我讲课时会尽量关注每一名同学，当发现有些同学的注意力不集中了，就用眼神提醒他们。对于素来好动、无法长时间坐在某地不动、更不能长时间把注意力集中到某一件事情的学生，不可能靠几次的说教就能把习性改正过来，只能是不时的善意提醒才能帮助他集中注意力认真听讲。当然，适时的提问也可起到同样的作用，但有时在讲解过程中一个提醒的眼神就足够了。有一次在离下课还有 10 分钟时，我照例给同学们总结刚刚讲过的内容，然后提问让同学们抢答，或是让学生们提出自己的疑问。在提问和同学们回答的过程中，我发现坐在第一排的一位女同学几次欲言又止，神情尴尬。我猜想她此时一定是有问题要问，所以就以鼓励的目光微笑地看着她。她读懂了我目光中的鼓励与信任，终于红着脸站起来说："老师，你刚才讲到的 It's high time that... 句式中的虚拟语气是什么样的？"这时坐在这位女同学后面的一位男同学脸上流露出不屑一顾的表情，刚要嗤笑出来，我立刻向他瞪了一下，及时制止了他的行为。下课的铃声响了，我微笑着用目光掠过全场宣布下课。

"眼睛是心灵的窗口"。每一个眼神都是人的心灵真实感受的表露，很容易被别人察觉到。教师的眼神是课堂上有效的、非语言信息传递的手段，教师的眼神可以表达赞赏和赞同，也可示表示批评和拒绝；眼神可以表达友善，但也可以表达厌恶；可以显露欢快和快慰，也可以显露忧伤或低落；可以是慈祥温和的，也可以是严厉冷峻的。在上课时，教师应该给每一个学生以热情的关注，无论是开始导入课题，还是讲解分析文章，都应时常关注学生。教师视野所及，以目传神，可以提醒学生认真地听讲。教师的眼神有时比语言来得更为有效，意义更为丰富，它能把教师想要表达的愿望、态度、思想感情以非语言的形式迅速地传递给学生。也许我们在校期间教给学生的内容经多年之后已无人记得，但你的眼神曾给予他们的鼓励和赞赏会深深地刻在他们的心理。所以无论何时教师的眼神中应多一点鼓励和欣赏，少一点批评和愤怒。

教师的目光中应多些友善、关爱、信任，少一些批评、讽刺、愤怒。当我们要求学生回答问题时，我们的眼光应是友善鼓励的，当同学们注意力不集中时，我们的眼光应是善意的提醒。如果我们的目光中含有讽刺或批评，甚至是敌意的，学生听课的兴趣就会大大减弱，随之而来的学习活动也就只是敷衍了事了。当你想知道他人是不是说谎时，总是想看着对方的眼睛。眼睛一直对人类行为有很大的影响。眼睛是人与人之间最清楚正确的讯号，因为它们是人身上的焦点，我们通过眼神的接触，就能够打开沟通和交流之门。所以，教师可以借助眼神的接触拉近师生的距离。通过眼神交流思想是一项特别重要的非语言沟通技巧，很少有其他肢体行为比眼神接触更能真实、准确地传达所要表达的思想。在课堂上教师直接的眼神接触，可以做到有效地改变学生的行为，提醒那些分心或有小动作的学生重新集中注意力。所以，教师在讲课的过程中，有经验老师的眼神会扫视、关注每一名同学，与每个学生的眼神接触。但不宜长时间地看着某一个学生，因为当老师长时间注视某一个学生时，会使学生产生不安，怀疑自己做错事了。因此，我们在课堂上，应该准确地把握眼神接触的时间和方式，向学生传递确切的信息。

根据青少年的心理特征和年龄特征，中学生的注意力一般只能保持 30～45 分钟，再加上种种外因的影响和干扰，注意力常常分散，“有意注意”会变成“无意注意”。那么，怎样才能使这两者有节奏地互相轮换，提高教学质量呢？教学实践证明：用眼睛组织教学是行之有效的方法。在授课进程中，教师发现某些学生注意力分散、精神不振、纪律松懈时应该轻轻地走到学生身旁，迎着学生的目光，两眼“瞪一瞪”，这眼神意味着对学生的提醒和批评，教师不用言传，学生就能意会，在这一刹那间的沉默对峙中，学生往往会不好意思低下了头。就这样，教师用锐利的目光就能很好地调节“无意注意”，让学生又能集中精力、专心致志地学习。教师的眼力，确有如此巨大的感染力！

由于学生思维发展的不平衡，知识水平参差不齐、千差万别，所以对知识掌握是有差异的。一部分学生能敏捷地接受老师讲的内容，还能融会贯通，举一反三，对这样的学生，教师应投以赞许的目光，让学生从教师那柔和的目光中，看到自己的成绩，从而受到鼓励。另外，有一部分学生接受能力差，“有意注意”又不稳定，对教师讲的知识不能立刻消化，这明显地表现在回答问题时结结巴巴、慢慢吞吞、模棱两可。这时，教师要以亲切的目光看着他们，以期待、盼望的眼神来诱导他们，再借助语言安慰他们。此时，学生感到一股暖流浸透心田，这是教师的爱，这爱消除了他们的紧张情绪，在愉快、轻松的气氛中，“无意注意”转化为“有意注意”，而且思维也随之活跃，掌握知识便得心应手了。学校教育最令人感念的，不是老师传授的知识，而是在老师的关爱和启迪下，让学生看到了自己的未来。

当一名教师，平淡如水，如水平淡，可我喜欢这种平淡，喜欢自己在平凡的岗位上，干着平凡的事业，却培养出不平凡的学生。

新初中体育与健康课程标准对体育教师要求的探讨①

北京市航天中学　朱　莎

一、前言

新的初中体育与健康课程标准贯彻“健康第一”的指导思想，构建了身体发展、运动参与、运动技能、心理健康、社会适应等体系。新课程标准（以下简称“新课标”）是新一轮课程改革的重要组成部分，新课标能否顺利实施，关键在于体育教师的素质能否适应新课标的要求、能否及时对新课标提出的挑战作出强有力的回应。为了适应素质教育的要求，消除应试教育的影响，使体育教师能更快地走进新课程，促进中学体育课程的改革，本文通过对部分中学的调查，分析了传统教学中体育教师的现状。通过对旧的教学大纲与新课程标准进行对比分析，提出新课程标准对体育教师的基本要求，为体育教师尽快地走进新课程标准的教学提供参考。

二、调查对象与研究方法

（一）调查对象

北京市航天中学、东高地三中、东高地外国语、旧宫中学、德茂中学五所学校的部分初中二年级学生和教师。

---

① 本文获北京市基础教育课程教材改革实验工作领导小组征文三等奖。

（二）研究方法

1. 文献资料法

查阅中学体育教学大纲、新课程标准及相关的文献资料40余篇，对文献资料进行分析与借鉴。

2. 问卷调查法

问卷的效度：通过阅读相关资料及访问一些学校有经验的体育教师，确定问卷初稿，然后请首都体育学院拥有多年教学经验的冯张昌教授就问卷的内容和结构进行审核修改，完善了问卷初稿中存在的不足，最终确定本次调查所使用的问卷。

问卷的信度：通过使用再测法，在第一次问卷调查结束后的两个月内，在回收的问卷中随机抽取样本的50%进行了第二次问卷调查。结果表明，两次回答之间的皮尔生系数 $R=0.865$，高度相关（$P<0.01$），说明本次问卷是可信的。

问卷的实施：由首都体育学院派往北京各中学实习的实习生代为发放和收回问卷。此次调查实发调查问卷200份，回收195份，其中有效样本190份，回收率达97.5%，有效率为95%。

3. 访谈法

对北京市航天中学、东高地三中、东高地外国语学校、旧宫中学、德茂中学五所学校有10年以上教龄的10名体育教师在教学观念、知识结构、教学水平、教学内容以及教学方式方法等方面进行访谈。

4. 比较分析法

将旧的教学大纲与新课程标准在指导思想、目标体系、内容结构和考核评价等方面进行对比分析；解决实行新课程标准之后体育教师应该如何更好地进行教学。

三、分析与讨论

（一）对传统教学中体育教师现状的分析

1. 体育教师的教学观念需进一步更新

（1）在人才观方面过于片面

在应试教育的影响下，升学率被作为评价办学质量和衡量教学质量的唯一标准。在体育教育方面，学生在运动竞赛中夺得奖牌数被作为评价教师的标准，而且还与体育教师职称评聘、工资晋级、评优评先进挂钩。学校体育放弃大多数学生身体素质的提高而追求奖牌数的做法，背离了学校体育教学的目的和任务；违反了义务教育的公平性原则。这无疑会使教育者的人格力量和师表作用受到一定的损害。

（2）知识结构单一和陈旧

在应试教育的影响下，教师教学忙于应付考试，片面去追求达标率和体育升学成绩，而忽视了终身体育意识和创新能力的培养。加上体育教师一般文化基础较为薄弱，学习进修、继续教育的意识不足，久而久之体育教师文化专业知识结构变得单一和陈旧。

（3）教学水平停滞不前、科研能力不强

传统的体育教师在教学上没有摆脱应试教育的束缚，重育体、轻育心，忽视了思想教育。体育课往往是单纯以提高学生运动成绩为目的，只重视少数学生的选拔，忽视了整体学生的发展。并且重视眼前的短期效应，忽视长远的整体素质的提高。

2. 体育教师的教学内容较为简单、重复、单调

在传统的学校体育中，有很多的学校和体育教师把体育课变成单纯围绕体育达标和中考加试项目反复练习。而较多的学生在离开学校后，篮球不会打，足球不会踢，连山羊、跳箱都没见过。教学方法仍停留在“填鸭式”与“强制命令式”阶段，过分强调以教师为中心，而忽视了以学生为主体的地位。这样的教学关系就变成了教与学的机械叠加，使学生何来乐趣。久而久之，使学生形成逆反心理，喜欢体育，却不喜欢上体育课。

3. 体育教师的教学方式方法陈旧落后

由于一些教师不注意教学方法的更新和改革，教法和手段陈旧，教学有“形”而无“神”，长期停留在“出大力流大汗”、低效率阶段，致使学生学习积极性差，出现喜欢体育，但不喜欢体育课等现象。这都与教法的陈旧和用之不当以及能力素质结构的不规范等密切相关。

（二）实行新课程标准后对中学生现状的分析

1. 学生对体育课喜欢程度的分析

对学生的调查显示，课程改革以后大部分同学喜欢上体育课了。

表 1　实行新课程标准后对学生上体育课的调查（n = 190）

	选择人数	占总选择人数的百分比/%
喜欢上体育课	123	64.74
一般	41	21.58
不喜欢	26	13.68

从表 1 可以看出，有 85% 以上的学生愿意上体育课，我们体育教师有责任使一节体育课更生动、更活跃，使更多的同学参与到其中来，让那些

不喜欢体育课的学生主动积极地参与到体育课中来。

2. 对教师教学方法的分析

表2 学生对老师采用的教学方法感兴趣程度的调查（n=190）

	人数	占总选择人数的百分比/%
非常感兴趣	136	71.58
无所谓	36	18.95
不感兴趣	18	9.47

对教师采取新教学方法的调查显示，新的教学方法还是能引起学生们的注意。教师创新的教学方法能为学生提出多种练习方法供学生参考使其择优而行，以适应学生因身高、体重、智能、运动动机、运动经历不同而造成的差异，使每个学生都能充分运动，在生理上获得快感、在心理上获得满足，社会适应能力得到提高，都能学到新知识，并在运动技能上有所提高，毕竟新的方法对学生的兴趣引起是有很大的作用。所以在教学时还是要求教师采用更多的教学方法。

3. 对教师教学内容的分析

表3 教师比较重视学生的哪方面教育（n=190）

	人数	占总选择人数的百分比/%
运动成绩	44	23.16
思想品德	26	13.68
上课的表现	54	28.42
都重视	66	34.74

从表3可以看出，虽然新课程标准强调体育课程以“健康第一”为指导思想，以身体、心理和社会适应的整体健康为课程目标，但是在课堂上以“增强学生体质”为指导思想，忽视心理健康和社会适应两方面教育的现象还是存在的。忽视思想品德教育，片面重视某一方面，这样不利于学生的全面发展，所以在课堂上老师应注重学生各方面的发展。

（三）新课程标准与体育教学大纲进行比较与分析

通过新课程标准与体育教学大纲的比较可以看出，新课程标准在指导思想、目标体系、内容结构和考核评价等方面都有所改革，有助于我们改变目前学校体育教学实践中存在的各种问题，如学生喜欢体育而不喜欢上体育课、学生只知其然而不知其所以然、学生在学校所学的知识和技能与他们在校生活以及将来的生活脱节等。当然，要保证体育课程的教学质量与效果，关键还在于体育教师的观念。

（四）新课程标准对体育教师要求的分析

通过对学生的调查、对老师的访问以及新课程标准与教学大纲的对比分析，新课程标准对体育教师提出了较高的要求。

表4　新课程标准与体育教学大纲比较表

	新课程标准	体育教学大纲
指导思想	强调体育课程以“健康第一”为指导思想，以身体、心理和社会适应的整体健康为课程目标	以“增强学生体质”为指导思想，忽视心理健康和社会适应两方面
目标体系	包括具有递进关系的层次目标，即课程目标、领域目标和水平目标，这使得课程目标更加具体化、更具操作性	只有比较笼统的、操作性不强的课程目标，且教材内容、评价内容与目标要求不一致
课的结构	包括运动参与、运动技能、身体健康、心理健康和社会适应五个学习领域，五个学习领域实际上由两条主线组成，一条是身体运动主线，另一条是健康主线。虽然课程标准将不同性质的学习内容划分成五个学习领域，但五个学习领域是一个相互联系的整体，每个领域都不能脱离其他领域独立实现课程目标	根据运动项目划分学习领域，如球类、田径、体操、武术等，这实际上是一种竞技运动的教学体系，每个学习领域可以脱离其他领域而独立存在
评价方法	强调建立评价内容多元化，评论方式多样化评价体系。在评价方式上，既注重终结性评价也注重过程性评价；既有教师对学生评价，也有学生自评和互评。在评价内容上，既包括对学生体能和技能的评价，更注重对学生态度、心理和行为评价，努力使评价内容与课程目标相一致	主要重视对掌握运动技能的程度及体能状况进行评价，使评价内容与课程目标脱节，并最终导致教学实践与教学目标的背离

1. 教师教学观念的转变

（1）树立以“健康第一”为指导思想的教学观

树立以“健康第一”为指导思想的教学观，要求我们的体育教师要做到以下三点：①在实施教学时紧紧围绕大概念健康，完全按健康的定义确立教学目标，使我们施教的根本目的和任务不仅是增强学生的体质，而且是直接指向所有学生的健康问题；②体育学科是一门以身体练习为主要手段，以增进学生的健康为主要目标而设置的一门必修课程；③认真领会新课程标准的基本理念，关注学生的健康意识、锻炼习惯和卫生习惯的养成，将增进学生健康贯穿于课程实施的全过程，确保“健康第一”思想落到实处，使学生健康成长。

（2）树立生活体育的教学观

体育来源于社会实践活动，是对生活的一些游戏、娱乐、集会等活动在时间和空间方面的重新组合和创造加工，体育非常强调运动过程和生活环境的一体化。

（3）树立终身体育教学观和关注学生主体地位的教学观

今后的体育课程和教学应充分关注学生的需求和重视学生的情感体验，加强主体地位。只有这样学生学习的积极性和学习潜能才能发挥，学生的体育学习能力才能提高。

2. 体育教师角色的转变

（1）体育教师将由知识技能的传授者转变成学生发展的促进者

在体育与健康的课程标准中，体育教师的主要职能从知识技能的传授者变为学生发展的促进者。具体表现为：一是积极地旁观，让学生们自主观察、实验或积极地看、积极地听；二是创造良好的学习氛围，采用各种适当的方式，给学生心理上的安全和精神上的鼓舞；三是注意培养学生的自律能力，注意教育学生遵守纪律，与他人友好相处，培养合作精神。指导学生形成良好的锻炼身体习惯、掌握学习策略和发展学习体育的能力，并充分调动学生的学习积极性，为学生提供便利，为学生服务，与学生一起分享他们的快乐与成功喜悦。

（2）体育教师由学生的管理者转变成学生发展的引导者

新课程标准要求教师将自己的角色转变成学生发展的引导者。具体表现为：一是其职责培养教育所有的学生，因而要坚信每个学生都有学习潜能；二是对来自周围人对某一学生评价小心地采纳，对学生不能形成先入为主的成见。要经常仔细地检查、反省自己是否在对待不同学生上有差别，并尽量公开地评价学生的学习结果。

3. 体育教师教学方式的转变

新课程标准强调改变原有单一的、陈旧的、以教师为中心的教学方式，建立和形成发挥学生主体性的多样化教学方式。传统的课堂教学方式基本是灌输—接受，使学生完全处于被动接受状态。课程改革倡导的新观念，将引导教学方式的改变。具体表现为：一是由重知识传授向重学生转变；二是重教师“教”向重学生“学”转变；三是由重结果向重过程转变；四是由统一规格教育向差异性教育转变。

4. 教师评定学生成绩方式的转变

新课程标准符合课程目标达成的考核评价体系应该是由锻炼习惯评价，日常体育行为评价，体育技术、技能评价，基础知识评价与体质状况构成。建立学生“体育与健康”情况档案，录入学籍登记表，为跟踪目标达成结果提供可靠资料。体育成绩的评价应有助于学生素质的全面发展。要改变只关注学生学业成绩的单一、总结性的评价方式，着眼于充分全面了解学生，帮助学生认识自我，建立自信，关注个别差异，了解学生发展中的需要，发现发展学生的潜能，促进学生在自己的水平上发展，发挥评价的教育内能。

（1）考核的形式转变

可以有 1 ~ 2 项的考核项目，但形式可变，学生可选择项目，等级可依据年级的整体水平制定，如此可照顾到全体学生的发展。基础教育课程的改革已进入实施阶段，新课程体系在课程功能、结构、内容、实施、评价和管理等方面都较原来的考核标准有所突破。教师面对这样的挑战，必须更新观念，改变教学方式，才能适应新时代赋予我们的使命。

（2）由单一评价向多元评价转变

未来的体育成绩评价，不仅局限于运动技能更应重视学生的学习态度和运动参与。学生体育成绩的多元评价应包括以下 6 个方面：①学生发育情况；②体能测试（心肺耐力、肌肉力量、肌肉的耐力、柔韧性等）；③体育与健康的知识技能；④体育的学习态度、积极性、运动习惯等；⑤意志品质、情绪状态、自信心等；⑥交往能力、合作精神。因此，新课程标准的考核方法应为：①取消结构考核办法；②面向全体的学生，以学生发展为本；③侧重考察学生学习态度、学习过程；④尽量从满足所有学生的愿望出发，定性与定量相结合。

四、结论与建议

（一）结论

（1）体育教师必须要有充分的思想认识，不断地转变思想观念，正确认识与理解新课程标准提出的健康概念和内容，深入地学习新课程标准的课程性质、课程基本理念，清晰新课程标准的课程目标与学习领域目标，把握好新课程标准的内容标准，从思想上和行动上自觉地按照《标准》的要求开展体育教学。

(2) 体育教师在教学过程中应与学生积极互动、共同发展，要处理好传授知识与培养能力的关系，注重培养学生的独立性和自主性，引导学生质疑、调查、探究，在实践中学习，促进学生在教师指导下主动地、富有个性地学习。

(3) 体育教师应尊重学生的人格，关注个体差异，满足不同学生的学习需要，创设能引导学生主动参与的教育环境，激发学生的学习积极性，培养学生掌握和运用知识的态度和能力，使每个学生都能得到充分的发展。

(4) 新课程标准对体育教师提出了新的要求，如教师教学观念、教学方式等，因此体育教师在教学中的角色、对学生学习成绩的评定方式等都需要转变和提高。

(二) 建议

在新的课程理念指导下，体育教师应认识到传统体育教学中存在的不足，应加强对新课程标准的学习，深入领会，并进行思考和研究，使自己尽快找到符合新课程标准要求的教学方式，推动课程改革的进程。

在教育的道路中，
我与学生一同成长。

浅谈体育教学对促进中学生心理健康的作用①

北京市航天中学　翟　宇

体育与健康教育课程作为一门通过身体锻炼和实践来实现的课程，在心理素质教育方面具有特殊的意义。体育与健康课程标准将体育与健康课程目标划分为：身体健康、运动参与、运动技能、心理健康、社会适应能力五个领域。新课程标准首次把心理健康目标提高到课程目标地位，也是除心理健康教育课外将心理健康目标作为课程目标的唯一课程，对引导学生心理健康发展有积极的意义。体育教师应充分认识到体育教学中心理健康教育的重要性，并根据体育学科的特点，结合学生的心理健康状况，探索体育教学中能够促进学生身心健康的有效途径，有针对性地做好心理健康教育，将二者融为一体，以促进学生身心健康和谐发展。

一、研究方法

（一）文献资料法

通过文献检索等途径，查阅国内有关体育教学与心理健康等方面的研究成果并进行系统分析。

（二）个别访谈法

对10位专职体育教师进行访谈，他们对体育教学中如何渗透心理健康教育提出了宝贵的意见。

（三）问卷调查法

通过对北京市航天中学412名初一、初二年级中学生进行问卷调查，

① 本文获北京市第三届“智慧教师”教育教学研究成果征文一等奖。

了解到71%的学生将体育兴趣归因于运动技术、技能的掌握。

（四）逻辑分析法

将文献资料、访问结果与问卷调查结果综合进行分析。

二、研究结果与分析

（一）心理健康概念

1. 心理健康即充分了解自己，并能对自己的能力作出恰当的评价

心理健康的人能体验到自己存在的价值，既了解自己又接受自己，有自知之明。即对自己的能力、性格、优缺点都能作出恰当、客观的评价，对自己不会作出苛刻的非分的、期望与要求，制定的生活目标和理想切合实际。

2. 能保证良好的人际关系

心理健康的人乐于与人交往，不仅能接受自我，也能接受他人，能认可别人存在的作用。同时也能被他人接受，能互相沟通和交往，人际关系和谐，在社会生活中有较强的适应能力和较充足的安全感。

3. 能与现实环境保持接触

心理健康的人能够面对现实，接受现实，能动地适应现实，进一步的改造现实，而不是逃避现实。对周围环境和现实能作出客观的认识和评价，并能与现实环境保持良好的接触。

4. 可以适度地控制和表达情绪

心理健康的人乐观、愉快、开朗、满意等积极情绪状态总是占优势，虽然也会出现悲、忧、愁、怒等消极情绪，但一般不会长久。同时，能适度地控制和表达自己的情绪，喜不狂、胜不骄、败不馁、谦不卑。

（二）中学生心理问题产生的原因

1. 家庭原因

从现实情况看，父母过高的期望、不良的家庭关系和不正确的家庭教养方式，是中学生产生心理问题的原因。其中家长的过分溺爱和严厉粗暴的教养方式对孩子的心理健康危害最大。在溺爱的家庭中成长的孩子，感情脆弱、不合群、意志薄弱、胆怯、情绪的稳定性差；严厉粗暴型的教养方式会导致孩子形成有缺陷的个性，如自我中心、冲动、冷酷、淡漠、好斗、压抑、胆怯、自卑、孤僻等。

2. 学校原因

沉重的学业负担和升学压力，冲击了学生对文体活动兴趣的培养与发展。

3. 师生关系处理不当

教师的认知偏差，对学生的不理解、不信任使学生产生了对抗心理。

4. 同学关系不和谐

与同学关系的好坏可直接影响到中学生的学习、生活质量。孩子们都希望在同学中有被接纳的归属感，寻求同学、朋友的理解与信任。反之，就容易出现孤独感。

5. 社会原因

当今尖锐复杂的社会矛盾不可避免地投射到学校中，社会不良风气、不良的思想观念以及不健康的大众媒体、网络资讯会对中学生产生不良的影响，直接影响着中学生的心理健康。

（三）体育运动对心理健康的影响

1. 有助于情绪的宣泄与调控

体育运动可使学生缓解来自各方面的心理压力，尽情释放心中的郁闷，为消极情绪提供发泄口，发挥如同人们在愤怒时摔东西所起到的迁怒、宣泄作用，通过运动行为的替代减弱或消除情绪障碍。

2. 有利于智力发展

体育运动是一种积极、主动的活动过程，在此过程中练习者必须集中自己的注意力，有目的的知觉、记忆、思维和想象。经常参加体育活动还能使人在空间、时间和运动感知能力等方面得以发展，使本体感、重力感、触感、速度感、高度感等更为准确，从而提高脑细胞工作的耐受力。

3. 有利于培养良好的意志品质

体育活动一般都具有艰苦、疲劳、激烈、紧张相对抗及竞争性强的特点。如长跑能培养坚毅、顽强的意志和克服困难的精神，球类比赛能培养团结协作、顽强拼搏的精神。通过体育运动，有助于培养机智灵活、沉着果断、谦虚谨慎等意志品质。

4. 有利于形成和谐的人际关系

体育运动过程中存在着人与人之间、个人与集体之间、集体与集体之间的相互交往性。这种交往可以使群体中的成员在体育运动中相互影响、相互作用，产生情感上的相互交融、沟通，从而增进了解，促进良好的人际关系发展，有助于心理健康。

5. 正确认识自我

一个人具有正确的自我观，就意味着他能客观地认识自己和对待自己。体育运动有助于认识自我。体育运动大多是集体性、竞争性的活动，一个人的能力、修养、人格魅力，都会明显地表现出来，能使一个人对自我有一个比较符合实际的认识。竞争的成功可以提高自信心，可以获得同伴和集体的承认，从而可以正确地认识自己的社会价值。体育还有助于自我教育，在体育运动中发现自己的优点及缺点，并通过不断修正自己的错误认识和行为，使自己的潜能和长处发扬光大。

6. 有利于培养合作与竞争意识

体育运动在规则的要求下，使双方在对等的条件下进行体能和心理等方面的较量，培养竞争意识；同时，体育竞赛中的集体项目，要求集体中的每个成员为达到共同的目标而相互合作。因此，体育运动能有效地培养学生的合作与竞争意识。

（四）通过体育教学促进学生心理健康的教学策略

1. 提高体育教师的心理学知识储备，培养发展学生心理健康水平的技术和技能。

学生心理健康的培养是通过教师的教来实现的，教师除了要具备充分的心理学理论知识，还要了解不同年龄段学生的健康心理、健康品格形成的规律，了解广大学生的需要，善于从心理角度去观察、看待和分析学生在各种体育活动中存在的各类问题，并通过积极有效的方法和活动对学生开展身心健康教育，做到有的放矢。

2. 优化体育教学设计

在体育教学中，教师要精心设计教学中的各个环节。如在学习体操、田径项目时，教师应重视培养学生勇敢、果断、顽强拼搏的精神，教育学生对应做的事要坚持不懈，让学生体验到战胜自我、超越自我、享受快乐体育的喜悦感，树立自信心。

3. 营造氛围，促进沟通

在体育教学中，教师要指导和帮助学生正确处理好同伴、小组间的关系，鼓励学生多与他人沟通，扩大自己的生活领域，学会与他人和睦共处，丰富自己的生活情趣。

4. 组织形式多样的体育竞赛活动

让学生在比赛中体会与人竞争、与己竞争的乐趣，让他们在竞争中超越自我，不断强化其竞争意识和自强意识；小组间竞赛还培养了学生的团队精神和协作意识。体育教师要善于抓住矛盾冲突、挫折失败等偶发事件，及时指导学生如何调控情绪、理智分析与冷静处理，从而提高学生抗挫折能力、心理调节能力和应急能力。

（五）体育教学中的误区

1. 认识上的误区

部分体育教师认为体育的教学任务就是强健学生的体质，至于心理健康的培养是其他课程的事，因此教学中只侧重于强身健体，体育的心理方面价值未被挖掘出来；还有一种错误认识就是把体育与健康课程与心理教育课程等同起来，认为体育课目标就是培养学生心理品质，与心理课程可互相代替，这都是片面的。心理健康只是体育与健康课程的目标之一，是体育五个目标的一个领域，因而体育与健康课程与心理健康课程一样，是全面发展教育的重要组成部分。

2. 教学内容方面的误区

许多体育教师错误地认为发展学生心理健康只要让学生高兴就行了，至于技术、技能教学是无关紧要的，因而教学内容总是选择游戏性的运动项目，认为学生高兴了，学生对体育兴趣就自然会增加，至于运动技术当然要为学生的笑声让路。这种舍本逐末的做法，就某一堂课而言对学生的健康可能有着积极的意义，但是，随着学生的成长和运动技术的提高，这种游戏课自然失去市场，学生的体育活动随着游戏的消失而失去兴趣。体育毕竟不是游戏，它是建立在技术、技能的掌握基础上的。笔者围绕学生的体育参与归因，对航天中学 412 名学生进行问卷调查，71% 的学生将体育兴趣归因于运动技术、技能的掌握。但作为体育教师也不要过分强调技术，运动技能的掌握只是手段，并不是最终目的，只有掌握运动技术、技能，学生的体育兴趣才能保持下来，养成体育活动的习惯，达到终身体育的目的。

3. 教学方法与手段的误区

许多体育教师认为增加一些教学内容的难度就可增强学生的意志，或者让学生尝试失败就能让学生体验挫折，进而达到正确对待挫折的目的。其实心理健康的培养是一个潜移默化的系统过程，是按照学生的心理规律进行系统课程设计的，否则就很难达到目标；再有，学生的心理特点不同，培养学生心理健康不可能千篇一律，教师要关注个体的差异，发挥体育教师创造力，因材施教。

三、结论与建议

综上所述，体育教学可以提高学生的身体素质，同时也是培养和发展学生心理素质的重要手段和途径。体育教学与心理健康有着密切的关系，它们互相影响、相互制约。在全面推进素质教育的今天，抓住体育的特点，有意识地融入心理健康教育，对于贯彻全面发展教育方针具有重要意义。为此，要加强教师的心理健康教育，了解学生心理健康状况，优化体育教学设计，组织形式多样的体育竞赛活动，有效利用教学中的各种机会把体育与心理健康教育有机结合起来，促进学生身心和谐发展。

让每一个学生在尊重、理解、赏识、帮助中体验成功，快乐成长！

论历史教学中材料的运用策略[1]

北京市航天中学　邓　忠

历史学科的研究主要是依据历史材料进行的，“把史料作为证据，对历史问题进行探究”就如同自然科学必须要进行实验一样。普通高中历史课程标准提出“知识与能力、过程与方法、情感态度与价值观”全新的三维课程目标，因此，学校历史学习的重心不再是单纯地了解过去发生了什么，而是学习怎样去获取知识。史料教学法恰恰是通过引导学生搜集、整理、分析历史材料，激发学生发现历史问题？探究历史本质和历史规律的一种教学方法。新课程改革以来，历史教材以及试题中使用的材料越来越多，对学生阅读、理解历史材料的能力要求越来越高，因此，我们日常教学中也越来越多地使用材料辅助教学。但历史教学中可使用的材料很多，有文字、图表、地图、图片、影视、动画等；来源也很广，有历史著作、新闻、原始史料、文学著作等。对浩瀚的材料如何撷取？如何使用材料进行有效教学？本文以多年历史材料教学体会谈谈自己的一些看法。

一、材料教学中的材料应首选课本所引材料

历史材料浩如烟海，我们的教学任务本来就很重，不可能去浏览史海原文，而历史教育的专家们在编写教材时就已经给我们提供了一些材料。这些材料是对课本内容的必要补充，是经典性的资料，与教学内容密切相关，透彻明了，适合于学生分析理解相关课文知识，因此，这些材料应该

① 本文获北京市城区中小学教师培训项目教学论文二等奖。

成为我们进行材料教学的首选资料。如学习有关“九·一八”事变时，学生对“蒋介石为什么采取不抵抗政策”难以明确理解。教材中有四则材料从不同角度反映了蒋介石采取不抵抗政策的原因，我们如果有效地利用这些材料进行分析教学，学生可以清楚地了解蒋介石“攘外必先安内”的主张实质上是国民党反动派当时惧怕革命志士甚于日本帝国主义的反映，是蒋政权的阶级本质决定的。因此，我们在进行教学设计时，首先应该仔细研究书本提供的材料，然后根据历史教学目标的需要，有针对性地进行选择，适时地加以补充，这样可提高我们的备课效率。

二、应科学选取、适度地补充课外材料

历史教材一般受篇幅的限制，叙述基本上是纲领式的。内容显得过于简单化，不利于学生学习和理解。为了使学生对历史现象有深刻的感性认识，就需要教师在平时教学中补充一些跟教材中历史人物、历史事件、历史现象相关的史料，创设新情境，以拓宽学生的思维空间，增加学生的知识积累。教学实践让我认识到，越是贴近学生生活实际的材料，越能引起学生的兴趣；越是多角度的材料，越能激发学生的认识。因此，在选择材料时，应尽可能地把目光放在学生耳熟能详又一知半解的或熟悉又未引起其注意的事例，这些事例是教师稍加点拨就会引起学生兴趣的绝好材料。特别是一些地方史，如果选择恰当，会发挥意想不到的作用。如《高中历史必修Ⅱ》经济成长历程专题中对于北宋商业兴盛的内容，只有如下简单叙述：“宋代出现世界上最早的纸币，集镇、夜市兴盛”，“宋代，随着商品经济的发展，市墙、坊墙均被拆毁，坊市界限不复存在。市分散在城中，面街而设，形成街市。原先禁止设市的城郭和乡村，也被允许置市贸易了。市的启闭也不再由官方统一规定时间，出现了夜市、晓市、草市等。商业活动不再受官府的直接监视，城市的经济功能大大增强，呈现出前所未有的繁荣景象。”如此模糊性地概述，无法使学生对我国宋朝商品经济的飞跃性发展形成什么印象。如果补充《宋开封城布局图》和孟元老《东京梦华录》的一些材料，如“潘楼东去十字街，谓之土市子，又谓之竹竿市，又去东十字大街，曰从行裹角茶坊，每五更点灯博易，买卖衣服、图画、花环、领抹之类，至晓即散，谓之鬼市子。以东街北，赵十万宅，街南中山正店。……又投东则旧曹门，街北山子茶坊，内有仙洞、仙桥，仕女往往夜游吃茶于彼。又李生菜小儿药铺、仇防御药铺……以东牛行街，下马刘家药铺，看牛楼酒店……”学生就可以看到一幅丰富多彩的宋朝开封城市生活画面。再让学生读另一则材料：“宋朝时期，城市开始大规模出现，首次出现了主要以商业，而不是以行政为中心的大城市。其中具有百万人口的城市就有两个，汴京和临安。宋朝人口超过20万的城市有6个，宋朝10万户以上的城市由唐代的十几个增加到46个。在宋代，逐渐打破了坊市格局，街道上随处可以开设店铺。北宋开封已经有6400多家大中型工商业者，8000～9000家小商小贩。宋代新兴的市民阶层的诞生，安逸的生活使宋人消费意识浓烈，酒楼、茶坊适应商业大潮，如娱乐场所瓦子，都通宵营业。”读完这些材料，东京城的商业活动盛况跃然纸上，再让学生观看《清明上河图》，直接感受当时商业繁华的景象，学生很容易理解并掌握“宋朝商业繁荣、城市发展”这一重要知识点。

同时，在选取补充的材料时应注意科学的鉴别。历史资料是重构历史最重要的客观基础，必然会融入了历史记载者的个人好恶和观点、立场，有真伪、偏全、粗精之分，这就要求选择史料时要对搜集的材料进行比较、剖析、鉴别，只有在史料的真实性得到充分肯定后，才能利用它们对史实进行分析并得出结论，否则所得出的结论就站不住脚，而所做的一切也都将徒劳无功。

在具体的历史教学过程中，我们还应该注意合理取舍材料，要围绕教材的重点、难点和课程标准的要求，选用那些最具情境性、典型性、深刻性和启发性的材料作为历史教学素材，这样才能有的放矢地对学生进行有针对性的历史思维能力培养和创新能力的训练。

三、科学运用史料进行教学

不同年级、不同年龄段的学生，由于心理特征、思维发展水平、知识储备程度的不同，对史料的接受能力也不一致。这就要求选取史料时应注意材料的层次性和渐进性。如对低年级学生应多用一些直观形象的、通俗易懂的、间接的史料，对高年级学生则可以用一些理论性较强的、第一手的、原始的史料。在史料教学时的要求也要有层次性和渐进性。如对低年级学生重点培养阅读和概括能力、简单的分析综合能力，而对高年级学生则要求发展思维能力和自主分析问题的能力。通过用史料设置一些梯度型问题，逐渐增加难度，等到某个阶段，学生的思维有了明显的发展，能力有了明显的提高，再提出进一步的能力要求。

在历史教学过程中，如果在学生似明白处出示材料，创设新情境，引导学生从另一个角度、另一个侧面思考，那么学生的学习兴趣可以进一步激发出来，学生思维的灵活性也会大大提高，如果在教学枯燥乏味处出示材料，可以激发学生的学习兴趣，活跃思维；如果针对教学内容的重点、难点出示材料，在理解知识点的关键处根据材料设置问题探究，既能突出教学重点、突破教学难点，使学生形成系统的知识结构，更会使其形成分析与概括历史问题的思维方法；如果联系热点问题设计材料，还可以拉近历史与现实的距离，推动历史教学向现实性方面发展，让历史教学焕发出新的生命力。

总之，在高中历史教学中，材料教学越来越重要，我们必须科学地撷取历史材料、合理地使用材料，才能有效地提高历史教学成效，充分发挥历史材料教学的实效性。

用“勤”来鞭策自己，用“钻”来提高业务，同“爱”来呵护幼苗，用“心”来感化学生。

初中劳动技术课课堂教学有效性之感悟[①]

北京市航天中学　刘小红

随着课程改革的不断推进，教师们普遍感觉要传授的知识增加了，要探究的内容增多了，而时间却总是太少了，课堂教学有效性逐渐成为了教育教学关注的焦点。课堂教学的有效性是课堂教学追求的永恒主题，课堂有效教学是以全体学生的发展为根本理念，是师生追求的最高境界。关于课堂教学，叶澜教授有“五个实”、郑金洲教授有“十化”、崔允郭教授有“12 字”，各个专家都有自己的看法，没有统一标准。但他们共同关注的对象都是学生，共同关注的阵地都是课堂。

一、什么样的课堂算得上是有效的课堂

新课程改革专家从专业角度认为，课堂教学的有效性是指通过课堂教学使学生获得发展。发展就其内涵而言，指的是“知识、技能”，“过程、方法”和“情感、态度、价值观”（三维目标）的协调发展。亦即：学生在认知上，从不懂到懂，从少知到多知，从不会到会；在情感上，从不喜欢到喜欢，从不热爱到热爱，从不感兴趣到感兴趣。课堂教学有效性的特征或表现很多，但核心一点是看学生是否愿意学、主动学以及怎么学。课堂教学有效性虽然表现在不同层次上，但学生发展是衡量教学有效性的唯一指标。从时间上来说，即当前发展和终生发展。任何一个有效教学必定要促进学生当前发展，同时又对学生长远发展产生影响，还要关注学生的

① 本文获北京市第三届“智慧教师”教育教学研究成果征文三等奖。

未来发展、可持续发展。

二、课堂有效性教学的尝试

（一）劳技课堂教学与生活实际相联系

“以学生的发展为本”是课程改革的核心理念，是我们教学的出发点和立足点，在劳动技术教学中，教学的方法和手段越贴近学生实际，学生学习的积极性就越高，对所学的知识更能理解、接受和掌握，学习的效率也更高。劳动技术课程与其他课程的最大区别是它的实践性，也就是以技术理论为指导，以解决实际技术问题为途径，来开展教学实践活动。众所周知，技术来源于劳动和生活实践并应用于劳动和生活实践，即“从生活中来，到生活中去”。生活是课堂教学内容的丰富来源，技术本身是在人们的生产、生活中产生的。

学习的目的不是为了把知识储存于大脑之中，而是要落实到运用知识的能力，去解决不同情境中的实际问题。显而易见，劳动技术课程应该为学生提供形成综合能力的平台，让他们在活动中体验、感悟、获取、拥有。按照这样的思路去设计课堂教学，要求我们有意识地加强“生活教育”的思想，一是课程内容贴近学生的年龄特点，二是贴近学生的学习心理，三是贴近学生已有的知识和经验，四是贴近学生的生活实际。因此我在课堂教学中，在引入新课或讲解某个知识点时，常常是先创设问题情景，既有从日常生活的实际引入，也有从自然界的现象讲起，又有从学生身边的实例出发等，力求真实、生动、直观而又富于启发性，引起学生极大的学习兴趣。例如在“植物栽培”劳技课上，我运用多媒体课件进行植物看一看、猜一猜活动，即把在学生生活中常见和常吃到的草莓、番茄、马铃薯、水稻、辣椒等植物的茎、叶、花等器官，让学生猜一猜它们的名称。运用学生生活中常见的植物，让学生联系生活实际，使学生感到劳技学习确实有用，想学下去。让劳技课程尽量与生活实际联系起来，把生活资源转化为课程资源，学生参与课堂的积极性就会提高，就会跟随劳技教师走入学习劳技的殿堂。

（二）激发学生学习兴趣，培养学生探究潜能

谁都知晓，有兴趣，才有热情。兴趣是学习最好的老师，这是教师们的共识。由于劳技课其本身特点与生活实践联系非常紧密，学生感到能学以致用，刚刚接触时都非常感兴趣，但关键是学生的这种兴趣能否保持下去。怎样让这种兴趣持续，继而真正意义上让劳技课成为一种有意义的学习活动，那就要求劳技老师认真设计每一堂劳技课，能丝丝入扣，让学生

这种学习兴趣循序渐进，持续高涨。在课堂教学中培养和积累学生对本学科的学习兴趣，对教师成功实现有效性教学是很有帮助的。

1. 创设新颖的教学情景，进行有效的新课导入

良好的开端等于成功的一半，把每节劳技课的导入设计好，有利于调动学生学习的积极性，激发学生的求知欲望和提高教学效率，因此创设新颖的教学情景对实施有效教学显得尤为重要。比如在“植物栽培”劳技课上学习含羞草这种植物时，先让学生轻轻触摸含羞草叶片，感受一下含羞草是否会“含羞”；然后再让学生进行分组讨论，在学生自主探究的基础上再播放视频展示含羞草的特征，并解释含羞草“含羞”的原理。通过这种生动、直观的情境导入来激发学生的学习兴趣，有效地调动学生的学习积极性。学生在课堂上开展讨论，也加深了他们对知识的理解与掌握。尽管每堂劳技课的导入过程很短，但在整个课堂教学的作用是不可小视的。

2. 注重自主探究过程，提高劳技课堂教学有效性

在新课程教学中，要大力推进教学方式的改革，变知识传授为学生自主学习，主动探索知识。教师是学习活动的组织者和引导者，带着知识走向学生，不过是“授人以鱼”，带着学生走向知识，才是“授人以渔”。教师是学生成长的引导者、学生发展的领路人，而学生本人才是学习的主人、发展的主体。

首先，在劳技课课堂教学中让学生在动手操作中领会新知识。教师根据新课内容，抓住学生的年龄特点、认知特点和好动的天性，把新课内容设计成探索性、开放性问题，增强学生自主学习的意识，使学生成为学习的真正主人。如在“陶艺”中软陶的课堂教学中，通常先给学生展示一种制作技法，然后让学生思考“如何运用此种技法制作作品”，在此教师引导学生在猜想中去感知、去观察、去比较；鼓励学生学会发现、学会质疑；引导学生突破原有的思维定势，通过尝试和探索，对原有的制作方法、设计思路等进行改革和创新，充分体现了劳技课的自主实践的课堂教学理念。

其次，在劳技课课堂教学中让学生在合作交流、讨论中获取知识要点。这样让学生根据自己的兴趣和需求，选择自己喜欢的学习伙伴进行合作学习，不仅能最大程度地激发学生的学习兴趣，而且有利于各个层次学生的交流和发展。而教学过程中形成的“组间竞争、组内竞争”，更能将传统教学中师生之间的单向交流或双向交流改变为师生、生生之间的多向交流。例如在“纸艺”中纸模服装作品创新设计的教学中，就让学生根据自己的能力选择小组，并共同合作完成纸模服装的创新设计方案，相关材

料的准备、合理分工制作完成作品等环节，进一步体现了劳技课程的以学生为主体的课堂教学特色。

3. 指导有效性，使学生会学

教师是教学的指导者和组织者，不能只强调学生主体地位而忽视教师的主导作用。在劳技课堂教学中教师要积极发挥其主导作用。既不能放任自流，又不能简单地全部进行指导，扼杀学生主观能动性的发挥。在动手实践过程中，教师要鼓励学生自己发现问题、思考问题、解决问题，最终掌握技能；培养学生敢于创新、勇于实践、乐于探究、善于合作的精神。教师要注重对学生思维过程的指导，并启发诱导学生作有效的思考，让学生掌握科学的方法论。在动手制作、成品设计等不同课堂教学中，教师要根据不同的教学内容，利用图片、多媒体、实物等多种手段，给学生提供直观、感性的认识，突破教学的难点，促进学生多种技能的掌握和形成。

（三）充分发挥多媒体的教学作用

多媒体教学以其生动、形象、直观、使用方便等优点，在辅助教学方面有着无可比拟的优越性，通过它可以变抽象为具体，变静态为动态，将微观过程变成清晰展示，从而降低学习难度，调动学生的学习积极性，顺利突破教学难点，是提高课堂教学有效性的有效途径。

劳动技术课实践性较强，采用幻灯、投影、录像、视频等多媒体教学手段，通过直观、生动的画面，创设生动的教学情境，很容易激发起学生强烈的学习情趣和求知欲，从而取得良好的教学效果。例如在“木艺”劳技课上，利用信息技术，特别是利用摄录技术来摄制、编辑、重放操作过程，对关键步骤和技巧进行放大、分解、透视，并适当插入指导说明，强化重点，突出难点，会收到事半功倍的效果。例如，讲授“植物栽培”时，我们可以从选种、育种、栽培、管理、保护等各个环节入手，分期进行摄录，然后组合编制成教学资料，让学生集中观看，强化学习效果。又如，在讲解一些具体操作时，老师在讲台上进行实际操作演示，学生只能看一个大概，对于一些细节没法看清楚，在随后的技能操作中就可能不符合要求，利用实物展台和多媒体投影仪，将老师的示范过程放大，学生就看得清清楚楚，减少了教学难度，从而更有效地完成技能练习。

（四）运用激励的教学评价

新课程标准要求教师能运用新型教学评价理念在课堂上正确地评价学生。教师教学过程中的评价、学习成果的评价、教学的阶段性评价等都将是课堂教学有效性的影响因素。在课堂教学评价过程中，教师还应做到尊重、关心和信任每一位学生。

劳技课的操作性很强，课堂教学评价是为了促进学生解决问题、交流思想、呈现信息、学会如何学习等方面能力的提高。在合作小组都解决了所确定的问题，或对问题的解决达到了某一阶段之后，应给学生提供一个讨论交流的机会，让学生将自己的成果展示给同学，与同学共享自己的成果。这一环节就是给学生提供一个相互交流和讨论的机会，让他们相互之间共享资源、方法、过程和成果。在小组展示完成果之后，教师组织多种形式的评价，如互评、教师评价、自我评价等。最初组织小组讨论和自评、互评时，整个课堂教学组织感觉有些乱，有些学生碍于面子放不开，教师针对具体情况进行调整，大胆尝试各种评价的方式和方法，逐渐的学生参与的热情不断提高，提高了学生劳技学习的自信心，增强了学生的成就感，在互评的过程中学生不断碰撞出新的火花，极大地促进了课堂教学的有效性。

总之，劳动技术课程融科学、技术、人文于一体，涉及设计、材料、工艺、能源、环境等技术领域。通过技术活动，实现知识内化，提升综合运用的能力。教学是一门艺术，劳动技术课的教学也是如此。为实现课堂的有效性教学，要求教师必须不断学习新课改理念，更新自己的教育观念，提高自己的信息技术素养，还要结合自己和学生的特点，在教学实践中形成自己有特色的教学风格；要灵活利用多种教学方法和手段，注意培养学生的学习兴趣，使学生用最少的时间能获取最多的知识与技能，有效地培养学生自主学习的能力，有效地提高学生的劳动技术素养，将“学会教学”与“学会学习”结合起来，激发教师的创新能力和智慧，生成精彩的高效课堂。

教师的工作需要在实践中积累，在反思中提升，在探索中创新。

论多媒体课件在化学教学中的应用①

北京市航天中学　陈海玲

随着教育改革的推进和深入，信息技术已成为推动教学改革的重要手段。在化学课程标准中特别指出，学校应积极组织和鼓励教师开发联系当地生产实际和反映科学技术研究成果的教学资源，应用和研制化学教学软件，利用网络化学教育资源等。事实上，现代信息教育技术赋予了传统教育新的内涵，使课堂更加丰富多彩，激发学生兴趣，培养学生探究能力，使课堂成为师生共同发展的空间。化学是一门充满神奇色彩的科学，它通过探索那些肉眼看不见的粒子——原子、分子的特征行为，引导人们来认识整个物质世界。化学也是一门以实验为基础的自然科学，信息技术与初、高中化学教学的整合，把化学的神奇用学生易于接受的方式呈现出来，从而使化学学习变得轻松愉快，而且效果突出，学生印象深刻，思维活跃。在教学中笔者深刻感受到信息技术多媒体作为新生事物，在课堂教学中显示出了强大的生命力。笔者在教学中也进行了初步探索，适时恰当使用多媒体课件，提升了教学效果。

一、应用信息技术，使用多媒体激发学生的兴趣，同时体会化学与社会发展、化学与人们生活质量提高的密切关系

爱因斯坦说过，“兴趣是最好的老师”；孔子曰“知之者不如好之者，

---

① 本文获北京市第三届“智慧教师”教育教学研究成果征文二等奖。

好之者不如乐之者”。心理学研究表明，人们对自己感兴趣的事物总是渴求探索它、认识它，当学生带着兴趣参与学习活动时，往往伴随着积极的情绪，积极的情绪会使学习探究的效果更加明显。而多媒体的使用在提高学生兴趣方面有着重要的作用。例如，在进行高中化学“引言”课的教学中，笔者从网上下载了大量的图片，经过分类，按照吃、穿、住、行等方面突出“化学使我们的生活更美好!”这一主题。食品添加剂的使用使我们的食物色香味俱佳，但是过量使用食品添加剂会危害人体健康，使学生能够辩证地看问题和分析问题，同时感到化学就在我们身边。通过一幅幅体现化学与生活的图片，再通过问题引导学生边看边思考，极大地激发学生的兴趣，为学习化学打下良好的基础。为了使学生认识化学与生产生活的关系，笔者特意找到生产自来水的短片、炼铁和炼钢的短片、酿酒的短片等进行播放，让学生感受到化学与生活生产如此贴近，认识化学的价值，从而提高学习化学的兴趣，以及学习化学的使命感。在笔者上的一节区研究课“化学与生活高考专题复习”课上，笔者结合环境污染热点问题制作课件，引发学生的思考，使学生树立环境保护的意识；在“金属的腐蚀和防护”课上，笔者用动画演示了析氢腐蚀和吸氧腐蚀，使学生弄清楚二者的本质区别。

二、应用信息技术，使用多媒体可以增强直观性，把微观粒子宏观化，帮助学生理解化学反应的本质及抽象概念和理论

（一）揭示化学反应的微观过程和反应本质

化学是在原子、分子水平上研究物质的组成、结构、性质及其应用的一门自然科学，但是在化学反应中分子、原子这些微观粒子的运动和变化我们无法看见，学生很难从微观的视角上分析、理解化学反应的实质，只凭着教师的讲是无法让学生透彻理解微观世界的。而多媒体技术却有着得天独厚的优势。例如，在讲“探究水的组成”时，笔者通过多媒体课件模拟水分子分解的微观过程，将每个水分子分解成两个氢原子和一个氧原子，每两个氢原子结合成一个氢分子，每两个氧原子结合成一个氧分子的过程清晰地展现在学生面前，学生就很容易理解水电解的实质了。又如，在讲氯气和甲烷在光照条件下的取代反应时，笔者使用多媒体课件，向学生展示甲烷中的碳氢键断裂，氯气中的氯氯键断裂，氯原子与碳原子形成碳氯键得到一氯甲烷，氢原子与氯原子形成氢氯键得到氯化氢，因此，一个取代反应至少有两种产物，该反应还可以继续进行，直至甲烷中的氢原子都被氯原子替代。通过多媒体演示，学生很容易就理解了取代反应的概

念。又如：乙酸和乙醇反应生成乙酸乙酯和水，学生不清楚是乙酸中的羟基与乙醇中的氢原子结合成水，还是乙酸中的氢原子与乙醇中的羟基结合成水，笔者通过多媒体动画演示，将乙酸中的羟基与乙醇中的氢原子用不同的颜色标示出来，动画开始后，乙酸断裂了碳氧键，乙醇断裂了氧氢键，羟基和氢原子相遇结合成水，学生一目了然，该反应的机理是“酸脱羟基，醇脱氢”，学生印象非常深刻，这是教师用多少语言都达不到的效果。而这部分内容，在2011年高考选择题中就进行了考查，由于笔者的学生通过课件理解深刻，这道题的正答率很高。

（二）运用多媒体帮助学生理解抽象的、肉眼看不到的、难以用语言表达的理论和概念，把微观粒子的运动状态表现出来，使学生对规律、原理的理解更深刻

在讲到电解质溶液时，笔者运用动画让学生理解电解质在水分子的作用下解离成离子的过程，电离不需要外加电源。氯化钠在水分子作用下解离成钠离子和氯离子进入水中，形成能够自由移动的水合钠离子和水合氯离子，这就是电离过程。当向电解质溶液中插入两个电极，连接直流电源后，水合钠离子及水合氯离子定向移动，使电流通过，这就是电解质溶液导电的原因，如果只凭教师讲，学生很难理解。使用多媒体动画，学生一边看，一边思考，很快就明白了。在后边讲电解内容时，在此基础上，演示阴阳离子定向移动后，阳离子在阴极上得电子，发生还原反应，生成新物质；阴离子在阳极上失电子，发生氧化反应，生成新物质，这个过程发生了化学反应，这就是电解。学生通过动画理解了“电解质溶液导电的过程就是电解过程”这一规律。在讲“阿伏伽德罗定律”时，首先要让学生理解决定物质体积的因素有三个：粒子数的多少、粒子的大小、粒子之间的距离。为了形象直观地表现这个关系，笔者做了几张三维动画。第一张：相同大小的球，相同距离，10个一堆、20个一堆、50个一堆，学生比较体积大小；第二张：都是20个球，球的距离相同，但球的大小不同，比较两堆儿的体积大小；第三张：同样是20个球，球的大小相同，但是球之间的距离可以变化，看距离是怎样影响体积的。为了做这几张动画，笔者向计算机老师请教，花费了很多的时间，功夫不负有心人，这几张动画发挥了很好的作用，学生很快就总结出决定物质体积大小的因素：粒子的多少、粒子大小、粒子之间的距离。这就是多媒体与化学教学整合的神奇之处，一些教学难点很快得到突破。笔者尝试着运用信息技术把微观粒子运动规律呈现出来，从而有效地辅助化学教学。

三、信息技术与化学教学整合，可以加大教学过程互动的范围，使更多的学生参与其中

多媒体课件的使用可以使师生互动，使单向的教学活动变成双向或多向的教学活动。使用多媒体课件，学生在模拟真实实验时呈现的对与错，教师能及时了解学生掌握情况，运用恰当的教学策略，指导学生进行有针对性的学习。例如，在复习气体的制取方法时，一般有三种类型：固体与固体在加热条件下反应、固体和液体在加热条件下反应、固体和液体在不加热条件下反应。由于反应物状态不同，反应条件不同，需要选择的仪器也不同。由于制出的气体性质不同（难溶于水、易溶于水，比空气密度大还是小等），选择的收集装置也不同，如果通过在实验室做实验的方法来提高学生的认识能力，一方面需要的仪器多，另一方面也无法让所有学生都能亲手选择仪器。而应用多媒体课件，在电脑上给出不同的仪器，要求学生自己选择不同的仪器进行组装，在鼠标的拖动下，选择的仪器就可以组装到一起，这是对真实实验的模拟。两个学生一组，使用一台电脑，两个人可以讨论研究，教师在巡视中，发现学生的问题，立即进行纠正，这样把单向的教学活动变成每个学生都能参与的活动，培养了学生的探索和创新能力，熟悉了各种仪器的性能和用途，巩固了选择制取气体装置的原则，充分调动了学生的学习积极性，收到非常好的效果。又如，有机化学“同分异构体的书写”是学生感到非常困难的一部分内容，为了使学生能掌握书写方法“成直链一线牵，往边排，不到端，支链从同、邻到间”，笔者应用多媒体课件，先写出碳价结构，当切断不同数目的碳原子时，在不同的位置连接，观察所得的物质是否不同于已写出的物质，用鼠标拖动，不同的原子团就像搭积木一样，形成不同的物质，学生对书写同分异构体的方法有了感性认识，再配以相应的练习，通过多媒体课件达到每个学生动手动脑的目的，同时突破了这一难点，提高了教学效果。

信息技术与化学教学整合，多媒体课件辅助化学教学是一个不断探索的过程，同时也是一项需要付出艰苦劳动的过程。为了提高学生兴趣，优化课堂教学，取得显著教学效果，笔者在教学中进行了尝试，体会到恰当地使用多媒体课件对教学能起到很好的辅助作用，收到事半功倍的效果。在今后的教学中，笔者还需要不断提高信息技术水平，如对语音、图像、声音、文字的综合处理能力，设计与制作出更好的课件，同时善于运用网络资源，更好地将信息技术与化学教学整合，充分发挥多媒体课件的作用，使学生更加喜欢化学，更好地体现化学课程的特色，提高学生的科学素养，使化学在提高人类生活质量、促使人与自然和谐相处方面发挥重要作用。

在和学生的交流中，心灵的碰撞让我们彼此共同成长。

受伤的天使

——一个中学生人际交往的心理咨询案例①

北京市航天中学　何　力

一、案例概况

Y是一名高一女生，性格开朗，人缘很好，很受同学们欢迎。她和班里很多同学相处得都非常好，但是和最好的朋友D（在班里人缘不太好，朋友很少）相处得却并不那么愉快。D不允许Y和班内其他同学成为好朋友，希望自己是Y唯一的好朋友（Y很不理解，她觉得大家在一起玩更开心），并且不只一次的用自杀来威胁Y。Y对此很无奈也有些恐惧，因此顺着D的意思慢慢地和班里的其他好朋友疏远了。朋友们能理解Y的难处，就在私下里偷偷和Y交往。班内有个同学W对这事看不过去，觉得Y不应该受到这种折磨，决定从D的手中解救出Y，但是事与愿违。三个人陷入了更大的冲突和矛盾之中。一次争吵之后，愤怒的Y在楼道里晕倒了。醒来之后，嘴里一直念着一句话："他们都骗我。"

Y的问题是典型的"中学生人际交往问题"。具体地说，她没有掌握必要的交往技巧，而是以退让和容忍作为解决问题的方式。她对于和D交往已感到身心疲惫，她受到要挟的恐惧感和担忧感没有得到宣泄，压抑在了自己的内心深处。她不敢也不知道如何拒绝D的不合理要求，尽管和同

① 本文获北京市第三届"智慧教师"教育教学研究成果征文二等奖。

学们相处得很好，但是内心的真实想法没有办法和其他同学交流，周围的同学也给予不了她真正需要的帮助和支持。

二、原因分析

Y在与D的交往中存在着较大的问题，她需要掌握更恰当的交往技巧，建立更合理的交往模式。但作为当事人，Y必须有足够的勇气去面对当前的困境。这就需要教师帮助她重建交往信心。她受到班里同学的喜欢，和班里同学相处得都很不错，这是她获得解决问题信心的最大资本和精神支柱。Y有过成功的交往经历的体验，这对于她学会交往技巧是极其有帮助的。

三、辅导过程

针对Y的情况，我采取了三个步骤。

步骤一：宣泄不良情绪

第一个步骤是帮助Y宣泄出她的不良情绪，调整她的心态，使她愿意面对她和D之间的交往问题。

Y已经陷入了恐惧的沼泽中，认定自己如果不迁就D，D真的可能会自杀。在我们的交流过程中，我了解到当她和周围的朋友诉说她的恐惧时，周围的朋友认为D只是随口说说，他们忽略了Y的真实感受。Y觉得他们不能真正地了解她的感受，也就不愿向同学诉说。这表明，她在压抑自己恐惧的感受，没有把这种不良的感受宣泄出来。因此，我首先要做的事情，就是促使Y宣泄出内心的恐惧感，并对此尽量表现出理解。

具体地说，我一再承认Y当前的交往状况是她人生中前所未有的，所以她现在的情绪反应是自然的，并且她在处理朋友关系上作出了很大的努力，她很善良也很不容易。“Y，你现在真是活得很辛苦，我非常理解你此刻恐惧、担忧的心情，我想如果我面临你现在的状况，我也会感觉很不好受的。”听了这句话，Y的眼睛里闪着泪花。

我还告诉Y，你产生的种种焦虑与恐惧的情绪是正常的，当我们面对这种状况时绝不只你一人会有这种反应。我把我自己的故事讲给Y听，她听得很入神，并表现出如释重负的样子。产生这种“原来许多人也同我一样”的平常感，对于Y不良情绪的宣泄十分重要。它使Y意识到，还有许多人像她一样感到担忧、恐惧，感到压抑。所以，她无需过于压抑自己的内心痛苦。

在这里，我运用了自我披露的咨询技巧，为的是缩短我与Y之间的心理距离，增进她对我的信任及对咨询的信心。此外，我这样做，是为了不在她面前摆出一副说教的样子，以居高临下的姿态去教诲她怎样做才是正确的。相反，我竭力让Y感到我们是平等的，使她确信自己也会有能力去处理目前出现的状况。我在她面前表现出的亲切感、平易感，为的是使她在不知不觉中重建自信心。

步骤二：分析状况中存在的问题

我问Y她怎么看待D要求她不能和班里其他同学成为好朋友这件事情的时候，Y反问了我一句"大家一起玩不好吗?"从这句话中我感觉到Y其实并不愿意接受D提出的不合理要求，但是迫于无奈只能被动接受。我试探性地问Y有没有想过拒绝这个要求呢？Y告诉我她想拒绝D，但不知该如何做。我首先帮助Y分析了D提出的要求的合理性，进而引导Y去分析接受这个要求的结果和拒绝这个要求的结果。然后让她自己去进行对比，选出更适合解决问题的方法和手段，就是在别人提出不合理的要求时要敢于拒绝，并且表达出自己的想法。

当谈到这一段时间以来她默默承受的压力时，她低下了头，发出了轻轻的哭泣声。她说在她内心充满恐惧和担忧的时候试图通过和朋友们诉说来获得帮助，但是朋友们的态度让她放弃了这种做法。我问她平常有些心里话会和谁说，她告诉我就是和周围的朋友说，再就是自己扛着不和任何人说。从这点我判断她的社会支持系统比较单一，就只有周围的同学，而缺乏能够理智、成熟处理问题的人员，使得她的社会支持系统没有起到有效的作用。因此我问她有没有想过多找一些可以倾诉的对象，比如妈妈或者她可以信赖的成年人。她告诉我其实学校有她喜欢的老师，也愿意和老师交流，妈妈总是唠唠叨叨的，有事情不太愿意和她说。我觉得有必要帮助她梳理、完善她的社会支持系统。

步骤三：采取具体行动

1. 帮助她学会区分不合理的要求

在这里举一些例子，让Y来判断哪些要求是合理的，哪些要求是不合理的，并让她表达出自己的看法。根据她的看法引导她思考自己不能够接受的不合理要求，并归纳总结出标准。

2. 教授拒绝的技巧

我告诉Y在别人提出不合理的要求时可以运用什么样的语言、态度进行拒绝，并在咨询中和Y进行角色扮演，体会拒绝他人的感受和被人拒绝的感受，掌握拒绝的技巧。这样也能激发Y在日常的生活中运用拒绝的手段处理问题。

3. 帮助完善她的社会支持系统

让 Y 在纸上列出她信任的人，包括同龄的朋友、同学以及老师、家长等，和她讨论在遇到不同问题的时候会选择和谁来诉说，帮助她补充和完善她的社会支持系统。我还告诉她建立支持可以是一步一步的，也许现在只有你周围的朋友，但是随着和其他人的不断交往，你会找到新朋友，你的社会支持系统就会不断壮大，这样当你遇到不同事情的时候，你就可以选择你认为适合的人倾诉。

经历过这件事，Y 成熟了许多。我知道，她会用正确的方式处理好人际交往中出现的问题。

四、案例反思

从这个案例中我体会到，中学生人际交往问题是一个具有普遍性和典型性的问题。从理论上来说，儿童时期的个体在情感上最依恋的对象是父母，与同伴的交往需求并未明显地表现出来。进入青春期后，自我意识水平不断提高，独立意识不断增强，他们要求摆脱对成人的依赖，情感依恋的重心自然从父母转向了同龄伙伴，并且这种需要随着社会化的加深，表现出越来越强的倾向。在国外的一项调查中发现，无论是犯罪青年还是一般青年，大多数人在中学时期结交的朋友最多。国内的研究（杨瑞丽，1984）也表明，无论是青年工人还是大学生，认为在高中阶段交友最多的占第一位，认为最好的朋友是在高中结交的也占第一位。可见，青少年时期，是交往需要快速发展的时期，并且这种需要在高中阶段（16 ~ 18 岁）达到了高峰。

同时，青少年交往的社会化水平日益提高。如前所述，交往需要是随着自我意识而发展的。随着青少年自我意识的日益发展，不仅其交往需要日益强烈，而且随着年龄的增长，其交往的社会化水平也日益提高。

在高中阶段，随着交往需要的进一步发展，学生交往的特点有了明显变化。首先，交友圈子扩大，大多数学生都有 3 ~ 5 个亲密的朋友，1 ~ 3 个关系最密切的朋友。其次，交友的标准明确化，主要表现为交友选择的随机性减少，转向以性格、兴趣爱好、对事物的共同看法等标准选择交友对象，对交往表现出更大的主动性。如在一项调查中（易法建，1992）发现，高中生最重视的友谊标准依次是“兴趣相似”、“弥补不足”和“性格、思想好”。但是现在的孩子基本上都是独生子女，在家里已经形成了很强的自我中心意识，处处从自己的利益出发，完全从自己的角度、以自己的经验去认识和解决问题，似乎自己的认识和态度就是他人的认识和态度，盲目地坚持自己的意见。一味希望别人能听从自己，为自己服务，而不考虑付出。所以他们的交往中充满了矛盾和冲突。

从现实操作的层面上来说，作为心理教师我们应该通过自己的专业知识，运用更广泛的方式，比如通过心理课、以人际交往为主题的团体辅导等方式，帮助学生们树立正确的人际交往观念，帮助他们掌握恰当的人际交往技巧，帮助他们获得合理的处理问题的手段，以便他们在日常生活中能够处理好自己的人际关系，为他们将来走向社会打下良好的基础。

让学生敢于面对纵横交错的新世界，不断发芽滋长。

“气体摩尔体积”教学设计[①]

北京航天中学　毛冬梅

一、指导思想与理论依据

瑞士心理学家皮亚杰的认识论被称之为建构主义理论。它主张学习是学习者主动建构自己知识经验的过程，是通过新经验与原有知识经验的相互作用而不断充实、丰富和改造自己已有知识经验的过程。它强调学习的主动性、实践性、创造性和社会性，并对学习与教学提出了许多新的见解和思想。

本节课是在建构主义理论的指导下，以必修 1 模块学习要求和课程标准为依据，以气体摩尔体积为知识依托，对建构主义教学模式的一种尝试。

二、教学背景分析

（一）教材分析

第一章第二节《化学计量在实验中的应用》由物质的量的单位——摩尔、气体摩尔体积、物质的量在化学实验中的应用三部分组成。气体摩尔体积的学习深化了学生对物质的量及其单位的理解，使学生在深入理解、巩固和运用已学概念的基础上，进一步理解微观粒子与宏观气态物质之间的联系，为今后学习有关气态反应物和生成物的化学方程式的计算，以及学习化学反应速率和化学平衡打下重要的基础。

---

① 此文获得北京市教育学会化学教学研究会教学设计评选二等奖。

教材在复习物质的量的基础上，通过计算让学生认识到了1mol气体在同温同压下的体积相同，而1mol固体和液体在同温同压下的体积不相同。而对宏观的现象要作出微观的解释，就需要学生有抽象的空间想象力，这是一个教学难点。借助于物理课上学过的温度和压强可以影响气体分子间的距离，学生可以比较顺利地突破难点。通过分析和讨论，将气体摩尔体积的概念呈现在学生的面前，此时，全面、深刻地理解此概念又是教学上的一个难点。

（二）学习目标分析

课程标准	必修1模块学习要求
3. 认识摩尔是物质的量的基本单位，能用于进行简单的化学计算，体会定量研究的方法对研究和学习化学的重要作用	1. 了解气体摩尔体积的涵义 2. 了解m、M、N、n、c之间的关系，能用它们进行简单计算 3. 体会定量研究的方法对研究和学习化学的重要作用

（三）学习目标

学生在初三已经掌握了微粒构成物质的初步知识，前一课时又学习了物质的量及其单位的涵义和应用，知道了物质的质量和物质的量以及微粒数之间的换算方法，此时引入气体摩尔体积恰逢其时。物理课上学习的物质三态的变化，温度压强对气体体积的影响，都为本节课的学习作了很好的知识准备。

（四）教学方式说明：类比、探究、归纳讨论

（1）把课堂交给学生：课堂上尽可能地让学生独立完成学习任务，提供让学生大胆发表自己想法的空间，加强过程与方法的培养，使其养成良好的思维方法，并内化为自己终生受用的方法。

（2）以概念探究和理论探究为主要教学方式：引导学生主动参与小组探究，让学生在旧知识的基础上，能主动尝试从化学的角度运用所学知识和方法面对新问题，寻求解决问题的策略。

（3）类比联想：以连接物质质量和物质的量的桥梁是摩尔质量，连接微粒个数和物质的量的桥梁是阿伏伽德罗常数（摩尔个数）为类比对象，学生很快意识到连接气体摩尔体积和物质的量的桥梁应该叫气体摩尔体积。

三、本课教学目标设计

（一）知识与技能

（1）使学生了解气体摩尔体积的概念。

（2）了解气体的体积与温度和压强有密切的关系。

（3）了解影响物质体积的因素，学会从微观角度分析宏观问题。

（二）过程与方法

（1）通过演示分析电解水的实验，培养学生观察、类比分析、总结归纳能力。

（2）通过学生讨论探究决定物质体积大小的因素及微观分析等活动过程，认识物质的宏观现象和微观本质的关系。培养学生的空间想象能力、抽象思维能力和计算能力。

（3）采用从微观到宏观，从感性到理性，从特殊到一般，从一般到特殊的研究方法，帮助学生形成概念。

（三）情感态度价值观

（1）创设宽松和谐的学习氛围，发展学生学习化学的兴趣，及时挖掘不同层次学生的闪光点，树立学生的自信心。

（2）调动学生参与概念形成的过程，体验科学探究的艰辛与喜悦。

【教学重点】气体摩尔体积概念的建立。

【教学难点】气体摩尔体积概念的应用。

四、教学过程与教学资源设计

（一）教学设计思路和流程

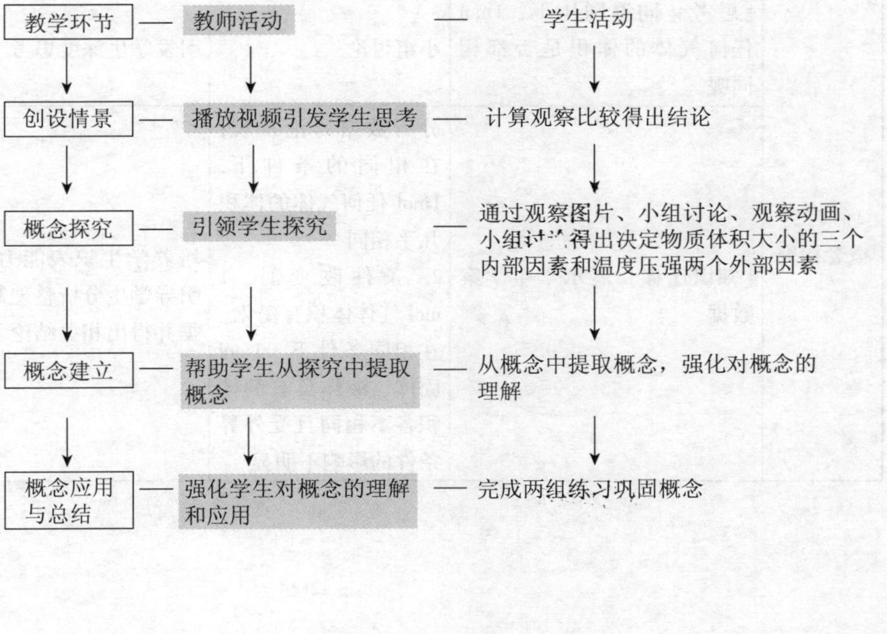

（二）教学过程

教学环节	教师活动	学生活动	设计意图
环节一：创设情景	初三时我们曾做过电解水的实验，电解水的产物是什么？请你计算电解 18g H_2O 产生的 m（H_2）、m（O_2）n（H_2）、n（O_2）各是多少？	完成学案	复习引入 计算得到： n（H_2）∶n（O_2）=2∶1
	在科学研究或实际生产中，气体通常是以体积来计量的，气体的体积和物质的量之间有什么关系吗？气体体积能否换算成物质的量呢		引入探究 V 和 n 的关系
	播放电解水视频 ［引导思考］能比较一下 1mol H_2 和 1 mol O_2 的体积大小吗	观察到 V（H_2）∶V（O_2）=2∶1 填写学案表 4 同温同压下，1mol H_2 和 O_2 的体积相同	结合计算和观察思考气体体积和物质的量的关系 使学生的思维更有针对性
环节二：概念探究	［思考］同温同压下，1mol 任何气体的体积是否都相同呢	小组讨论	引发学生深度思考
	［知识迁移］展示学生学案数据	分析数据讨论发现：在相同的条件下，1mol 任何气体的体积几乎相同 2. 条件改变时，1 mol 气体体积有变化。在相同条件下，1mol 固体、液体具有的体积各不相同且受外界条件的影响不明显	培养学生识表能力，引导学生分析整理数据并得出相关结论

续表

教学环节	教师活动	学生活动	设计意图
环节二：概念探究	［探究1］为什么在同温同压下，1mol任何气体的体积相同？而1mol液体和固体的体积各不相同 你认为决定物质的体积大小的因素有哪些	小组讨论，观看图片，看书 粒子数的多少 粒子本身的大小 粒子间的距离	激发学生的想象力 培养学生的分析推理能力 培养学生的自学能力
	PPT展示固体、液体、气体微粒的排列方式，分析决定1mol固体、液体、气体物质体积的主要因素	小组内共同分析，相互补充：粒子数是相同的，固体、液体体积主要取决于粒子本身大小，气体体积主要取决于粒子间距离	让学生认识宏观现象和微观本质的关系
	分析了决定1 mol物质体积的主要因素，［探究1］的两个问题解决了哪一个	固体、液体粒子本身大小不同，所以体积不同。气体粒子间的距离是否相同决定了气体体积是否相同 温度和压强	理解宏观现象和微观本质的关系
	［探究2］气体粒子间距离是由什么决定的呢？怎么决定 播放动画	小组讨论，联系物理知识回答：温度↑粒子间距离↑体积↑ 压强↑粒子间距离↓体积↓	用物理知识解决化学问题，树立理化一家的思想

续表

教学环节	教师活动	学生活动	设计意图
	小结提问：任何气体在相同条件下，分子间平均距离是否相同 同温同压下，任何微粒数相同的气体体积是否相同	在同温同压下，相同的粒子数的任何气体有相同体积	回扣本课主题——引出气体摩尔体积
环节三：概念建立	我们把 1 mol 任何气体的体积叫做气体摩尔体积 ［板书］三、气体摩尔体积 1. 定义： 2. 数学表达式： 3. 单位： 4. 数值：［口头提示］25℃ 101Kpa 时： Vm = 24. 5L/mol	整理笔记，强化对气体摩尔体积的理解	再认识气体摩尔体积，从感性上升到理性
环节四：概念应用与总结	［概念应用］见学案	完成学案练习 1	巩固强化
	帮助学生归纳 Vm 使用注意事项		
	［理论应用］见学案	完成学案练习 2	应用知识解决实际问题
	［本课小结］ 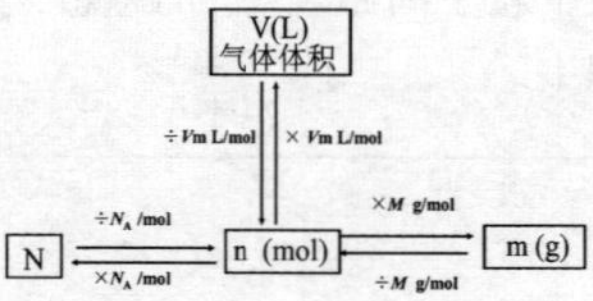 	倾听、理解、记忆	使学生形成知识体系
布置作业	同步检测 14 ~ 15 页基础练习二 学案练习 1、练习 2		强化巩固

附板书：

三、气体摩尔体积

1. 定义：单位物质的量的气体所占的体积

2. 单位：L/mol（$L \cdot mol^{-1}$）或 m^3/mol（$m^3 \cdot mol^{-1}$）

3. 数学表达式：$V_m = V/n$

4. 取值：标准状况（0℃ 101KPa）$V_m = 22.4$ L/mol

五、学习效果评价设计

1. 整理书写式

学生将本节课讨论学习的知识整理书写在笔记本上，检验学生是否理解了气体摩尔体积的概念、单位、数学表达式、22.4L/mol的应用和气体摩尔体积的影响因素。

2. 概念辨析式

探究出气体摩尔体积的概念后，马上让学生做概念正误的判断，使学生对概念的内涵和外延作进一步深入理解，指出易错点。

练习1　判断下列说法是否正确

（1）常温常压下，1 mol 任何气体的体积都约为 22.4 L【学生课上正答率 93%】

（2）标准状况下任何气体的体积都约是 22.4L【学生课上正答率 92%】

（3）标准状况下，1mol 任何物质的体积都约是 22.4L【学生课上正答率 95%】

（4）1 摩尔 H_2O 在标准状况下的体积约为 22.4L【学生课上正答率 96%】

（5）标准状况下，1mol O_2 和 N_2 混合气体的体积约为 22.4L【学生课上正答率 85%】

（6）只在标准状况下，气体的摩尔体积才可能为 22.4 L/mol【学生课上正答率 83%】

3. 公式应用式

通过一个公式及两个变形的应用，使学生加深公式使用的熟练程度。

练习2　完成下列解题过程

计算公式	练习题	解题过程
	在标准状况下，6.72L CO_2 气体的物质的量是多少	【学生课上正答率 92%】
	在标准状况下，5molCO_2 的体积是多少升	【学生课上正答率 90%】
Vm = V/n	25℃、101KPa 时，2mol 空气的体积是 49 L，求此条件下的气体摩尔体积是多少	【学生课上正答率 95%】

六、教学反思

（一）教学内容的反思

我校是一所普通高中，对于理论抽象型的新课，学生在理解上有一定的困难。本节课教学环节清晰，以问题的提出开始，以问题的解决结束，教学内容丰富，四个环节的内容环环相扣，层层递进，有效地调动了学生的积极性和探究欲，使学生在潜移默化的引导中建立了摩尔体积的概念。针对教材的重难点，我在课堂上注重落实概念的建立和应用过程，并选择学生易错知识点作为当堂反馈题。学习氛围轻松，师生配合默契，较好地完成了教学目标。

（二）教学效果上的反思

本节课的四个环节共同支撑起了气体摩尔体积的知识框架，既有知识建构的过程，又有建构前旧知识铺垫和建构后的新知识的应用，基本达到预设的教学目标，但根据学生的薄弱环节设计的概念建构过程略显冗长，时间稍有拖沓，影响了对这部分知识的归纳总结时间。因时间仓促，归纳总结部分没能完全达到预设目标。在讨论过程中，有些同学反应很快，接受新知识慢的同学可能就被忽略了。今后还应注意课堂上尽量照顾不同层次学生的感受，使各个层次的学生都能在课堂上有较大收获。

（三）教学方式上的反思

本节复习课尝试使用建构主义教学模式中的抛锚式教学模式。本节课中三次小组讨论我认为是能够吸引学生的亮点，是承载抛锚式教学模式的载体；摩尔体积概念应用的6道选择题是本节课的亮点之一，是展示抛锚式教学模式效果的一个平台。先让学生从习题中体会22.4L/mol的使用注意事项，再归纳总结，让学生对22.4L/mol的认识从感性到理性有一个质的飞跃；三次使用Vm = V/n及其数学变形的简单计算，是本节课的又一亮点，是展示抛锚式教学模式效果的又一平台，既帮助学生强化了本节课的气体摩尔体积的概念，又培养了学生的计算能力。最后，在以1mol H_2为核心的四种物理量的相互换算中帮助学生形成了已有知识的知识体系。能够体现为学生搭建“脚手架”，创造宏观情境。符合建构主义理论中主张的学生主动构建知识，但预留的时间有些短，结论的得出还有老师代劳的嫌疑（表现在提供的资料过细和时间仓促）。今后还应大胆放手，相信学生有主动构建知识的能力，让老师真的能成为学生课堂学习的领路人。

如果有机会再尝试建构主义抛锚式教学模式的话，我会为学生主动构建知识搭建更多的“脚手架”，让学生在老师的引领之下自由地畅游在知识的海洋。

点燃学生的智慧火花，努力使学生得法于课内，得益于课外！

“二氧化碳制取的研究”教学设计

北京市航天中学　张会春

一、指导思想与理论依据

新课程改革倡导科学探究。化学实验是进行科学探究的重要方式，学生具备基本的化学实验技能是学习化学和进行探究活动的基础和保证。制取气体的实验技能是初中化学实验的重点和难点，人教版义务教育教科书上册第6单元课题2“二氧化碳制取的研究”，是在学生已学过氧气制取的基础上，探究气体的制备问题。

化学课程标准中指出：在化学教学中应让学生有更多的机会主动地体验探究过程，在知识的形成、联系、应用过程中养成科学的态度，获得科学的方法，在“科学”的探究实践中逐步形成终生学习的意识和能力。本课题在给出了实验室中制取二氧化碳的反应原理后，引导学生在制取氧气的基础上，探究实验室中制取二氧化碳，采用了体验学习与探究学习的方式。

二、教学背景分析

（一）学习内容分析

二氧化碳是非金属氧化物和酸性氧化物的代表，是初中化学元素化合物知识中重要的一部分。通过学习二氧化碳气体的实验室制取，不仅可以使学生了解掌握二氧化碳的实验室制法，而且可以以此为模板了解实验室制取气体的大体思路，学会选择气体发生装置和气体收集装置。二氧化碳气体的实验室制取可为学生在后阶段学习其他气体的实验室制取打基础。教材在第2单元已安排实验室如何制取氧气的内容，因此学生对实验室制取气体的方法有了初步的认知，在此基础上演绎出实验室制取二氧化碳的方法，可以使学生更好地突破实验室如何制取气体的这个重点和难点。

（二）学生情况分析

1. 学生已有的认知基础

（1）从以前的化学课上和生活中知道一些能产生二氧化碳的方法，会写一些化学方程式；

（2）知道二氧化碳的部分性质；

（3）学生通过第二单元制取氧气的学习，已初步了解了氧气实验室制取的基本思路；

（4）具有基本实验操作能力，知道仪器名称、用途等，会连接简单的仪器，能组装氧气的制取装置并制取氧气；

（5）具有一定的实验探究能力。

2. 学生学习本课题的困难

（1）对实验室制取气体的一般思路缺乏归纳和总结，不能将具体事物与普遍规律有机的结合；

（2）对实验室制取气体药品和装置的选择缺乏明确的思路；

（3）不会进行相关实验设计，对对比实验中控制变量法缺乏感性认识；

（4）学生对许多事物感兴趣，但思维不易集中，设计思路狭窄；

（5）在实际操作中容易出现一些错误，同时可能会有个别学生会混淆“检验”和“验满”，需要教师加以引导。

（三）教学策略

在设计教学时我并没有按照教材的顺序来设计教学，没有让学生采用按图索骥的方法来学习本节内容，而是让学生根据他们已学过的制取氧气的知识和他们对物质的理解来探求新的解决方法。先建立制取氧气的思路之树，创设问题情境引入实验室制取二氧化碳的药品、原理；通过对氧气实验室制取引导学生了解实验室制取气体装置的设计思路，然后让学生对提供的仪器进行选择，组装一套制取二氧化碳的装置，再分组交流讨论，比较各自装置的优缺点，从中确定一套最佳装置制取二氧化碳；启迪学生思维，增强学生多角度、多层次地观察和分析问题的意识，培养学生善于合作、勤于思考的科学精神和探究能力、实验能力。最后完善制取气体的思路之树，随着知识和技能增长而枝繁叶茂，首尾呼应。

为了能在教学中充分发挥学生的主体作用，我鼓励学生勇于创新，大胆实践，尽可能设计出多套装置。本节课始终将学生合作探究和自主探究学习贯穿其中，通过学生合作和自主探究制取二氧化碳的装置的活动，培养学生科学的思维方法和实验能力，激发学生创新精神和学习的激情。力图通过分析、对比、实践，探究出实验室制取气体装置的设计思路，培养学生动手能力和科学探究精神。精心设计学案，对课堂上可能反馈的信息作好充分预测，发现问题及时调控。

（四）教学方法

“启发—讨论”以及“实验探究式”等。

（五）教学媒体

多媒体、实验室制取二氧化碳的有关仪器和药品。

三、教学目标设计

（一）知识与技能

（1）了解实验室中制取二氧化碳的反应原理，能用化学方程式表示出实验室制取二氧化碳的化学反应原理。

（2）探究实验室中制取二氧化碳的装置，能根据选择依据确定实验装置。

（3）了解实验室中制取气体的思路和方法，学生能说出在实验室里制取气体的方法和设计思路。

（二）过程与方法

（1）通过对二氧化碳实验室制法的研讨，提高学生分析问题和解决实际问题的能力；通过实验，培养学生观察能力、实验能力和主动获取知识的能力，不断增强学生的参与意识、合作意识、探索意识。

（2）通过二氧化碳和氧气有关性质的比较，了解制备二氧化碳和氧气时，其发生装置与收集装置的异同，初步确立实验室制取气体的一般思路和方法。

（3）让学生在设计并组装制取气体装置的过程中，体验、反思和完善实验设计，掌握基本实验技能，树立多角度、多层次地观察和分析问题的能力。

（三）情感态度与价值观

（1）通过教师与学生、学生与学生之间的合作学习、研究性学习，体验探究成功的乐趣，激发学生的求知欲，形成持续不断的学习化学的兴趣。

（2）通过实验、问题的讨论，培养学生善于合作、勤于思考、严谨、勇于创新、大胆实践的科学精神。

教学重点：实验室制取二氧化碳的化学反应原理、制取装置的确立。

教学难点：从实验室制取气体的思路出发，学习二氧化碳的实验室制取方法。

四、教学过程与教学资源设计

（一）教学流程

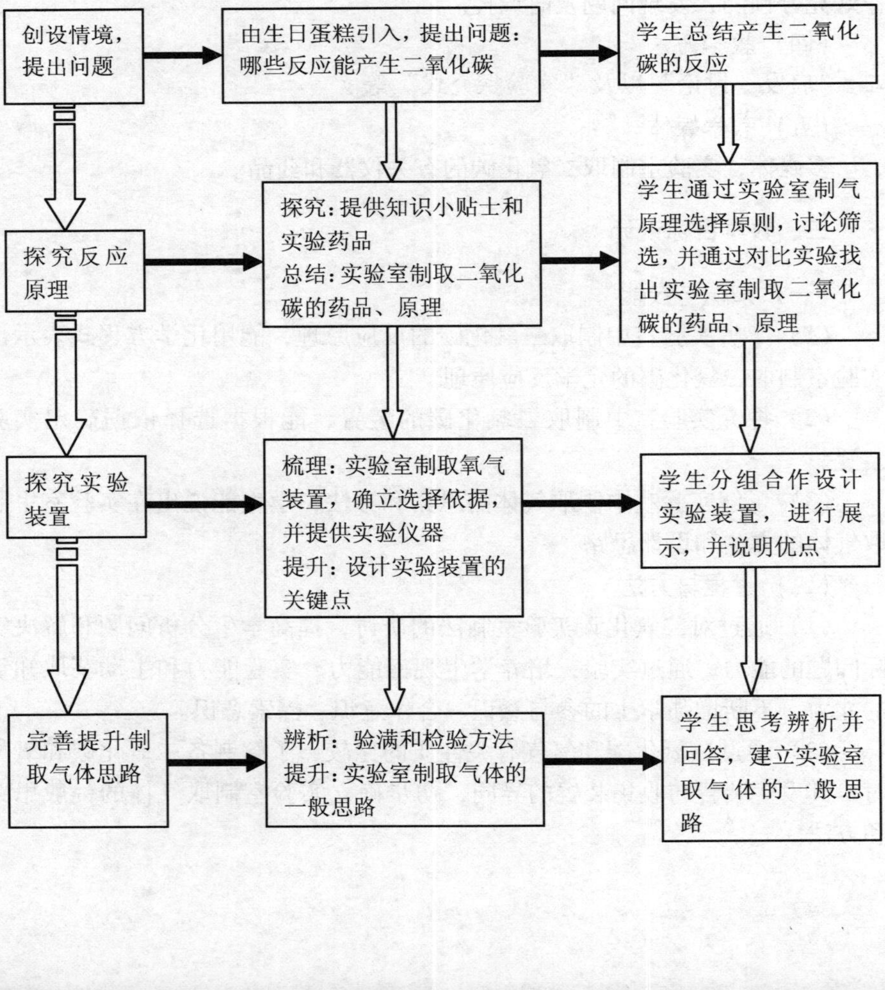

（二）教学过程

教学环节	教师活动	学生活动	设计意图
设置情景 诱发新知	【展示图片】展示蛋糕图片  适时发问：你们知道蛋糕为什么疏松多孔吗 【百度资料】蛋糕疏松多孔的原因：化学家发现常温下含有碳酸根的物质与相应的酸反应可以生成二氧化碳，如：碳酸钙与稀盐酸反应生成水、二氧化碳和氯化钙 【提问】此类反应能否用于实验室制取二氧化碳气体呢？这节课就来探究一下。从而引出课题	看图片材料，思考，谈谈想法 倾听、思考、回答 回忆、思考 归纳后汇报、倾听	通过对话诱发学生的学习兴趣、好奇心，使学生大脑神经很快进入亢奋的状态，创设融洽的课堂气氛。引出课题，引起学生的期待和注意
复习归纳	【提问】在实验室制取氧气时我们主要从哪几个方面进行的 【投影并讲解】在学生思路总结完整的基础上，以知识树的形式将内容呈现出来，给学生栩栩如生的感觉 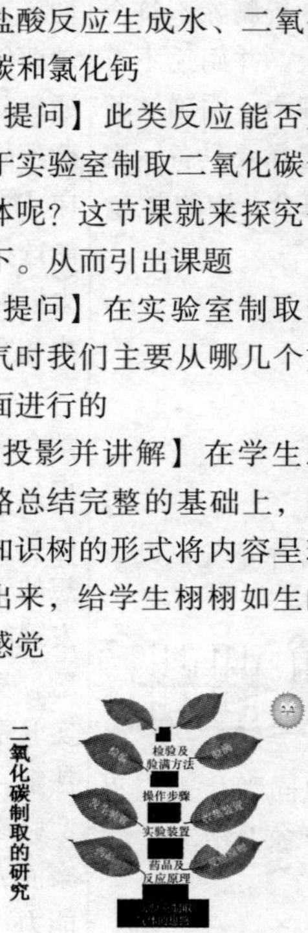 	看学案并思考回答问题，通过学生相互补充将一般思路总结完整 倾听	复习旧知识，指导分析方法 通过对原有知识的回忆帮助学生学会对已有知识进行总结与梳理 学会由具体到一般的思维方式，帮助学生学会应用旧知识学习新内容。明确实验室制取气体的一般思路，从而有章可循，为新课作铺垫

续表

教学环节	教师活动	学生活动	设计意图
提出问题	【过渡语】今天我们就从这三个方面来探究一下二氧化碳的制取		引入新课内容，确定探究的课题。
猜想假设	【知识再现】请大家思考，我们学习过哪些化学反应可以生成二氧化碳气体	回忆、思考	复习旧知识
	【各抒已见】其中哪一个化学反应适合实验室制取二氧化碳？请大家先提出假设，再实验验证，最后小结结论	归纳能生成二氧化碳的反应，学生猜想、假设	指导分析方法
活动探究	【提供材料】以知识小贴士的形式对学生进行温馨提示：实验室制取气体需考虑因素，从而师生共同分析哪些反应不符合要求，将其删除。最后将反应集中在两个上，即 $CaCO_3 + 2HCl = CaCl_2 + CO_2\uparrow + H_2O$ $Na_2CO_3 + 2HCl = 2NaCl + CO_2\uparrow + H_2O$	看知识小贴士材料，识记、获得解决问题的新信息。据选择药品的要求与教师一起分析删除不符合要求的反应，并阐述不符合要求的理由，明确实验室药品的选择要具备一定的条件，符合一定的要求	为学习新知识做铺垫。使学生明确药品的选择应符合一定的要求，从而使其体会科学的严谨性，让学生学会主动评价他人的观点通过分析使学生明确药品的选择受反应速率的影响，不能选择反应太快或太慢的，不便于收集和实验
探索原理	【质疑】这两个反应到底哪一个反应速率适中呢？接下来我们应该进行什么工作？ 【探究实验】实验室制取二氧化碳药品的选择 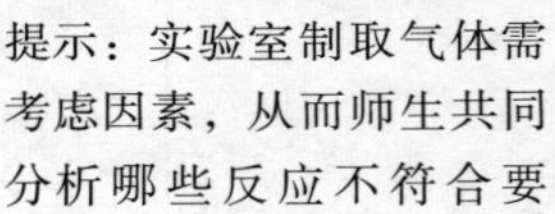 【汇报】在各组学生汇报的基础上，教师纠偏、总结并通过大屏幕将完整的现象呈现，告诫学生实验现象的描述一定要完整	回答：实验 以小组为合作单元，动手实验探究 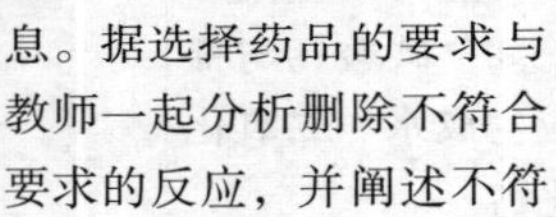 请2～3组同学代表汇报本组实验现象及结论	学会实验探究，看现象、得结论，自己动手，在正确思想的引导下，自己发现问题、解决问题，从而使其明确实验是解决问题的法宝。培养学生的实验设计能力、观察能力、语言表达能力

续表

教学环节	教师活动	学生活动	设计意图
设置疑问 方法指导	【质疑】为什么不能用稀硫酸替代稀盐酸 【提供材料】不能用稀硫酸替代稀盐酸，原因是硫酸与碳酸钙反应后生成微溶于水的硫酸钙，附着在大理石的表面阻碍反应的进一步发生 【归纳提升】这两组实验的共同特点 设问 1：这样分析、比较实验的方法若给取一个名的话，应该称作…… 设问 2：在做这两组对比实验时，我们分别控制了反应物的用量，那这样的对比实验叫做…… 【结论】通过实验得出结论： 【原理分析并板书】指导分析原理，引导学生小结 【问题讨论】通过学习氧气实验室制取的实验装置，请大家思考实验时选择实验装置的依据是什么 总结发生装置、收集装置选择的依据 【归纳提升】学案表格 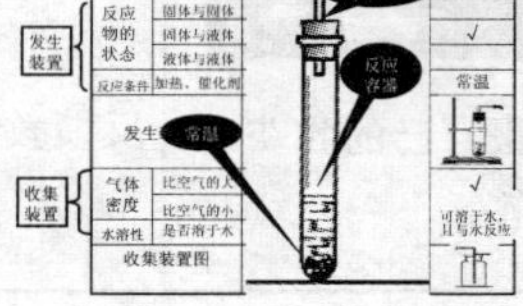	思考，回答 阅读资料 有学生回答：对比实验 得益于物理的帮助，全班同学回答：控制变量法 得出结论 倾听，记录笔记，记忆方程式 思考、讨论、回答 归纳总结发生装置、反应物的状态、反应条件 收集装置选择的依据、生成物的物理性质（密度、溶解性）	引发思维冲突，知识补充，使学生明确实验现象背后真正的原因是反应的实质，培养学生分析问题、解决问题的能力 通过分析，帮助学生学会知识的梳理与归纳，学会应用科学的学习方法解决问题，知道对比实验法中的控制变量是化学学习中经常采用的一种解决问题的思维方法 学会应用对比法选择实验室制取二氧化碳的发生、收集装置。培养比较能力、锻炼思维能力，学会科学的学习方法，如比较法等

续表

教学环节	教师活动	学生活动	设计意图
	【探究活动】请大家用提供的实验仪器，结合化学反应原理，设计探究制取二氧化碳的实验装置，如没有仪器选择，画出简图即可。补充、释解学生的回答 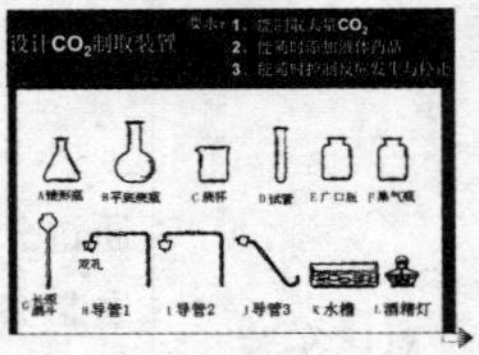 【归纳提升】设计思路 【成果展示】	学生讨论后提出设计方案， 动手设计 分组实验 第一组：  第三组：  第二组： 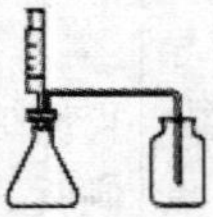 第四组：  	培养实验能力、思维能力、动手画图能力。通过交流活动，使学生发表自己的探究成果和方法
	【收获】通过以上的探究学习你有何收获呢？知识之树枝繁叶茂  【练习反馈】投影 【作业】填写探究活动报告	倾听，体会思路 体验成功，展示成果。并简要说明设计装置的优点 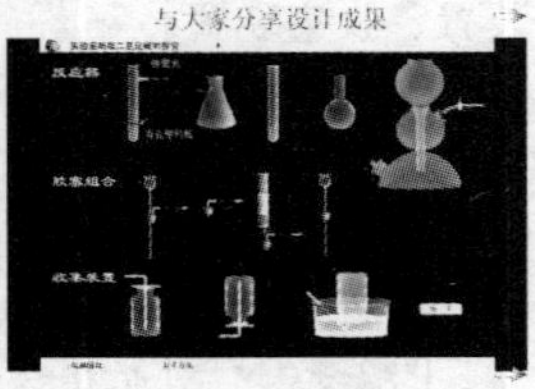 小结、汇报自己的收获 思考，回答	学会对已有知识的归纳、小结。培养归纳、概括的能力以及语言表达能力 反馈教学效果

（三）板书设计

课题2　二氧化碳制取的研究

实验室制取二氧化碳气体的思路和方法

- 反应原理：
  $CaCO_3 + 2HCl = CaCl_2 + CO_2\uparrow + H_2O$
- 实验装置：

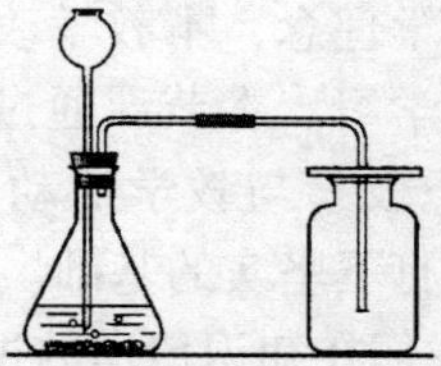

- 操作步骤
- 检验和验满

五、学习效果评价设计

1. 根据学生上课表现及学案完成情况对学生学习过程、结果进行评价。

2. 课下反馈

（1）学生参与活动表姓名

日期	学习活动课题	我认为本节的知识点	本节我学会了	我对本节课感兴趣的地方	我参与的主要内容	疑点	学生存在的问题	对本节活动的评价	评价自我	评价教师

（2）教师活动表

日期	教学活动课题	本节知识点的贯彻	本节教学实施的感觉	对本节课感到欣慰的地方	教师指导的关键点	意料外的	教师存在的问题	对本节活动的认识、反思	评价自我	评价学生

六、教学反思

（一）教学收获

（1）怎样利用现有资源有效地提高课堂效率，更好贯穿新课程改革理念，这是我思考的问题。对于该课，不同的老师会有不同的教法，笔者改变了以往在第一课时处理实验的模式，而是把所有知识上完后与下一课题“二氧化碳的性质”实验相结合，安排了一节分组实验课，要求学生完成二氧化碳的制取和相关性质实验，这样既复习了旧知识，又预习了新课，为下一个课题的讲解打下基础，而且有效利用了有限的教学时间。

（2）根据新课程改革的教学理念，本教学改变了学生以接受式为主的学习方式，让学生进行探究性学习。本节课通过提出问题、探究问题的解决和讨论交流等来调动学生积极参与教学活动，从而提高学生的多种能力，为学生能终生学习、发展打下坚实的基础。

（3）“教是为了不教”，我们在知识传递的过程中起到作用的大小，不是看我们所占有的知识的多少，而是看我们激发了多少懵懂的心灵。“教”是要让学生学会自己理解、建构知识结构；“不教”是学生已经掌握了发现问题、提出问题、分析问题、解决问题的方法，具备了独立思考的能力，教师不可能始终陪伴学生左右。本着教学设计这一理念，在教学过程中学生成为整个课堂的主人，教师只是一个辅导者、引导者、帮助者。学生在课堂上通过自己的探究，能够较容易地得出制取二氧化碳的装置，激发了学生学习化学的兴趣，提高了学生解决问题的能力。

（二）不足与困惑

教学中，还不能很好地把新课程的理念与教学相结合。我曾尝试过多种讲解方法，包括把实验和教学同步结合、边实验边讲解，但实验条件、实验课堂的控制，有限的教学时间要求学生要达到的目标都困扰着我，最终确定这样的教学方式，并在两个班中实施。教学效果还可以，但笔者仍然觉得让学生更多的通过实验探究，亲自体会实验的快乐，让化学实验探究学习真正走入学生心里，让更多的学生喜欢和爱上化学是我们追求的目标。

引领而不迎合；创造而不从众；用真心换真心；用感动换感动。

《从〈药〉荡开去——探究鲁迅作品中的“看客”现象》的教学设计①

北京市航天中学 于晓欧

一、指导思想和理论依据

“普通高中语文新课程标准”第二部分课程目标中，“思考与领悟”要求学生根据自己的学习目标，选读经典名著和其他优秀读物，与文本展开对话。通过阅读和思考，领悟其丰富内涵，探讨人生价值和时代精神，以利于逐步形成自己的思想、行为准则，树立积极向上的人生理想，增强为民族振兴而努力的使命感和社会责任感。养成独立思考、质疑探究的习惯，发展思维的严密性、深刻性和批判性。乐于进行交流和思想碰撞，在相互切磋中，加深领悟，共同提高。“表达与交流”中要求学生：①学会多角度地观察生活，丰富生活经历和情感体验，对自然、社会和人生有自己的感受和思考；②能考虑不同的目的要求，以负责的态度陈述自己的看法，表达真情实感，培育科学理性精神。

基于以上两点要求，笔者在对待《药》这样经典的文学作品的教学时，考虑到高中二年级对学生语文能力的培养，对学生思维能力和表达能力的培养，对本课的教学在设计上进行了大胆的延伸和拓展。

① 本文获北京市第四届“京研杯”教育教学研究成果征文一等奖。

二、教学背景分析

（一）教学内容分析

本节课是《药》的第三课时，基于前两节课对课文的思想内容和写作手法等已经作了分析，学生对《药》的双线结构和主题已经有了一定的了解和认识，同时对已学过的鲁迅小说作了系统回顾，了解到鲁迅小说的基本命意在于揭示国民劣根性、批判黑暗的社会现实及其产生的社会原因。在此基础上，本课进行了大胆的拓展和延伸，由《药》中的一个片断引出鲁迅作品中的“看客”现象，并对此进行思考和讨论。

本节课将教学重点设计为“如何对待现实社会的‘看客’现象”，着重探讨这个问题并将其作为本课的重点，因为新课程标准要求学生“通过阅读和思考，领悟其丰富内涵，探讨人生价值和时代精神，以利于逐步形成自己的思想、行为准则，树立积极向上的人生理想，增强为民族振兴而努力的使命感和社会责任感”。“看客”现象在当今社会屡见不鲜，而且国人的冷漠和麻木令人齿冷，学生作为今天社会的新生力量，更应该对这个问题有个清醒地认识，同时要有相应积极的应对措施，这个问题的探讨，对学生正确价值观的形成有一定的积极作用。

本节课的教学难点设计为“‘看客’现象产生的原因”。这是个非常复杂的问题，复杂的社会问题可以引发学生的深层思考。“养成独立思考、质疑探究的习惯，增强思维的严密性、深刻性和批判性”是新课程标准的要求，这正是我们高中语文教学的一个重要目标，尤其是在高二阶段，对于学生议论文的写作，确立明确的观点大有裨益。

（二）学生情况的分析

高二年级学生的心理正逐步走向相对稳定与成熟，从思维品质上看，正处于由“经验型”向“理论型”过渡，抽象思维能力得到进一步的发展，已有独立思考的意识，个人智力特征也逐渐显现出来；个人思想道德正在逐步形成，个人思想和行为呈现能够理智控制的特点。

高中二年级学生已经具备了一定的社会经验，同时已经有了10年的语文学习历程，已经具备了一定的独立思考能力和表达能力，但是由于知识水平的限制，学生虽然具备一定的思考能力，但是缺乏全面的、辩证的、联系的、发展地看问题的能力。对社会问题缺乏深入地思考和系统的表达。基于此，对于思考和表达的训练就显得极为重要。因此，在语文课堂上，也要多给学生提供独立思考和表达的空间，创设学生独立思考的情景，巧妙的设计课堂问题，激发学生的学习兴趣，使学生在轻松的课堂气氛中提升思考问题的能力，找到思考问题的方法。

（三）教学方式和教学手段

1. 教学方式

课前，引导学生充分阅读鲁迅小说，充分查阅资料，为课上问题作准备。

课上，由课内导向课外，层级性设置问题，激发学生讨论，清晰表达个人想法和观点。

课后，将课堂的思考以文字的形式表达出来，写出一篇议论文。

这种教学方式的选择，主要基于两点考虑：高中语文课本的教学资源是有限的，它向同学们打开了一扇知识之门，更多的知识要学生用心探索和领悟，这些都需要充分的知识储备。为了对鲁迅作品中的“看客”现象有更深刻的理解，课前的阅读准备是十分必要和重要的。

“能阅读理论类、实用类、文学类等多种文本。根据不同的阅读目的，针对不同的阅读材料，灵活运用精读、略读、浏览、速读等阅读方法，提高阅读效率。”这是新课程标准对必修课程阅读与鉴赏的要求。

课上的教学方式选择遵从本课教学内容中重点和难点的设定依据，此处不做赘述。

新课程标准中“写作是运用语言文字进行书面表达和交流的重要方式，是认识世界、认识自我、进行创造性表述的过程。写作教学应着重培养学生的观察能力、想象能力和表达能力，重视发展学生的思维能力，发展创造性思维。鼓励学生自由地表达、有个性地表达、有创意地表达，尽可能减少对写作的束缚，为学生提供广阔的写作空间”，是本课对课后写作要求的设定依据。

2. 教学手段

多媒体辅助教学：本课导入部分运用电影《药》中的杀人场面引入本课。原因是让学生迅速勾连课本此处的描写，起到集中学生精神、激起学生好奇心的作用。同时，多媒体可以引入大多名人名言和例证材料，辅以教师板书，锦上添花。

三、教学目标的设计

高中语文课程，应继续坚持《全日制义务教育语文课程标准（实验）》中提出的基本理念，根据新时期高中语文教育的任务和学生的需求，从“知识和能力”“过程和方法”“情感态度和价值观”三个方面设计课程目标，努力改革课程的内容、结构和实施机制。

本课的教学目标一改以往将一节语文课的教学目标设置的大而空的弊

病，将本课的教学目标设置得非常明确并且可检测。

教学目标为：

（1）讨论说出“看客”现象产生的原因。

（2）联系现实谈谈如何对待“看客”现象。

这两个目标的设定正是从“知识和能力”“过程和方法”“情感、态度和价值观”三个方面出发，将已经学过的课内知识进行课外的延伸，在对问题的分析和解决的过程中培养学生的思考能力和表达能力，引导学生总结思考同类社会问题和社会现象的方法，培养学生做一个有社会责任感，以天下为己任，不做一个只读死书，两耳不闻窗外事的麻木之人。同时本课目标是充分考虑到学生的表达需求，考虑到营造一个真心交流、有思想有碰撞的、互助合作的课堂而设定的。

四、教学过程和教学资源设计

课题	从〈药〉荡开去——探究鲁迅作品中的“看客”现象			
课型	探究课			
教学手段	多媒体运用			
教学方法	引导、合作、讨论、表达、写作			
	教师活动（预设）	学生活动（预设）	设计意图	媒体使用
教学过程	一、导入 1. 观看电影《药》中，夏瑜被杀的场面 2. 小说《药》中如何描写这个片段的？请找出 3. 你认为，哪句写得最形象生动，为什么，表现出什么心理 鲁迅说：（中国的群众）永远是戏剧的看客。牺牲上场，如果显得慷慨，他们就看了悲壮剧，如果显得觳觫（húsù），他们就看了滑稽剧。北京羊肉铺前常有几个人张着嘴看剥羊，仿佛颇愉快，人的牺牲能给予他们的益处，也不过如此	观看视频 阅读文本，思考问题并回答： “一个还回头看他，样子不甚分明，但很像久饿的人见了食物一般，眼里闪着一种攫取的光” “许多古怪的人，三三两两，鬼似的在那里徘徊” “只见一堆人的后背；颈项都伸得很长，仿佛很多鸭，被无形的手捏住了的，向上提着。静了一会，似乎有点声音，便又动摇起来，轰的一声，都向后退；一直散到老栓立着的地方，几乎将他挤倒了”	回顾旧知识 引出新知识 提出本课问题：“看客现象”	多媒体展示 PPT 展示文字

续表

	二、进一步强化对“看客”现象的认识 1. 在鲁迅的其他作品中有没有此类的看客现象呢？举例说明，并作分析 1）《阿Q正传》中阿Q临行前人们为他最终没唱上一声而惋惜不已 2）《伤逝》那“鲇鱼须的老东西”和“搽雪花膏的小东西”从窗户后面盯视着子君、涓生的一举一动 3）《在酒楼上》还有手足无措地呆看魏连殳哀嚎的族人和村人，跟在N先生的后面一路笑骂的声音，对爱姑“互视，努嘴，点头”的老女人	“颈项都伸得很长，仿佛很多鸭，被无形的手捏住了的，向上提着” 比喻，看热闹的心理等 阅读思考 1. 祥林嫂　鲁镇人赏鉴她的再嫁丧父和阿宝被狼吃 2. 孔乙己　咸亨酒店的短衣帮和伙计、掌柜都嘲笑他站着喝酒和写字窃书 3.《狂人日记》他们在狂人的周围交头接耳地议论 4. 茶馆里面谈药	引出鲁迅的一系列作品，串联出对鲁迅作品中“看客现象”的整体印象，帮助学生理解。训练概括能力和口头表达能力	
教学过程	2. 总结一下这些看的人和被看的人都有何特点呢 板书：看 被看	看的人：麻木、冷漠 被看的人：弱小、无助（相对看的人而言）	加深对“看客现象”的深入理解	
	3. 我们身边是否存在看客现象？举例说明 展示材料：围观跳楼(下发材料)	打架围观、车祸无人问津、对待残疾人的冷漠等等	联系现实社会问题，为下面的深入讨论奠定基础	
	4. 根据材料找出：对“看与被看的人”的描写，揣测他们各有什么心理活动	有能力不帮忙的人、有能力不但不帮反而起哄嘲笑的人 心理：冷漠麻木	培养学生抓住关键信息，分析问题的能力	PPT展示图片
	5. 看客想象产生的原因是什么 6. 小结原因	讨论发言： 几千年的封建统治和愚民政策造成了国民的愚昧落后、无知、无见识、封闭等等；人性的一些弱点：自私、找平衡心理；人与人之间的不正当竞争关系；责任分摊等	联系学生课前的资料准备，课堂上师生的思想碰撞，培养学生深入思考的能力	
	三、解决问题 1. 面对着同类现象，举例说出现实生活中不做看客的 举例：海外留学人员，不做看客，共护奥运圣火的事例	孟祥辉、李小化、张华等等	培养学生运用现有知识素材证明观点的能力、联系实际生活的能力	展示图片、文字
	2. 该如何对待“看客”现象？学生讨论总结	知荣辱、扬正气、做有责任感的中国人，做力所能及的事，决不做冷漠的看客	深入思考和表达能力的培养	
	3. 课后延伸： 写作： 小议“看客”现象		写作训练	

五、学习效果评价

本节课打破了以往语文经典课的传统范式，将课后思考的内容，放置在语文课堂上完成，学生的思维轨迹清晰可见，最关键的是可以进行检测。

（1）课前调查表

	是	不是	一般	很差
你系统读过鲁迅的小说吗				
你对鲁迅作品的现实意义有深入的思考吗				
你喜欢鲁迅的作品吗				
你喜欢上语文课吗				
你觉得自己合作学习的能力强吗				

（2）课后调查表

	是	不是	一般	很差
你系统读过鲁迅的小说吗				
你对鲁迅作品的现实意义有深入的思考吗				
你喜欢鲁迅的作品吗				
你喜欢上这样的语文课吗				
你觉得自己合作学习的能力强吗				
你在本课中思考能力得到锻炼了吗				
你参与合作讨论了吗				
你觉得自己有表达的机会吗				
你有更好的建议吗				

六、板书设计

众（麻木） 看

看客现象

↓

助 个人（弱小）

七、教学反思

这是一节对于教材资源的开发与运用的探究课，目的在于培养学生的思考和表达的能力，更重要的原因是培养学生对语文的学习兴趣，其实语文教学就是应该和学生的切身经历和体会紧密联系在一起。

从本课的教学目标设计来看，我发现以往的一些教学设计、教学目标大都非常繁琐，大而全，往往很难在短短的一节课中完成。我认真思索了新课程标准对教学目标的设计要求，三个维度的要求的确很全面，但是它的深层要求应该是，把这种理念融入每节课的目标设计中，可以是一种理念的渗透，不一定把它形式刻板地分成三个部分写在教案上。因此，我对本课的教学目标进行了大胆的取舍，本课的教学目标设计得简单易行，但是它背后的设计理念却是着眼于学生三个维度的能力培养，所以我对这个目标设计很满意。

在教学重难点的设计上，对于“看客”现象原因的探究本身就是一个很复杂的问题，基于学生现在的基础，对于这样的复杂问题只要能够找到其中的几个方面，对学生就是一种锻炼，所以目的不在于全面，而在于这个思考的过程，这正是对新课程标准要求的观照。教学重点设为：如何对待看客现象的问题，其实是对学生价值观的一种培养，对学生荣辱观的一种引导，因此一定要将它作为本课的重点。

从教学的过程实施来看，本节课很好地激发起学生的学习兴趣，课堂气氛很轻松活跃，同学们积极思考，一石激起千层浪，老师把问题抛出，同学们充分调动自己的知识储备（也包括课前查阅资料的准备），各抒己见，课上有争论也有共识，有竞争有合作，发表意见角度多元，辐射面广，同学们的思路被充分打开，快下课时仍然意犹未尽。这就为同学们在课后用写作手段来表达自己的独特见解提供了最大的可能和心里空间。

不足之处是：①课堂时间的把握稍显紧张，回顾整节课，有两处时间可以紧缩一下，使课堂内容能够更加紧凑：学生举例处可以不必进行图片展示，因为这里是生成的课堂内容，难于把握；更不必进行图片的相关描述，因为图片是老师的课前预设，与学生的联想内容不相匹配，造成了不必要的课堂时间浪费。②学生在举相似的例子时，可以适当提醒，不必重复。③学生在回答问题时，没有和教师的预设答案相一致时，教师要尊重学生的答案。④留作业的方式表达有点生硬，因为学生对“作业”这个词非常反感，可以换一种说法。如同学们把不得不抒发的情感和内心的想法表达出来吧！这样学生易于接受。问题看似很小，其实是个理念问题，没有充分考虑学生的感受，不注意学生的感受也就不会有学生喜欢的课堂。

总之，本节课的设计，对我的教学来说是一次尝试也是一次挑战，更是一次学习的机会，对经典作品的教学有了新的探索和发展。通过这次尝试，更有信心在新课改的路上大胆探索了，而且找到了探索方向和方法，这是我的最大收获。